20 THE MODERN WESTERN THOUGHT SERIES

西方现代思想丛书

— 珍藏版 —

弗赖堡研究

[英] 弗里德里希·奥古斯特·冯·哈耶克 著

冯克利 冯兴元 史世伟 等译

冯兴元 校

F.A.von Hayek

Freiburger Studien

中国社会科学出版社

图字:01-2014-0242

图书在版编目(CIP)数据

弗赖堡研究／(英)弗里德里希·奥古斯特·冯·哈耶克著；冯克利等译.
—北京:中国社会科学出版社,2019.9 (2025.8 重印)
(西方现代思想丛书)
书名原文:Freiburger Studien
ISBN 978-7-5203-5029-7

Ⅰ.①弗…　Ⅱ.①弗…②冯…　Ⅲ.①哈耶克(Hayek,Friedrick August von 1899-1992)-文集　Ⅳ.①C53

中国版本图书馆 CIP 数据核字(2019)第 200712 号

出 版 人	季为民	
责任编辑	李庆红	
责任校对	郝阳洋	
责任印制	张雪娇	

出　　版	中国社会科学出版社	
社　　址	北京鼓楼西大街甲 158 号	
邮　　编	100720	
网　　址	http：//www. csspw. cn	
发 行 部	010-84083685	
门 市 部	010-84029450	
经　　销	新华书店及其他书店	

印刷装订	北京君升印刷有限公司	
版　　次	2019 年 9 月第 1 版	
印　　次	2025 年 8 月第 3 次印刷	

开　　本	880×1230　1/32	
印　　张	9.75	
插　　页	2	
字　　数	254 千字	
定　　价	69.00 元	

《西方现代思想丛书》之一

主　　编　冯隆灏

编委会委员(按姓氏笔画为序)

冯兴元　何梦笔　孟艺达

青　泯　陶季业　韩永明

译校者的话

如果要推举两位 20 世纪最具影响力的经济学家,可能非哈耶克(Friedrich August von Hayek,1899—1992)和凯恩斯(John M. Keynes,1883—1946)莫属。尽管两者的私交很好,但哈耶克主张的市场自发秩序范式与凯恩斯主张的宏观调控范式是势不两立的。两种范式代表两种截然不同的方法论和立场。前者强调需要发挥市场作为自发秩序的作用,为此要建立和维持一种竞争秩序,而这种竞争秩序的规则则需要发现;后者则主张需要对市场实行需求管理,采取宏观政策干预。前者强调"秩序思维",强调经济需要在一种公平、公开和公正的秩序下运行;后者则强调"干预思维",强调需要干预经济来扩大就业和实现经济增长,甚至不惜不断向经济注入廉价货币,不断制造通货膨胀。这两种方法论和立场的交锋在 1936 年凯恩斯《就业、利息和货币通论》问世之后一直主导了 20 世纪的经济学理论①,而且仍将主导 21 世纪的经济学理论。

哈耶克的学术思想体系庞大,一般读者单单阅读《弗赖堡研究》(*Freiburger Studien*)文集,可能不足以真正理解哈耶克在文集中的思想。正因如此,本序言将简单梳理哈耶克的学术思想脉络,说明《弗赖堡研究》文集的译介情况,介绍和评述文集的主要

---

① Keynes,John Maynard,*The General Theory of Employment*,*Interest and Money*,London:Macmillan and Co.,Limited,1936.

内容,探讨学界对哈耶克学术思想的一些批评,以及指出抱着扬弃的态度运用哈耶克学术思想的可能性。

哈耶克的学术思想发展脉络

哈耶克于 1899 年出生于奥地利维也纳,1938 年加入英国国籍。他在 1921 年和 1923 年分别获得维也纳大学法学和政治学博士学位,在就学期间,他也攻读了哲学、心理学与经济学。他是1974 年诺贝尔经济学奖得主,也是奥地利经济学派的第四代代表人物。

奥地利经济学派(Austrian School of Economics)可谓群星荟萃。其他可圈可点的人物包括其创始人卡尔·门格尔(Carl Menger,1840—1921),第二代代表人物欧根·冯·庞巴维克(Eugen von Böhm-Bawerk,1851—1914)和弗里德里希·冯·维塞尔(Friedrich von Wieser, 1851—1926),第三代代表人物路德维希·冯·米塞斯(Ludwig von Mises, 1881—1973),第五代代表人物伊斯雷尔·柯兹纳(Israel Kirzner,1930—   )、穆瑞·罗斯巴德(Muray Rothbard, 1926—1995)和路德维希·拉赫曼(Ludwig Lachmann,1906—1990)。

所有这些奥地利学派代表人物都首先是经济学家。他们是在与其智识对手的论战中成就奥地利学派鲜明的"个人基本权利保护学派"风格的。

第一场论战发生在门格尔和德国历史学派经济学家之间。门格尔最初于 1871 年发表《经济学原理》①,其理论体系(方法论的个体主义、主观主义方法论、边际效用理论、主观价值论,等等)为奥地利学派形成后来的这种风格只是提供了方法论和知识论

---

① Menger, Carl, *Grundsätze der Volkswirthschaftslehre*, Wien: W. Braumüller, 1871.

基础。此书发表后,门格尔面对德国"历史学派"经济学家的挖苦和挑战,不得不孤军奋斗,与当时德国强大的"历史学派"对垒。而最初的"奥地利学派"的名号属于一种贬称,就是拜德国"历史学派"代表人物之一施穆勒(Gustav von Schmoller)所赐。门格尔于1883年发表的《社会科学方法论探究——聚焦政治经济学方法论》某种程度上就是对"历史学派"方法论的回应和批评。①

第二场论战发生在庞巴维克对此前和当时存在的种种利息论的批判。庞巴维克的《资本与利息》和《资本实证论》与古典经济学相反,探究了资本的性质和利息的来源。② 他最有名的理论之一就是时差利息论。他认为,产生利息的交易仍是一种商品的交换,存在所有权的转移,他把所有物品分为两类:直接满足欲望的现在物品;满足将来欲望的将来物品。两者存在价值上的差别,而这种差别是一切资本利息的来源。他把两者的差别归结为人们对现在物品的主观评价较高,由此得出利息可以解释为对当前消费与未来消费的时差价值。

第三场论战涉及"社会主义的可计算问题",发生在米塞斯和奥斯卡·兰格等东欧经济学家之间。这里的社会主义指的是生产资料的国有制与经济计划的结合,也就是计划经济。米塞斯论证了计划经济的不可计算性。③ 米塞斯的论据是,货币和由市场决定的生产资料价格对于生产者就生产资料的配置和使用做出理性选择至关重要。而计划经济缺乏真正的货币和市场价格。

---

① Menger, Carl, Untersuchungen über die Methode der Socialwissenschaften und der Politischen Ökonomie insbesondere, Leipzig: Dunker und Humblot, 1883. 秋风把该部巨著翻译为《经济学方法论探究》,见[奥]卡尔·门格尔《经济学方法论探究》,新星出版社2007年版。

② Böhm-Bawerk, Eugen von, *Capital and Interest*, 1890. London: Macmillan and Co.; Böhm-Bawerk, Eugen von, 1889. Positive Theory of Capital, translated by W. Smart. New York: Stechert.

③ Mises, Ludwig von, *Economic Calculation in the Socialist Commonwealth*, Auburn: Ludwig von Mises Institute, 1990.

哈耶克到后来加盟米塞斯,从知识论角度为米塞斯的观点添砖加瓦①。他认为价格制度是一种传递信息的机制,而中央计划者缺乏必要的市场供求信息,无法有效配置资源。②

　　第四场论战发生在 20 世纪 30 年代。哈耶克在 30 年代初到伦敦经济学院,以奥地利学派的经济、货币和周期理论叫板凯恩斯,成为伦敦崭露头角的年轻顶级理论经济学家。哈耶克和凯恩斯之间的争论涉及是否需要政府的宏观调控和相机抉择。凯恩斯抱支持态度,哈耶克则持反对态度。在一定程度上,1936 年凯恩斯出版《就业、利息和货币通论》(以下简称《通论》)巨著,就是对哈耶克死缠猛打式挑战的回应。

　　《通论》掀起一股"凯恩斯革命"旋风,很多哈耶克的追随者随后纷纷转投凯恩斯的门下。其结果是,哈耶克暂时告输,凯恩斯赢。从较短时间内,这些论战的成败与其说与各方相持的理论正确与否有关,毋宁说更与时代精神和局势影响有关。即便在长期,理论上的交锋也难以有个最终了断。一种社会科学理论很难被定性为完全正确或者完全错误。哲学家卡尔·波普尔曾经说过,真理不能绝对把握,但可以通过试错的方式逐渐接近。他的话是对的。而且,即便一种理论有着明显的劣根性,人性的幽暗面也可能有利于这种理论继续被滥用。比如凯恩斯主义经济学受到长期青睐,就与政府官员和经济学家均想"有为"有关,也与其中很多人想顺便浑水摸鱼、从中渔利有关。而欧美国家的民主政治也助长了民众对政府官员"有为"的要求,同时也迫使各大政党的政治家对选民不断做出更大的承诺。凯恩斯经济学长期在中国得到信奉。政府为了维持经济高速增长,往往采取宽松的货

　　① Hayek, F.A.v., Socialist Calculation: The Competitive "Solution", *Economica*, New Series, Vol.7, No.26 (May 1940): 125–149, 1940.

　　② Hayek, F.A.The Use of Knowledge in Society, *American Economic Review*, XXXV, No.4: 519–530, 1945.

币和财政政策,倚重公共投资。整个经济就像一驾巨型马车,政府就像马车夫,要求车子保持高速前进,至于撞死多少人,掉下多少人,均不在话下。可谓不惜代价。我国过去在很长时间内的经济政策风格即为如此,重视需求管理和宏观调控。其结果是频频变动的经济政策导致对个人产权的侵犯,而且延误了整个经济的结构调整。当前我国政府强调推行供给侧改革,较前更少一点凯恩斯主义色彩,重视减少经济和金融管制的方法来顺应和促进结构调整。这一动向值得肯定。

很多主流经济学家认为,凯恩斯1936年发表的《通论》掀起了一场"凯恩斯革命",并误以为其后36年的成功应该归功于它。之所以这是一种错误理解,是因为经济的成功有赖于遵循一种竞争秩序。德国弗赖堡学派(Freiburger Schule,也称"弗莱堡学派")创始人瓦尔特·欧肯(Walter Eucken)教授认为,政府应该建立和维持一个竞争秩序,并坚持在法治框架内运作。他从理论和历史两个角度出发,论证了竞争秩序需要由以下原则构成:一个有运作能力的价格体系,币值稳定,私人产权,开放市场,契约自由,承担责任(每个人为其投入和行为负责),经济政策的稳定性。① 德国"二战"之后于20世纪60年代初实现"经济奇迹",就与总体上接受欧肯的弗赖堡学派思想有关,而与凯恩斯主义宏观调控政策基本无关。其实中国的"经济奇迹"的实现,也与政府有意无意地、直接间接地、某种程度上选择性地遵循上述这些原则,使得中国能够重新出现企业家阶层和释放企业家精神有关。

在奥地利学派著名经济学家中,哈耶克可称得上是一大"怪胎":他虽然从骨子里认为自己首先是一位经济学家,但他在外人的眼里更是一位伟大的政治思想家和法学家,而且他还深度涉猎政治哲学、思想史、心理学、社会理论、系统论等领域。哈耶克成

---

① [德]瓦尔特·欧肯:《经济政策的原则》,中国社会科学出版社2014年版。

为维也纳大学的新生后,首先对心理学感兴趣,后来才转向其他学科。他那时对心理学的研读,可以说到了专家级的水平。他后来于 1952 年发表的《感觉的秩序》(*The Sensory Order*)[①],属于理论心理学的范畴,其主要的知识积累和创新就来自哈耶克在大学早期生活中对心理学的研究。迄今为止,理论心理学家、演化经济学家以及神经元经济学家在其学科研究中仍然需要回溯到哈耶克的感觉秩序论贡献。很多学者认为,哈耶克对经济学最重大的贡献就是他 1937 年发表的论文《经济学与知识》[②],单凭该论文,他就应该拿到诺贝尔经济学奖。该论文认为,不同的个体有着不同的知识,在市场中,人与人之间存在"知识的分工"(division of knowledge),而价格体系在市场中发挥着传递和协调知识的作用。此后哈耶克又发表了一系列有关在社会中如何利用知识、竞争过程如何发现知识的论文,再加上他在上述诸多领域里所掌握的渊博知识和所获得的洞见,哈耶克也被人称为"知识贵族"。

哈耶克在与凯恩斯的交锋中,从一开始就已认定凯恩斯理论的软肋为其缺乏资本理论。他在 20 世纪 30 年代叫板凯恩斯失利之后,付出了数年的艰辛努力,于 1941 年出版《纯粹资本理论》一书。但由于当时英国处于大战当中,大多数政府官员和经济学家们均沉迷于信奉凯恩斯主义的宏观经济政策简单"妙方",而对哈耶克的呕心沥血、精雕细琢之作问津者寥寥。而且,哈耶克对凯恩斯的批评,其核心要点并没有改变。哈耶克目睹英国古代自由主义被日渐离弃,种种集体主义思潮盛行,以及德国极权主义已成现实,奋笔疾书,于 1944 年先后在伦敦和芝加哥出版《通往奴役之路》,由此一鸣惊人,成为闻名遐迩的通俗政治思想家,由此也终结了自己的专业经济学家的生涯:随着这部名著的出版,专

---

① Hayek, Friedrich August von, *The Sensory Order*, Chicago: University of Chicago Press, 1952.

② Hayek, F. A., Economics and Knowledge, *Economica*, 4:33–54, 1937.

业经济学圈不再把他视作一位专业经济学家。哈耶克其后越发不可收拾，先后出版了《个人主义与经济秩序》《自由宪章》《法律、立法与自由》和《致命的自负》等巨著，成为重振古典自由主义思想的一代宗师。

不过，在离开专业经济学圈之后，哈耶克的生活并不轻松，直到他于1974年由于其货币理论和商业周期理论荣获诺贝尔经济学奖，他的个人生活和精神面貌才彻底改观。而其获奖则与凯恩斯主义的衰落有关：20世纪70年代，西方国家进入了经济停滞与通货膨胀并存的"滞胀"年代，而凯恩斯主义经济学对之束手无策：如果增发货币或者扩大公共投资，物价将进一步上涨；如果控制货币发行和紧缩公共投资，经济将转入衰退。这一局面导致了自由主义经济学的回归。哈耶克的经济理论贡献终于得到了承认，而其获奖的实际原因则更为复杂。据说一大原因为自由主义经济学的总体回归，另一大原因可能是瑞典皇家科学院希望其本国左翼经济学家缪尔达尔能够尽早获得诺贝尔奖，于是用右翼经济学家哈耶克来"凑数"，于1974年并授诺奖。

哈耶克因为其货币理论与商业周期理论的贡献而获得诺奖。他的商业周期理论是米塞斯商业周期理论的延续和发展，足以解释1929年大萧条的成因和2008年全球金融危机的成因。按照哈耶克的观点，稳健的经济增长需要有稳健的货币和稳健的经济基本面。而稳健的经济基本面需要通过促进竞争来维护。而各国政府仍然偏好凯恩斯主义经济学，不断推行"量化宽松"的货币政策和赤字财政政策。对于哈耶克来说，不断对经济体注入廉价货币，乃是饮鸩止渴的行为，只是推迟了经济结构的调整，也就是推迟了经济危机的爆发。而且，越是往后推迟，危机的程度越大。话说回来，情况越是如此，越是需要研读哈耶克。

《弗赖堡研究》文集的译介

笔者个人多年来致力于译介西学经典。翻译经典可能是切入研究经典的最佳途径。要熟悉西学经典,莫过于译介这些经典。我个人参与翻译了哈耶克《通往奴役之路》和《自由宪章》,以及帕普克编《知识、自由与秩序——哈耶克思想论集》,现在又组织翻译了哈耶克的《弗赖堡研究》。

《弗赖堡研究》作为一部论文集,收入了哈耶克在弗赖堡大学首度担任教授 6 年期间(1962—1968 年)所撰写的 12 篇学术论文,其内容涵盖哲学、政治学、法学、经济学,以及伦理学。他曾经两度在弗赖堡大学担任教授,第二次到该大学执教是在 1977 年,也就是在 1974 年拿到诺奖之后。其后他在那里退休,一直住到1992 年去世。

哈耶克首度执教弗赖堡大学期间,也是哈耶克的研究结出丰硕成果的岁月。他的鸿篇巨制《法律、立法与自由》主要是在弗赖堡期间撰写的。[①]

我在数年前访问过德国弗赖堡瓦尔特·欧肯研究所,承蒙该所前所长范伯格(Viktor Vanberg)教授以及新所长拉斯·菲尔德(Lars Feld)教授的热诚接待和关照。在逗留期间,我在该所图书馆看到《弗赖堡研究》德文版一书,随后将该书推荐给了中国社会科学出版社。我翻译了该文集的序言,以及《旧真理和新谬误》《秩序的类型》两篇论文,史世伟和杨阳翻译了《法、法律和经济自由》《多数的观念和当代的民主》,史世伟和李步云翻译了《法律秩序与行为秩序》。文集中其他论文的译本取用冯克利在《哈耶

---

① 〔美〕艾伦·艾伯斯坦:《哈耶克传》,秋风译,中信出版社 2014 年版,第219 页。

克文选》一书中对应论文的译本。① 我负责对全书进行统校。

《弗赖堡研究》文集的内容

《弗赖堡研究》文集的第一篇论文《经济、科学和政治》为1962年6月18日哈耶克获任弗赖堡大学教授的就职演说。就职演说意味着哈耶克在1944年离开专业经济学圈之后又重返这个圈子。哈耶克在演说中主要抒发了他与弗赖堡大学的缘分,尤其是与包括欧肯在内该校经济学家的个人联系,并就科学研究的一些方法论发表了个人观感,还指出了宏观经济学理论的错误。在演说中,他指出,学术研究的一般原则就是做到知识上的诚实,其基本的任务是把科学所能揭示的因果关系和特定结果之可取或不可取加以明确的区分。他并不认为学术研究中可以做到马克斯·韦伯所言的"价值无涉"。他指出,选择出供我们进行科学考察的问题,这本身就包含着价值判断,因此要想对科学知识和价值判断做出明确的划分,并不能用回避价值判断的办法,而只能通过明确无误地说出指导性的价值来做到这一点。哈耶克认为,所谓宏观经济学在现代的全部发展,是一种错误信念的结果,这个信念就是,只有当理论使我们能够预测具体的事件时,它才是有用的。经济学家对这种宏观理论所必需的那些数据根本就搞不清楚,于是又试图对理论加以改造以克服这些困难,但由此而被纳入其公式之中的数据,已不再能传递有关个人的信息,而是一些统计学中的量、总数和平均数。由于那些统计学中的量只能为我们透露有关过去的信息,并不能证明它们还会保持不变的假定的合理性,经济学家仍然无法对具体的事件做出成功的预测。具体产品的价格和数量,不是取决于任何平均数,而是由各种具

---

① [英]弗里德里希·冯·哈耶克:《哈耶克文选》,江苏人民出版社2007年版。

体的条件和分散在千千万万个人中间的知识所决定的。

在《理性主义的类型》一文中，哈耶克区分了两类理性主义：其一为理性建构主义，其二为批判理性主义。其实对批判理性主义的坚持和对理性建构主义的批判，可以见诸本文集中的所有论文。理性建构主义认为，一切有用的人类制度都是，而且应当是自觉的理性特意设计的产物。"工程师头脑"和计划经济思维就与之相关。批判的理性主义承认理性的有限性，认为支配着现今社会的大部分规则，并不是人们特意创造的结果，因此对于受着它们制约的事情，人们的理解是十分不完善的。它们是一个缓慢的进化过程的产物，这一过程积累了大量的经验和知识，绝非任何一个人能够完全掌握。应当把人类理性视为文明的产物，而这文明并非出自人类有意设计，而是从一个进化过程中成长起来的。如果我们比较一下哈耶克和凯恩斯，那么哈耶克属于批评理性主义论者，凯恩斯属于理性建构主义论者。前者精于言"道"，反对"工程师思维"或"计划思维"，后者工于言"术"，满是"工程师思维"或"计划思维"。

在《弗赖堡研究》中，收入了哈耶克的文章《对凯恩斯和"凯恩斯主义革命"的个人回忆》。哈耶克对凯恩斯主义的批判有着其时间上的优势。凯恩斯去世于 1946 年，哈耶克则活到了 1992 年。哈耶克在凯恩斯去世之后有 46 年的时间批评凯恩斯的经济学遗产。哈耶克是在 20 世纪 30 年代初在伦敦经济学院通过用新古典的框架来阐释奥地利学派的货币和周期理论在伦敦经济学家圈子内崭露头角，并且又因著文挑战凯恩斯的《货币论》一书而在伦敦经济学界名声大震。但是凯恩斯对他的回应则集中于对哈耶克《价格与生产》①一书的攻击。哈耶克批评凯恩斯《货币论》的文章是分两部分发表的。当文章的第二部分发表时，凯恩

---

① Hayek, F. A., *Prices and Production*, London: George Routledge and Sons, 1931.

斯对哈耶克说,他在这段时间已改变了看法,不再相信他在那本书中所说的话了。当凯恩斯的《通论》出版时,哈耶克没有进行驳斥,这是其原因之一。但后来哈耶克对此一直深感内疚。哈耶克当时担心在完成自己的分析之前,凯恩斯会再次改变看法。

在《对凯恩斯和"凯恩斯主义革命"的个人回忆》一文中,哈耶克认为他与凯恩斯的最大的区别是,他认为宏观分析作为一般方法是错误的。首先,凯恩斯总是考虑价格水平和工资水平,根本不考虑相对价格和工资结构。其次,凯恩斯坚信,在可计算的总量,如总需求、投资或产出之间,存在着简单而稳定的函数关系,而且这些假定的"不变因素",具有可以从经验上加以确定的价值,这使我们能够做出正确的预测。哈耶克指出,不仅没有任何理由假定这些"函数"会保持不变,而且在凯恩斯之前很久,微观经济学就已经证明了它们不可能保持不变,随着时间的不同,它们在数量甚至方向上都会发生变化。这些关系当然取决于微观经济结构,尤其是取决于受到宏观经济学忽视的不同价格之间的关系,而所有的宏观经济学都会将这些因素视为准不变因素。因此,哈耶克断言,根据它们是不变因素的假设得出的结论,注定是十分错误的。此外,哈耶克在文中也指出,凯恩斯认为古典经济学把论证建立在充分就业的假设之上,凯恩斯则把自己的论证建立在可以称为充分失业的假设之上,即假定通常总是存在着全部要素和商品中有　部分被闲置不用的情况。这样看来,凯恩斯指责古典经济学家犯下一个错误,但他对这个错误的反对似乎同样错误。确实,凯恩斯之所以把自己的宏观经济理论称为"通论",是因为他认为古典经济学建立在充分就业假设之上,而这不能算通论,只有他的理论才是"通论"。但是他的理论无法处理20世纪70年代的"滞胀"问题,同时也没有涵盖充分就业的情况。因此,难以称其为"通论"。哈耶克在文中指出,古典理论立基于充分就业假设,即使它只有部分道理,至少有助于我们理解价格机制和功能、不同价格之间的关系以及使这些关系发生变化的各种因素的意义。凯恩斯的理论立基于充分失业假设,至少同前者一样不太符合实际,甚至会导致更大的错误。如果假定所有商品和要素都因过剩而随手可得,便会使整个价格体系变为多余,它将成为无法确定和不可理解的事情。哈耶克嘲讽道,一些最正统的凯恩斯信徒,会顽固地把传统的价格决定和分配理论这些构成经济理论的基石一概弃之不顾,但这样一来,他们也就无法理解任何经济事务了。

　　哈耶克对凯恩斯理论的质疑和反驳也出现在本文集其他文章当中。比如《旧真理和新谬误》一文批判了到目前还在流行的所谓消费不足理论。哈耶克认为,他在 20 世纪 20 年代末曾经做过题为《存在一种储蓄悖论吗》的演讲①,希望彻底击垮消费不足理论这条恶龙,但是没想到它在凯恩斯的庇护下得到复活。这种理论以一种错误的观念,即认为支出自己的全部收入者,要比积累自己的财产、只服务于自己利益者对社会共同体的繁荣贡献更大。哈耶克指出,事实上放弃一种可能的当前消费是一切资本形成的前提,而且不消费所获收入一般不意味着根本就不会支出这些收入,而只是意味着,将为生产性目的而支出这些收入。哈耶克支持自愿性储蓄,认为应该做些必要的事情,以使这些储蓄真正转变为生产性投资。他反对强制性储蓄,比如政府的征税或者通货膨胀政策就能导致强制性储蓄。政府利用强制性储蓄进行投资,可能只是用于非生产性支出,不直接导致消费品生产的增长。哈耶克批评了凯恩斯著名的花钱挖坑例子:先挖坑,再填坑,而投资在这一意义上根本与资本形成无关。

　　《秩序的类型》和《人的行动的结果,但不是人为设计的结

---

① Hayek, Friedrich August von, *Gibt es einen "Widersinn des Sparens?"* Berlin: Springer, 1929.

果》两篇文章均论述自发秩序和人为设计秩序之间的关系。在
《秩序的类型》一文中，哈耶克区分了简单秩序和复杂秩序、抽象
秩序和具体秩序、自发秩序和人为设计的秩序。哈耶克对自发秩
序情有独钟。他认为，在社会中会有其他不同种类的秩序，即不
是由人为设计的秩序，而是从个人活动当中作为非意图的结果而
产生的秩序，这种发现是社会理论的成就。他也把自发秩序称为
多中心秩序。人为设计的秩序也叫"组织"。自发秩序是抽象的
秩序，人为设计的秩序是具体的秩序。前者没有具体的目的，后
者有着具体的目的。前者倚重内部演化产生的规则，后者依托外
部强加的命令。哈耶克也把自发秩序称为"多中心秩序"，它是一
个有序的整体，在其中每个元素根据一定的规则对其各自个别的
环境做出反应，该种秩序产生自各元素对特定情形的独立反应，
而且这些特定的情形对每一个元素均发生作用。自发秩序包括
语言、道德、法律、文字、货币、文化、市场，等等，它们是人的行动
的非意图的结果。越是复杂的秩序，越需要依赖自生自发的力
量，越不能通过命令来组织。哈耶克在文中对规则与命令、自发
秩序与组织之间的联系和区别做了扼要但明确的梳理。哈耶克
指出，现代社会不是组织的，而是作为自发秩序而产生的，其结构
可以达到一种复杂程度，这种程度可以远远超过如果通过有意识
组织可以创造的秩序所能达到的程度。他进一步强调，使得这一
复杂秩序的出现成为可能的那些规则，也并不是因为有人预见到
这一结果才设计的，而是由于有些人偶然采用了合适的规则，由
此发展出了一种复杂的文明，这一文明后来被证明优越于其他秩
序。在《人的行动的结果，但不是人为设计的结果》一文中，哈耶
克认为，在完全独立于人的行动这个意义上的自然现象和人为设
计的产物这个意义上的人为现象中间，还需要插入第三个类别，
那就是一种秩序，它属于"人的行动的结果，但不是人为设计的结
果"。哈耶克指的就是"自发秩序"。哈耶克批评了笛卡尔理性主

义建构论的问题,认为相信特意做出的设计和计划优于社会的自发力量,这种信念显然是通过笛卡尔的理性主义建构论进入了欧洲人的思想。作为对这种笛卡尔理性主义的反应,英国 18 世纪的道德哲学家既以自然法学说,更以普通法学说为起点,建立起了以未经设计的人的行为的结果作为中心问题的社会理论,尤其是提供了一种有关市场自发秩序的全面理论。亚当·斯密提出的"看不见的手"原理就是一个突出的例子。他指出,通过市场这只"看不见的手",人们"促进了并不属于他们意图之一部分的目的"。① 哈耶克在文中批评了法律实证主义者的做法,他们彻底放弃了法律是客观存在的事物这种思想,根据他们的学说,法律完全是立法者特意设计的产物。

　　《法、法律和经济自由》《多数的观念和当代的民主》《自由社会的秩序原理》与《自由国家的宪制》四篇论文同属一组,构成了哈耶克三卷本巨著《法律、立法与自由》的基本观点。

　　《法、法律和经济自由》一文区分了法(Recht)与立法(Gesetze)的不同,重新强调了"法治下的自由"或者"法律下的自由"(Freiheit unter dem Recht)这一观念。该观念由古希腊人第一次提出,在过去的 2500 年里它始终保留在一些国家中,他们认为法不是某些特定人的意愿表达,而是一种非个人过程的结果。现代意义上的立法机构可以随意改变规定人与人之间关系和人与政府之间关系的法。它们规定国家事务的掌管以及托付于政府的资源的管理。这种法被哈耶克称为"立法"。但是,划出个人自由空间界限和确定强制个人服从相关条件的法,并不由一些人或多数人任意决定,它来自于自主的法学家阶层的努力,作为法官和法学学者,他们确信法不是被创造出来的,而是被发现的。这

---

① Adam Smith, *An Inquiry into the Nature and Cause of the Wealth of Nations* (1776), ed. E. Cannon, London, 1904, p.421.

种法被哈耶克称为"法"（Recht），也称作"正当行为规则"。哈耶克指出，现代立法机关的立法，95%与正当行为规则无关。当法律曾经首先是一种正当的一般规则时，它被视为自由的最佳保护，而现在的法律（多数为"立法"）却成为消灭自由的最有效工具。这里，正当行为规则指的是哈耶克意义上的"法"，它是指一般的、抽象的、同等适用于所有人的规则。这一对"法"的定义是理解哈耶克法律理论的关键。

《多数的观念和当代的民主》一文中，哈耶克沿袭了上文对法和立法的理解，并对当代民主制度抱有担忧。他认为，在民主的第一阶段，由于服从更高的法（Nomos），民主被视为个人自由的保护者，从而创造了辉煌，之后即使是在最为成功的民主制度中，多数也会要求在所有特殊事务中按照他们的好恶行事的权利。哈耶克指出，现代民主国家从只是多数的决定才可约束所有人，走到多数的所有决定都具有约束性，属于两种不同体制的切换：在第一种体制下，人们就必要的共同决定取得一致，并由此成为实现和平的前提，而第二种体制却成为一种压迫的工具。他强调，只有当多数的一致建立在一种可以毫无例外使用的一般性规则基础上时，这种一致才能成为公正的标志。只有对一般性规则达成一致，才能避免出现冲突，而在没有就一般性规则达成一致的前提下试图对特殊事项达成一致，冲突是不可避免的。多数只能限于确定普遍适用的原则，且当个别结果不合其愿望时，它不能干涉这些结果赖以产生的具体秩序。哈耶克提出警告：人们以为，在处理特别事件时，多数的每个意愿必然是公正的，这一观点使多数不会专断的观念广泛传播。哈耶克强调，多数有权做其想做之事的观念与人民主权这一诱人概念紧密相关，其缺点不在于认为最终权力掌握在多数手中，而在于认为存在着一个无限权力，即主权的观念。没有必要存在一个无限的最高权力，因为所有权力最终都要建立在人们的意见之上，并且始终伴随它们。多数拥有至高无上权力的观念是民主理想的退化表现,这一衰退出现在民主长期存在的所有地方。然而,它根本不是民主原则的必然结果,而是一种错误观点的必然结果,即确定多数意见的特定程序必须给予所有可能的问题一个答案,且这一答案须反映多数的意见。哈耶克在文中最后还指出西方国家议会制的问题,认为应该改造议会制度,引入"两院制",其组成为:首先是立法会议,负责原本意义上的立法(即颁布一般的、抽象的、无例外适用的规则),以使针对公民使用的强制正当化;其次是政府会议,负责掌管原本意义上的政府事务。这种"两院制"也见于哈耶克的名著《法律、立法与自由》①。

《自由社会的秩序原理》一文勾勒了哈耶克所欲求的一种总体社会秩序,为其完成《法律、立法与自由》三卷本铺路。哈耶克强调英国古典自由主义传统和美国"自由派"所代表的自由主义思想的对立。前者反映批评的理性主义态度,后者代表建构论理性主义的态度。前者根据的是对一切文化和人类现象所做的一种进化论解释,以及对人类理性能力之局限性的洞察,后者导致把一切文化现象都作为特意的产物看待,它所根据的信念是,可以和需要按照预定的计划改造所有逐渐生成的制度。前者尊重传统,承认一切知识和文明都依靠传统,后者蔑视传统,因为它认为独立存在的理性具有设计文明的能力。哈耶克指出,在贯彻保护公认的个人私生活领域的公正行为普遍原则的情况下,十分复杂的人的行为会自发地形成秩序,这是特意的安排永远做不到的。哈耶克认为,一个社会的共同福利,或公共利益的概念,绝不可定义为所要达到的已知的特定结果的总和,而只能定义为一种抽象的秩序,作为一个整体,它不指向任何特定的具体目标,而是

---

① Hayek, F.A. , *Law* , *Legislation and Liberty* : *A New Statement of the Liberal Principles of Justice and Political Economy* , Volume 3 : The Political Order of a Free People , London and Henley : Routledge , 1979.

仅仅提供最佳渠道,使无论哪个成员都可以将自己的知识用于自己的目的。这里,哈耶克实际上强调的是法治和作为自发秩序的市场秩序。哈耶克对政府职能的定义是狭义的:政府的一切强制性职能必须受三大消极性概念的支配,即"和平、公正和自由";要想实现这三者,政府就要把其强制性职能局限于实施平等地适用于一切人的禁令(称为抽象规则),并遵照相同的统一规则,为另一些非强制服务的成本而向一切人征收一定的份额,它可以决定用供它支配的人力和物力把这种服务提供给国民。这里,哈耶克专门阐述了他所主张的"公正"的含义:一是公正只有当用来指涉人们的行为,而不是指涉事物状态本身却又不提及该状态是否或能否为任何人有意所为时,才是有意义的。二是公正规则本质上有着禁令的性质,或换言之,不公正是真正的首要概念,公正行为规则的目的就是要阻止不公正的行为。三是受到阻止的不公正,是因为它侵犯了其同胞受保护的领域,而该领域是由这些公正行为规则来划定的。四是这些本身有消极性质的公正行为规则,能够通过把一个社会所继承下来的这种规则不断应用于无论什么事情而发展出来,这同样是对其普遍适用性的一种消极的检验方式——这种检验方式不过是这些规则在应用于现实世界时所允许的行为保持自身的一致性而已。哈耶克的公正观总体上体现为维护个人基本权利、反对福利国家的要义。由于公正只能指涉行为,那么把收入分配的某种结果说成是"公正"或者"不公正"就没有意义。

　　哈耶克《自由国家的宪制》一文与上述《法、法律和经济自由》《多数的观念和当代的民主》和《自由社会的秩序原理》三篇文章有着紧密的承接关系,罗列了哈耶克对其心目中的理想宪制的 18 点具体设想,包括他基于对西方议会体制的批评而提出的上述"两院制"方案。全文虽然简短,但是系统。

　　整个文集中有三篇涉及思想史的论文。除了上述《对凯恩斯

和"凯恩斯主义革命"的个人回忆》之外,还有《曼德维尔大夫》和
《大卫·休谟的法哲学和政治哲学》。

伯纳德·曼德维尔(1670—1733)是英国哲学家和古典经济
学家,其代表作为《蜜蜂的寓言——私人的恶德·公众的利益》。[①]
曼德维尔的核心观点是私人的恶德即公众的利益。他的观点有
其道理。很多人认为,从道德的角度看,以自利驱动的行为是应
该受到谴责的,但如果有人想以"公共精神"的道德情怀来建立一
种充满美德的繁荣社会,那只是一种"浪漫的奇想"。其原因是,
个人的私欲和"恶行"恰恰是社会繁荣的驱动力,离开了它,公共
利益将是无源之水,无本之木。公益心和道德感这样的善之花,
都将结出贫困和伪善的恶果。此外,曼德维尔支持社会起源的
自发秩序说,他认为:"我们常把一些事情归功于人类非凡的天赋
和深邃的洞察力,而实际上那是因为漫长的岁月和世代累积的经
验,他们在天性和智慧上彼此并无多大差别。"[②]哈耶克认为,曼德
维尔第一次完整地提出了有序的社会结构——法律和道德,语
言、市场、货币以及技术知识的发展——自发生长的经典模式。

曼德维尔的观点影响了休谟和亚当·斯密。哈耶克强调,曼
德维尔使休谟成为休谟。他直言不讳地指出,他对休谟的评价
是,在近代所有研究精神与社会的人中间,他大概是最伟大的一
位。这使曼德维尔在哈耶克看来非常重要。只有在休谟的著作
里,曼德维尔努力的意义才完全得以彰显,而且正是通过休谟,他
才产生了持久的影响。哈耶克认为,休谟为人们提供了后来以自
由主义闻名的法律和政治哲学的唯一全面的阐述。哈耶克也指
出,曼德维尔是亚当·斯密经济自由观点的先驱,这是他长期以
来得到公认的地位。斯密的"看不见的手"原理就是这条思想脉

---

① 　Mandeville, Bernard, *The Fable of the Bees*, Edited with an introduction by Phillip Harth, London: Oxford University Press, 1924.

② 　Mandeville, 1970, 第二章。

络的重要思想结晶。

从哈耶克对上述阐释,可以看出曼德维尔影响了休谟和斯密,三者共同影响了哈耶克。

哈耶克的《关于行为规则体系的发展的笔记(个人行为规则同行为的社会秩序之间的相互作用)》一文区分两种秩序或者体系,并阐述了两者之间的相互作用。一方是个人行为规则秩序或体系,它是指支配群体中个人成员(或任何秩序中的成分)之行为的规则体系,另一方是群体行为秩序或体系,它是指群体作为一个整体所表现的行为之社会秩序或模式。哈耶克认为,个体行为的规则体系和从遵循这些规则采取行动的个体中产生的群体行为秩序,经常被混为一谈,其实两者并不是一回事。

哈耶克认为,并不是所有的个体行为规则体系都能产生一种总体的群体行为秩序。个体行为的规则体系能否产生一种行为秩序,以及它是一种什么样的秩序,取决于个体行动的环境。同样的个体行为规则,在某种环境下可以导致某种行为秩序,而在另一种外部环境下则不会导致这种行为秩序。新的个人行为规则需要与其他现有个人行为规则相适应,纳入个人行为规则体系。新的个人行为规则的作用需要看总体的个人行为规则体系发挥何种作用、在何等程度上发挥作用。个人规则体系在适当的环境中产生的这种总体行为秩序,是受某些规则支配的许多个体行为共同造成的,然而这种行为秩序的产生,却不是个体行为自觉的目的,因为个体全然不知道这种总体秩序,从而除了指导个体行为的抽象规则之外,它并不知道在某个特定时刻需要保留或恢复这种总体秩序。从哈耶克的分析可知,总体社会秩序不是一个个体整体建构的产物。

哈耶克还指出,社会不同于较简单的结构,乃是因为其构成要素本身就是复杂结构,它们维持生存的机会,取决于它们是一个更广泛的结构之一部分(或至少会受到该结构的改善)。一个群体中的总体行为秩序,从两方面说要大于常规个体行为的总和,因而不能被完全分解成这些常规:一方面,范围更大的秩序有助于维护较低层次的有序结构;另一方面,在较低层次决定着个体的行为常规的秩序,只有通过它对社会整体结构的作用,才有助于个体的生存前景。这意味着,具有特定结构和行为的个体,它的存在形态取决于有着特定结构的社会,因为只有在这样的社会里,发展它的某些特征才是有利的,反过来说,社会秩序又是个人在社会中发展出来的这些行为常规的结果。从哈耶克的上述分析可以推断,可以通过足够数量的个体去努力推行特定的个人行为规则,来影响社会的个体行为规则体系的变迁方向。

顾名思义,哈耶克的《法律秩序与行为秩序》一文则区分和探讨法律秩序与行为秩序。很显然,这篇文章与上一篇有着逻辑关联。法律秩序本来应该就是规则秩序。但是,哈耶克指出这里有两种法律秩序,一种是体现公民个人行为规则即正当行为规则的法律秩序,即"私法",主要体现为禁令;另一种是体现为政府的组织规则和具体命令的法律秩序,即"公法"。这里,哈耶克强调,真正的法律是前面那种法律。他认为,法律不是立法的产物,而是从司法中产生。哈耶克在文中区分两种秩序,一种为上文所述的"自发秩序",还有一种是"命令"或者"组织",即外部强加的秩序。他指出,很多人想当然地认为秩序的背后总有人在规划设计。但是自发秩序并非如此。自发秩序存在于开放的大型社会,出于各种原因其只能是抽象的秩序。这种秩序基于对不断变化的外部环境的一种适应,但对个体而言根本不可能对整个外部环境有宏观的把握,因此也就不可能通过有意识的安排来实现秩序。这种基于对外界环境不断做出反应的秩序,尤其是无人能够在宏观层面清晰把握整体的情况下产生的秩序,只能是一种自发秩序。这是因为另一种可选的秩序模式,即命令或者组织,需要有一个知会所有必要信息的命令发出者。而这是不可能做到的。

自发秩序所解决的问题恰恰就是如何利用天文数量级的知识,而这些知识是任何单一个体都绝无可能完全掌握的。市场秩序通过一个发现机制来实现上述目的,这个发现机制就是我们所说的竞争。建立这样一种自发秩序能够使我们利用的知识比任何一个个体拥有的更广博(也正因如此,我们无法预测自发秩序的特定内容),借助于自发秩序我们还可以实现许多以往无法达成的目标。

哈耶克还指出,在西方国家,人们日渐从"抽象秩序思维"转向"具体秩序思维",把"社会正义"即分配公正的要求强加给原本作为自发秩序的市场秩序。在这种情况下,政府的命令会以法律的名义破坏普遍公正概念,使得实际的发展不是维持一种普遍公正的抽象秩序,而是以可被预见到的具体结果作为追求目标。其结果会使得所有规则均可变为多余,这意味着法律的终结。

《作为一个发现程序的竞争》一文的题目以开门见山的方式揭示了其全文要旨:竞争可以被视为一个发现程序。一些学者把德文"Entdeckungsverfahren"或其英文"discovering procedure"翻译成"发现过程",那是一个错误。哈耶克在文中指出,无论在什么地方,竞争之所以具有合理性,都是因为人们不能事先知道决定着竞争行为的那些事实。竞争之所以有价值,完全是因为它的结果不可预测,并且就全部结果而言,它不同于任何人有意想要达到或能够达到的目标。如果我们事先就知道谁是最优者,再安排竞争便是毫无意义的。哈耶克建议,把竞争作为一个发现某些事实的方法,不利用竞争,这些事实将不为任何人所知,或至少是不能得到利用。哈耶克的论证主要集中在经济竞争角度。他认为,不发达国家引入最大程度的竞争比在发达国家重要,这是因为一方面在不发达国家有许多有待发现的事物,另一方面在竞争过程中,更多的后继者能够仿效先行者参与其中,由此甚至推动风俗习惯的必要变革。如果作进一步解读,哈耶克的意思大概就是,通过引入最大程度的竞争，可以形成一种市场理念、规则意识和竞争文化，以此为经济发展提供精神推动力。

《关于李嘉图效应的三点说明》是本文集收入的最后一篇文章。所谓"李嘉图效应"，是指在充分就业的条件下，消费需求的增长会引起投资下降，反之亦然。"李嘉图效应"是哈耶克论证其经济周期理论的核心环节。哈耶克采用其在20世纪三四十年代就已擅长的"黑板经济学"方法，以图示法展示这一效应的作用过程。他通过推理得出，消费需求的增加会导致（在充分就业条件下）对只适合于资本高度密集型生产方式的投资需求的减少。随着政府不断向市场注入货币，投资物品的价格会下降，而消费品价格在一段时间内仍会继续上升。这会使某些已经发生的投资的收益与过去相比有所下降，与此同时，投资资金的流量也会减少。因此支配性的因素是，新货币的流入停止，从而使可用于投资的资金减少之后，消费品价格会继续上涨一段时间。结果是，某些在繁荣期用来生产资本密集型设备的要素，会被弃之不用。透过这种机制，除非不断扩张信用，靠通货膨胀支撑的繁荣迟早会因为投资衰退而出现逆转。也就是说，整个发展过程就像"饮鸩止渴"，只是往后推迟危机，而越是往后推迟，危机可能越大。很显然，哈耶克的周期理论可以解释2008年全球金融危机的爆发。

对哈耶克学术思想的总体评价

奥地利学派著名经济学家中，真正能够把奥地利学派思想和公共政策分析广泛对接的，似乎可首推哈耶克一人。这一点可以从哈耶克《自由宪章》一书第三部分中看出。该书分为三大部分，共二十四章。每一部分为八章。第一部分"自由的价值"，第二部分"自由与法律"，第三部分"福利国家中的自由"。第三部分其实均是哈耶克基于自由价值和法治理念进行的公共政策分析。

奥地利学派中存在两派,其中一派更偏向无政府主义,甚至包括了无政府主义者,其代表人物为米塞斯和罗斯巴德,而后者就是无政府主义者;另一派则承认政府相对而言可有更多的作用,其代表人物就是哈耶克。前一派认为哈耶克是干预主义者,而另一派则认为他是真正的古典自由主义者,或者自由至上主义者,而且在 20 世纪成功地重新阐释和复兴了古典自由主义。比如 20 世纪 80 年代美国里根主义和英国撒切尔主义的兴起,就部分与哈耶克的思想贡献有关。

哈耶克的难得之处在于其坚持中道自由主义的原则,同时接受有限程度的利益共和。这一点可以从其代表作之一《自由宪章》中看到。全书其实强调他后来在《法律、立法与自由》一书中明确提出的"法律下的自由"原则。整部巨著的第三部分涉及这项原则在福利国家中的公共政策应用,不断对各种经济和社会政策对个人基本权利的侵犯可能性提出种种警示,并提出与个人自由兼容的一些解决方案。而这些解决方案一般旨在共赢,既体现对中道自由主义原则的坚持,也接受有限度的利益共和。比如哈耶克强调个人所得的单一比例税率本身就会使得富人的纳税多于穷人。但是,他也看到现代国家的多数选民往往偏好累进税率,而高累进税率必然影响作为经济主体的企业家创新精神和其他经济活动的积极性。因此,哈耶克提议,如果一定要采取累进税率,那么只能采取低累进税率,同时对整体税制提出了一些规则约束。此外,为了防止福利国家中议会表决出现"多数暴政",哈耶克还建议通过一项政策的多数,也需要承担多数的成本,以此来约束和挫败党派之争导致不断增加对选民的福利承诺。

哈耶克在《自由宪章》第三部分的公共政策分析中展示了其思想是可落地的,与现实政治能够找到很多契合点。哈耶克不是"空中飞人"。但是,也有很多人认为哈耶克的思想虽然有启发意义，但对中国问题的分析没有多大用处。我在 2007 年作为访问学者于耶鲁法学院逗留期间，一位美国宪法学教授在邀请我共进晚餐时就说过这番话。

仁者见仁，智者见智。不同的人可以从哈耶克的思想中感受到不同的用处。不排除有人觉得哈耶克的思想毫无用处，甚至有害处。甚至自由主义阵营内部不同派别之间也争论得一塌糊涂。比如美国著名的自由至上主义思想家安兰德（Ayn Rand）女士在 1946 年给罗斯·维尔德·雷恩（Roase Wilder Lane）的一封回信中回复了雷恩提出的"那些几乎和我们在一起的人，是否比 100% 的敌人更为有害"这样一个问题。安兰德的具体答复是："那些在某些方面同意我们的观点，但同时宣扬相互矛盾的思想的人，绝对比 100% 的敌人更为有害。"她补充道，"比如米塞斯作为一个几乎和我们在一起的人，我尚可忍受……要举例说明我们最有害的敌人，当推哈耶克。那人是真正的毒药。"

同样是 1946 年，另一位自由至上主义者、哈耶克的老师米塞斯针对哈耶克有关创建朝圣山学社的建议撰写了一份备忘录。在备忘录中，米塞斯旗帜鲜明地反对政府对经济的任何干预，主张经济的完全自由放任，隐含地将哈耶克及其许多同人试图把个人经济自由与任何政府规制相结合的各种努力一概贬斥为"干预主义"。在备忘录之末，米塞斯指出，哈耶克教授所提出计划的弱点在于它依赖于很多人的合作，而这些人以赞成干预主义而著称。其实，哈耶克与米塞斯在经济秩序观中的区别在于，哈耶克反对经济领域完全自由放任，米塞斯则赞成。哈耶克认为：竞争能够发挥作用的地方，就要首先让它发挥主导作用；要为竞争而计划；竞争需要一套规则，而这套规则本身需要通过作为发现程序的竞争来发现。

自由至上主义者和无政府主义者罗斯巴德与米塞斯一样赞成经济领域的完全自由放任。罗斯巴德对哈耶克的批评则更是可用"狗血喷头"来形容。哈耶克《自由宪章》第一章界定了什么叫自由。在该章中，他几处利用和对照"强制"这一概念来说明自由的概念。哈耶克把自由视为最小强制。但是，罗斯巴德则在《自由的伦理》一书中用了整个第28章批评哈耶克及其强制概念。他认为哈耶克的强制概念是混乱和幼稚的，并认为"强制不是一个可以相加的数量概念，我们无法从量上比较强制的不同程度，尤其是不同的人之间"。但是，这种批评是不中肯的，因为强制是可以区分程度的。

这里我们不展开讨论自由主义阵营内部的论争，也不必在乎谁高谁低。只要清楚哈耶克仍然是中道主义的领军人物即可。至于自由主义阵营之外的阵营，对哈耶克的批评必然会很多。

哈耶克学术思想的运用

任何一位思想家的思想和理论很难尽善尽美。是错误就要指出，但又要做到瑕不掩瑜，需要以"扬弃"（Erhebung）态度去看待各种思想和理论。我们对待哈耶克的思想和理论，也要秉承这种态度。

正如哈耶克乐于将其理论应用到西方福利国家的公共政策分析中，我们也可以将哈耶克思想中一些可用的方面应用到中国公共政策的分析中。

比如，在农村金融研究中可以适用哈耶克局部知识（local knowledge）的概念。笔者2004年发表的论文《试论中国农村金融的多元化———一种局部知识范式视角》提出了有关中国农村金融市场发展的局部知识分析范式，认为需要发展农村金融市场，使得无数经济主体能够利用分散在自身当中的、涉及特定时间和地点的局部知识或分散知识，实现哈耶克所言"知识分工"，以此使得农村金融更好地服务于实体经济的发展。① 根据该范式,农村金融机构需要下移其机构和服务,接近农户,更好利用各种局部知识,以此把局部知识的利用当作消除或者减少"信息不对称"的问题解决方案来看待。其政策意蕴是,应该推行金融市场的自组织和多元化,促进农村金融机构的竞争,建立和维持一个农村竞争性金融市场秩序。

又如,哈耶克的自发秩序和建构秩序论也可以用于分析中国的制度转型。笔者的论文《中国"奇迹":多元成因与地方政府竞争因素》梳理了改革开放以来"中国奇迹"背后的成因,认为很大一部分成因可以解释为,社会和市场主体的自组织行动引致自发秩序的产生,而政府往往事后承认这种结果,并向全国推广,从而形成一种"自发秩序在先,零星建构随后"的总体过程。② 我国的家庭联产承包责任制改革就是如此。该文还有对应的英文版,发表在美国 SSCI 杂志《国际世界和平》上。③ 这里,秩序的可欲性需要用哈耶克论证过程中采用的两大隐性标准来衡量:一是与个人自由兼容;二是允许知识分工。中国的制度变迁当中呈现的自发秩序和零星建构秩序,只要符合这两条标准,就是可欲的。而计划经济作为整体建构,不符合这两大标准,其结果就是低效、不可欲的。

再如,哈耶克的秩序理论也可以运用到中国的城乡规划秩序问题的分析中。在笔者的论文《演化的城市规划及其中国意蕴》分析中,笔者补充分析了哈耶克在其一些论述中隐含的一种秩

---

① 冯兴元、何梦笔、何广文:《试论中国农村金融的多元化——一种局部知识范式视角》,《中国农村观察》2004 年第 5 期。有关知识分工,可参见 Hayek, F. A., Economics and Knowledge, *Economica* 4, 1937:33-54。

② 冯兴元:《中国"奇迹":多元成因与地方政府竞争因素》,载冯兴元《地方政府竞争:理论范式、分析框架与实证研究》,译林出版社 2010 年版,第 69—101 页。

③ Feng, X. Y., Ljungwall, C. & Guo S., Re-interpreting the "Chinese Miracle", *International Journal on World Peace*, XXVIII(1), 2011:7-40.

序,那就是"共治秩序"或者"共同建构秩序",那是很多人遵循同意原则而参与其中的秩序,比如哈耶克的"两院制"方案。[①] 如果民众共同参与城市规划,其结果就是一种"共治秩序",这种共治秩序不同于整体建构秩序,与个人自由兼容,利用知识分工,是可欲的,而且在长期,它体现为一种"演化秩序"。在同一分析中,笔者还引入了哈耶克有关秩序可欲性的第三条隐性标准,那就是允许开放试错。"共治秩序"或者"共同建构秩序"也允许开放试错。

结语

　　总之,希望大家能够本着一种黑格尔和马克思意义上的扬弃和兼收并蓄的态度去研读各种思想资源,它们既可以是西学经典,也可以是国学经典。西学经典中洛克、柏克和哈耶克的著作,与国学经典中老子、孔子和孟子的思想,都是全人类的精神财富。希望哈耶克的《弗赖堡研究》文集能够得到读者的喜爱,对读者有所启迪和补益。衷心感谢史世伟、冯克利、杨阳和李步云等译者的辛勤翻译,也衷心感谢中国社会科学出版社众多同人为本书的编辑出版所付出的努力,尤其感谢出版社李庆红女士所做的大量细致的编辑和出版组织工作。

冯兴元

2017 年 1 月 31 日于北京

---

　　① 冯兴元、刘业进:《演化的城市规划及其中国意蕴》,《制度经济学研究》2012年第 3 期。

目　　录

德文版序言

本书收入了 F. A. 冯·哈耶克教授在弗赖堡大学从事教学工作 6 年期间所撰写的学术论文。瓦尔特—欧肯研究所为在 1969 年 5 月 8 日庆贺哈耶克教授 70 周年寿辰而组织出版了此论文集，以此感谢他在弗赖堡期间进行了内容广泛的传道授业。希望本文集有助于他的传道授业在德语区发挥持久的影响。

所收集的 17 篇论文中，10 篇原先以英文写成；其中一部分曾收录在《哲学、政治与经济学研究》(*Studies in Philosophy*, *Politics and Economics*, Routledge & Kegan Paul, London; Chicago University Press; Toronto University Press) 一书中。我们在此感谢所有翻译人员。每篇译文中均列出了翻译者姓名。不过，我们尤其感谢莱茵霍尔特·维特(Reinhold Veit)博士承担了整卷书稿的细心编辑工作。

卡尔·弗里德里希·梅尔(Karl Friedrich Maier)
瓦尔特—欧肯研究所
弗赖堡，1969 年 5 月

经济、科学和政治①

一

对于一名学术教师而言,担负起一项新的工作,进入一个新的活动领域,是对自己的工作目标做点说明的恰当时机。当一个人多年游学于世界各地,研究多于教学,而他又是在他打算以自己的余生享受其阅历的地方第一次发表讲话,这种想法尤其正确。

如果我有绝对的选择自由我仍会选择该职位,贵校在我的一生中第三次把它给了我,这使我感到荣幸,对此我真不知道该感谢哪颗福星。在新大陆度过了 12 年之后,来到这个位居欧洲中心、正好处在维也纳和伦敦——养育了我的思想的两座城市——中间的地方,并且它还属于前奥地利②,这使我有 种归家之感,尽管我对弗赖堡的了解不过只有几天的时间。我还特别看重再次有机会在一个法律系里讲课,我本人的教育就是在这样的环境中度过的。当一个人向不具备法学或法制史知识的学生讲授了30 年经济学之后,他很可能产生这样的疑问,把法学和经济学研究分开究竟算不算一个错误。就我本人而言,虽然我没有多少成

① 1962 年 6 月 18 日获任弗赖堡大学教授的就职演说,发表于 *Freiburger Universitätsreden*, Neue Folge, Heft 34, Verlag Hans Ferdinand Schulz, Freiburg i. Br. 1963。

② 前奥地利:弗赖堡坐落其中的布赖斯高(Breisgau)和一些相邻地区,在它们归哈布斯堡王朝管辖的几个世纪里,习惯上称为"前奥地利"(Vorder-Osterreich)。

文法方面的知识,但我总是很感谢在我开始研究经济学时,只能把它作为法学研究的一部分。

我要特别指出,由于同行之间的一些个人关系,几十年里我一直和这所大学保持着联系,这些因共同的信念而吸引着我的同代人不幸过早地去世,才使这种联系中断。我与阿道夫·兰普(Adolf Lampe)以及我这个职位的前任阿尔方斯·施密特(Alfons Schmitt)——遗憾的是我从未和他见过面——共同的兴趣,把我们长期联系在一起,这种兴趣导致我们不时利用通信交换观点。我还同莱昂哈特·米科什(Leonhard Miksch)在精心构想自由社会的经济哲学方面做过共同的努力。不过对于我来说,最重要的是我与令人难以忘怀的瓦尔特·欧肯(Walter Eucken)保持了多年的友谊,因为我们在科学和政治问题上有着非常一致的看法。在他生命的最后四年里,这种友谊产生了密切的合作;我希望借此机会告诉各位这段时间欧肯在这个世界上获得的不同寻常的名望。

15年前,也就是战争结束后不到两年,我负责召集西方世界一些热心关切维护个人自由的经济学家、法学家和历史学家参加一次国际会议。会议在瑞士举行,当时德国人进入瑞士不但存在着令人难以置信的困难,并且有不久前还分属敌对阵营的学者会面的问题。15年后这听起来有些不可思议,但那时确实让人有些顾虑和迟疑。我的朋友和我最初想让历史学家弗兰茨·施纳贝尔(Franz Schnabel)和欧肯来瑞士,但是只有欧肯克服了所有技术上的困难,结果他成了朝圣山会议上唯一来自德国的与会者。这使他在会议上取得的个人成功以及他的道德风范给所有与会者留下的深刻印象变得更有意义。他在会上做出了极大的贡献,使人们重新相信德国存在着自由主义思想家,在后来的一次朝圣山学社的会议上,以及1950年他对伦敦的最后一次访问中,他又进一步加深了这种印象。

各位比我更清楚欧肯在德国取得的成就。因此，如果我今天在这里说，我认为我的主要任务之一，就是恢复和继续欧肯及其友人在弗赖堡和德国所开创的传统，我大概不必对它的含义做进一步的解释。这是最伟大的科学统一性的传统，同时也是就公共生活的重大问题表达信念的传统。能够把这两个目标结合在一个经济学家的学术工作之中，在这个范围之内以及这样的条件下，我将此作为自己今后研究的主要任务。

二

尽管事实上我作为一名经济学家的生涯，至少在前一半时间全是从事纯理论研究，后来又把很多时间花在了完全属于经济学领域之外的题目，不过我还是乐见这样的前景：我未来的教学将主要涉及经济政策问题。不过在开始正规课程之前，我对明确而公开地表明我对科学在经济政策领域中所致力的目标和局限性以及学术教育的看法，仍有很大的顾虑。

在此，我只想就这里首先涉及的、已经有很多讨论的一个问题，做点必要的说明，我不能对它略而不谈，尽管我并没有什么新看法，即价值判断在一般社会科学以及具体的经济和社会政策讨论中的作用。自从马克斯·韦伯（Max Weber）宣布了这个问题的本质以来，50年已经过去了，如果今天有人重读他那些谨慎的表述，他几乎找不到多少需要补充的东西。韦伯的劝告有时大概产生了过大的作用。不过，当经济学在德国面临着堕落成一种社会改革教条的危险、有个经济学派竟然自称"伦理学派"的时候，他将自己的论证推向会让人产生误解的地步，我们实在不必大惊小怪。不幸的是，这常常使人们怯于表达任何价值判断，甚至回避某些经济学家在其教学中应当坦然面对的最重要的问题。

在这方面，我们应当遵循的一般原则其实是很简单的——无论把它们应用于具体情况时会遇到多么大的困难。做到知识上的诚实,基本的任务当然是把科学所能揭示的因果关系和特定结果之可取或不可取加以明确的区分。对于终极目标的相对价值,科学本身当然无可奉告。同样显而易见的是,选择出供我们进行科学考察的问题,这本身就包含着价值判断,因此要想对科学知识和价值判断做出明确的划分,并不能用回避价值判断的办法,而只能通过明确无误地说出指导性的价值来做到这一点。同样无可争辩的一点似乎是,学术教师不应冒充中立或不偏不倚,而是应当通过公开表明他的个人理想,使听众更容易辨别他的实际结论所依靠的价值判断。

今天在我看来,就像我还是名学生并持续了一段时间的情形一样,在马克斯·韦伯的有力论证的影响之下,我们在这方面已受到了过分的束缚。30多年以前,即我担任了伦敦大学教授一年多之后,我做了一次就职演说,利用那个机会,我对自己的经济哲学做了一般性的说明。① 当我发现学生们因为我并不持有在他们中间占上风的社会主义观点而表现出吃惊和失望时,我感到高兴。的确,直到那时为止,我的讲课一直限于纯理论问题,因此我没有机会明确地讨论政治问题。今天我问自己,我虽然不应对自己的片面性感到自豪,但是当我发现至少在选择我认为重要的问题上十分成功地隐瞒了支配着我的前提时,我是不是不该那样感到良心不安。

部分地由于这种经历,使我希望在这个场合,让我这次首讲成为真正的第一讲,把我讨论具体问题时作为前提的观点在这里公之于众。

关于价值判断的作用,以及就政治上有争议的问题在学术教育中采取一定立场的问题,我想补充两点看法。第一点是,我相

---

① "Trend of Economic Thinking", *Economica*, May, 1933.

信如果马克斯·韦伯再多活20年,他大概会对他的强调稍作改动。在他那个年代,他将知识上的诚实视为学术教育必须维护的唯一美德,但是看起来这种要求似乎没有对政治发生作用。后来我们知道,有些政治制度,使这种作为一切真正科学基本条件的知识上的诚实难以做到。当然,即使在最困难的条件下,也有可能维持知识上的诚实。可是我们并非都是英雄,如果我们重视科学,我们也必须倡导一种使知识上的诚实不至于太难做到的社会秩序。我认为,科学的理想和个人自由的理想之间有着密切的关系。

第二点是,我认为社会科学家的明确任务是要回答一些问题,而仅仅提出这些问题,似乎已经意味着采取了某种立场。一个例子足以说明我的意思。如果一位学者仅仅问,工会的工资政策同没有这种政策相比,是否真像几乎普遍相信的那样,使作为一个整体的工人的真实工资提到了更高的水平,那么在许多场合这都足以表明他是工人阶级的敌人。事实上,不但有很好的理由让人对此表示怀疑,甚至发生的情况极有可能是,工会的工资政策必然导致整个工人阶级的真实工资——或至少是真实收入——比没有这种政策更低的后果。

得出这种表面上令人困惑且普遍不被理解的结论,其认识相当简单,它所根据的是几乎无可争议的公理。任何特定的工会提高其会员的工资——即把他们的工资提到比没有工会活动更高的水平——的能力,完全取决于它阻止那些愿意以较低工资工作的工人进入工会的能力。由此造成的结果是,后者或是必须仍然以较低的工资工作,或是继续失业。普遍存在的事实当然是,在一片兴旺迅速发展的行业,工会便强大,而在停滞衰落的行业,工会则不那么强大。这意味着任何工会提高其会员工资的能力,靠的是它阻止工人从边际生产率低的地方向他们的劳动力的边际生产率高的地方转移,从而使他们的真实工资低于应有的水平。

我们仅把这看作一种可能的而非确定的结果,这是因为我们不能排除这样的可能性:那些工资被提到高于自由市场所确定的水平的工人团体的所得,有可能大于因不能进入繁荣行业而工资较低的工人团体的所失。由此可见,一个团体增加工资,是因为付出了更大的不平等的代价,甚至可能是以作为一个整体的工人阶级的真实收入更低为代价而取得的。

我几乎无须强调,所有这些考虑只适用于真实工资而不是货币工资——事实上工会的工资政策可以导致货币工资的普遍提高,导致通货膨胀,这也正是打消一种幻觉的理由:多亏了工会,才使得工资普遍比没有它的情况更高。

各位当可理解,对这个问题的回答,尽管有可能引起激烈的政治情绪,却丝毫不取决于价值判断。我大略谈到的这种回答,可能对,也可能不对——它肯定不像这种大略的说明看上去那样简单,但是它的对或错取决于理论的正确,大概还取决于某些具体条件下的特殊事实,却不取决于我们对自己所追求的目标是否可取的意见。幸运的是,就许多经济政策问题而言,情况都是如此——我相信范围还要更大。但是,甚至在乍一看存在着势不两立的道德判断的地方,一般都可以证明,假如争论的双方就他们必须从中做出选择的替代方案达成一致,他们的分歧便会趋于消失。

三

让我结合社会主义者和自由经济的支持者仍然存在分歧的一个中心问题,对此做些稍微细致的说明。我说他们仍然存在分歧,是因为有个一度被认真提出以支持社会主义的论点,已经由于对这个问题的科学讨论而被普遍放弃了。这个论点是,中央指令经济会比受市场支配的经济有更高的生产率。我下面还会回到这个问题上来,我在这里提到它,只是想指出一点,即使揭示出这种信念的虚妄,仍不能消除支持社会主义的论点。因为对于大多数社会主义者来说,与增加普遍的货物供应相比,对我们得到的东西进行分配即使不是更重要,也是同样重要的。如果只受道德考虑指引的社会主义者坚持认为,为了更为公平地分配真实的社会总收入,使这种收入大为降低也算不上一个多么高的代价,这也完全合乎逻辑,尽管从政治上说这可能不是十分有利。

即使是自由经济的倡导者也肯定同意,只有在中央指令性经济中,才能实现激励着社会主义的那种公正观。然而问题是,社会主义者是否真打算接受他的公正理想的实现所造成的全部后果,其中物质生产的减少可能还不是它最严重的后果。如果是这样的话,我们当然只能承认,这是理性讨论派不上用场的有关终极价值的分歧。不过在我看来情况并非如此。争论的双方对他们所谓的"社会公正"有着不同但一般都很含糊的理解,我马上就会对此做些更深入的分析。我们采用自亚里士多德以来流行的术语,可以把这种分歧表述为:自由经济总是只能做到交换的公正,而社会主义——在很大程度上也是大众的社会公正理想——则要求分配的公正。这里的交换公正,是指按人们实际给予其同胞的服务的价值而得到的回报,它表现在后者愿意支付的价格上。我们必须承认,这种价值同道德表现并无必然的联系。它也同以下情况无关:获得某种成就,在某个人那里是因为付出了巨大努力和痛苦的牺牲,而在另一个人那里则易如反掌,甚至是自我享乐的结果;或某人能够在恰当的时机满足某种需要,是因为他有精明的远见卓识,还是纯粹来自运气。交换的公正不考虑个人或主观条件,不考虑需要和良好的动机,它只考虑对于一个人行为的结果,那些利用这种结果的人对它如何评价。

从分配公正的观点看,这种按照产品的价值得到报酬所造成的结果,看起来肯定是非常不公正的。它很难同我们就一项成就所认为的主观品德相一致。一些碰巧猜准了时机的投机家，可能在几小时内就大发横财，而一个被别人领先了几天的发明家，他一生的努力可能一无所获。或那些守在土地上辛勤劳作，所得仅够温饱的农民，和悠然自得地靠写侦探小说便可过上奢侈生活的人，在大多数人眼里会是不公正的现象。我理解因为每天看到这种情况而产生的不满，也尊重那些呼吁分配公正的感情。如果问题在于命运或某种全知全能的力量在奖赏人们时应当根据交换原则还是根据分配公正的原则，大概我们都会选择后者。

　　然而这并不是现实世界中的情况。首先，我们不能假设，如果换一种完全不同的报酬制度，个人仍然会做他们现在所做的事情。我们现在可以让他们自己去决定他们要做什么，因为他们要为自己的选择承担风险，还因为我们给他们报酬，不是根据他们的努力和他们动机的真诚，而是仅仅根据他们的行为结果的价值。让每个人自由地选择职业，自由地决定他打算生产什么或提供什么服务，这与分配公正是不能并存的。这种公正给每个人报酬，是根据他遵照别人的意见应当承担的责任。在军事或官僚组织中，对每个人的判断是根据在上司看来他对安排给他的任务执行得如何，这样的组织可以、大概也必须实行这种分配的公正。它能推广的范围，不能超出在某个权威之下为共同目标采取行动的团体。这是一种指令社会或指令经济中的公正，同每个人决定自己要做什么的自由是格格不入的。

　　进一步说，它不但与行动的自由，而且与意见的自由不相容，因为它要求所有的人为一套统一的价值服务。事实上，我们对于功绩大小既无一致的意见，也无法客观地确定这种判断所依据的事实。某种行动的功绩，从性质上说就是一种很主观的事情，它在很大程度上取决于只有行动的人才能了解的某些条件，对于它们的重要性，不同的人会有十分不同的评价。克服个人的憎恶或痛苦，生理弱点或疾病，能否算一种较大的功绩呢？拿生命冒险或损害名声,算不算一种较大的功绩呢? 就个人而言,对于这些问题,我们每个人可以有非常明确的回答,但是我们几乎不可能全都看法一致,也不可能向别人证明我们的意见是正确的。这意味着若想根据人们的主观业绩给予他们报酬,必定会把少数人的看法强加给别人。因此,分配的公正不但要求取消个人自由,而且要求贯彻一套不容争议的价值,换言之,实行一种严密的极权统治。

这一结论是否不可避免,当然是个可以进行冗长讨论的话题。不过就我现在的目的而言,关键的一点是,它仅仅取决于科学的分析,而不是任何价值判断。只有当我们在贯彻某种公正会导致什么结果上取得一致之后,对它们的选择才依靠价值判断。在我个人看来,无论什么人,只要他理解并且同意,只有在没有个人自由和个人决定的制度中,分配的公正才有可能普遍得到实现,那么他几乎不可能赞成分配的公正。当然会有不少人认为我的论证不太令人信服,同他们进行讨论是富有教益和值得的。但是如果有人承认这一结论,并宣称他仍然宁愿选择一个以个人失去自由和少数人有无限权力为代价而实现了分配公正理想的制度,也不要那种个人自由仅仅和交换公正——在他看来这可能是一种极端的不公正——结合在一起的制度,那么科学就实在无话可说了。

事实上,在许多情况下,当我们对另一种选择的后果已经做出说明之后,再补充说现在可以让听众或读者自己做出选择,那不但很像是在卖弄学问,而且近乎一种嘲讽。在我们这门科学第一部伟大的学术著作,即二百多年前理查德·坎特龙(Richard Cantillon)所写的《论一般商业的性质》中,就已经做出了明确的区分,有时我们不难感到,作者丝毫也不怀疑以上问题的答案,例如他在结束对人口问题的讨论时说道,确定人口既多又穷好还是既少且富好,这并非科学所能胜任。不过我们大概不必担心这种卖弄学问的表现,因为它常常作为一种荒谬的推理(reductio ad ab-surdum)受到憎恶,因此不太可能使做这种事的人出名。

四

现在有必要谈谈,对于那些人们不熟悉但或许更为重要的具体政治措施进行科学论证的可能性所受到的另一种限制。造成这种限制的,是对高度复杂现象做全面解释有着根本的困难,而不仅仅是因为经济学理论发展得不够充分。毫无疑问,这一理论还有许多悬而未决的问题,不过在我看来,从整体上说它的状态还是相当令人满意的。我的看法是,我们的困难是来自别处,而不是因为理论发展尚不充分,我有时甚至感到,它的精致化已经达到了这样一种地步,事实上我们已经无法将它应用于现实世界了。

我想我没有必要在这里捍卫唯有理论能被视为严格意义上的科学这种观点。对事实本身的了解并不是科学,它不能帮助我们控制或影响事物的进程。然而,即便是理论上的见解,即便是在它能够使我们从很大程度上理解事情为何那样发生的地方,它也并非总是能够预见具体的事件,或按照我们的愿望塑造事物——假如我们不同时知道那些我们必须作为要素纳入我们理论公式之中的具体事实。在对现实的复杂现象做充分解释或有效控制时所遇到的巨大障碍,正是表现在这件事上。我认为,在这方面经济学家似乎经常忘了自己能力有限,从而给人一种错误的印象,认为他们发达的理论见解,使他们能够对既定事件或措施的特定后果做出具体的预测。

我正在讨论的困难,不但出现在经济学中,也出现在所有那些涉及结构高度复杂的过程的题目之中。它们大量存在于理论生物学和心理学之中,也大量存在于社会科学之中,因此应当给予特别认真的考虑,这尤其是因为物理学的范例经常在那些领域引起一种错误的态度。

一切理论都是由一些抽象的、示意性的秩序的表述组成的——这种秩序就是人们在英语里所称的、不能用德语译文完整表达的"pattern"(模式)。反映不同现象之特点的秩序类型,可能比较简单,也可能比较复杂,我的意思是说,反映着某类现象特点的典型原理,可以用包含相对较少要素的模型(Modellen)来表示,也可能必须用包含相当多要素的模型才能表示。从这个意义上说,机械现象比较简单,或者说,我们把可以用比较简单的模型说明其原理的过程称为机械过程。这并不意味着那些简单的关系在具体情况下不能结合成极为复杂的结构。但是,仅仅是要素的增多,并不产生新的事物,即便把简单的模型应用于那些复杂的结构有多么困难。

由于在那些领域里,理论公式(对规律或一般"模式"的表述)比较简单,通常有可能将预测具体事件所必需的一切具体要素纳入其中。因此对于物理学家或化学家来说,理论,即对规律的一般描述,通常仅仅在如下范围内才有意义:通过纳入具体的要素,他可以由此对个别事件做具体的预测。他在应用他的理论时也有自己的困难,但是他一般会假定,已被他纳入自己的数学公式的那些具体要素,能够从做出准确预测所必需的任何精确度上加以确定。因此在他看来似乎不可理解的是,尽管经济学家承认自己无法确定所有那些他在解题之前必须纳入公式的要素,他还是极力想建立看上去和物理学理论非常相似的理论,并用联立方程式的形式表述它们。

但是,对某种抽象秩序或模式做出的预测(或对其出现的描述),只有当我们也能解释它的具体表现时,才是有用或有意义的,这一点未必显而易见。在简单秩序的情况下,它们的一般特点和具体表现之间的差别并不十分重要,而秩序越是复杂,特别是当形成秩序的原理交织在一起时,这种差别就越是重要。仅仅说明我们能够发现某种要素排序(Anordnung)的预测,常常是有意义的预测,尤其因为它是可驳倒的,因此它是经验预测,即便我们对那些要素的特性、它们的量、距离等所知甚少。甚至在物理学中也会出现许多这样的情况,我们的知识只能论证对一般状态的预测。譬如矿物学家知道何种物质会形成六边形结晶,但他往往不能预测这种结晶的尺寸。但是,物理学中的例外,在研究有机程度更高的科学中却会成为司空见惯的事情。我们常常有足够的知识确定我们所发现的秩序的一般特征,我们的理论甚至可以从中推导出特定事件必然出现,假如我们设想可以获知某些特定条件。困难仅仅在于,这些特定条件是如此之多,我们根本不可能把它们搞得一清二楚!

我相信,就理论生物学,尤其是生物进化论,以及理论社会科学而言,情况大多如此。一个最好的例子是数理价格理论中的公式系统。它们以给人印象深刻的并且大体上说相当可靠的方式,说明了商品和服务的整个价格体系,如何由全体个人以及企业的需求、资源和知识决定。但是,这种理论的创立者完全清楚,那些联立方程式的目的不是要对价格逐一加以确定,因为正如帕累托所言,认为我们可以搞清楚所有具体数据是"荒谬的"。它们的目的仅仅是描述自发形成的秩序的一般特点。这种秩序意味着在各要素之间存在某种联系,对这种联系是否实际存在能够加以确定,对这种秩序的预测是对是错也可以进行证明,因此对该理论可以从经验上进行检验。但是我们所能够预测的,永远只是这种秩序的一般特征,而不是它的细节。就我所知,至今还没有哪个经济学家成功地运用他的理论知识,通过预测未来的价格而发财(这甚至也适用于人们经常认为能够做到这一点的凯恩斯爵士。在他从事投机的领域,即人们以为他的理论知识对他可能有所帮助的外汇领域,他的损失却要大于收益。只是到了后来,当他转向自己的理论知识没有多大用处的商品时，他才在获得物质财富上取得了成功）。

我们的理论不能使我们预测具体的价格，这样说并不等于否定它的作用。这仅仅意味着，我们绝不可能知道根据该理论所言决定着某些价格的全部条件。这些条件，首先是参与经济过程的全体人员的需求和知识。

对于其行为决定着价格及生产方式和方向的全部人员，我们根本不可能完全搞清楚他们知道些什么，这一点当然不仅对理论有着决定性的重要意义，它对政治行为也极为重要。促成了市场经济的知识，其数量之大，是任何一个大脑所拥有或任何一个组织所利用的知识无法比拟的，这也就是市场经济为何比任何其他已知的经济秩序更为有效的决定性原因。

不过在讨论这个题目之前我想指出，在我看来，所谓宏观经济学在现代的全部发展，乃是一种错误信念的结果，这个信念就是，只有当理论使我们能够预测具体的事件时，它才是有用的。显而易见，对这种宏观理论所必需的那些数据根本就搞不清楚，于是人们又试图对理论加以改造以克服这些困难，但由此而被纳入其公式之中的数据，已不再能传递有关个人的信息，而是一些统计学中的量、总数和平均数。在我看来，大多数这样的努力都是错误的，其结果仅仅是使我们失去了我们本来可以获得的、对人们之间的关系结构的认识。由于那些统计学中的量只能为我们透露有关过去的信息，并不能证明它们还会保持不变的假定的合理性，因此我们仍然无法对具体的事件做出成功的预测。大概除了货币理论中的某些问题之外，在我看来那些努力毫无前途。它们肯定无法克服我刚才谈到的那些困难，因为具体产品的价格和数量，不是取决于任何平均数，而是由各种具体的条件和分散在千千万万个人中间的知识所决定的。

五

市场经济理论的主要结论之一是,在某些我无法在此详述的条件下,竞争形成了对无数种环境的适应能力,对于全部这些环境,任何人或任何权威都不知道,也不可能知道。因此,这样的适应能力,也不可能通过对全部经济活动进行集中领导而获得。这首先意味着,同广泛持有的看法相反,在说明不同经济制度的效率方面,即因为与相反的政治观点密切相关而使学者们害怕讨论的问题方面,经济理论是非常重要的,但是比较而言,对于既定条件下具体措施的效果,它却不能提供多少说明。我们了解经济中自我调节力量的一般特点,以及使这些力量发挥作用或不发挥作用的一般条件,但是我们并不了解使它们产生适应能力的所有具体环境。不可能做到这一点,是因为经济过程中的全部要素存在着普遍的相互依赖,要想对某个方面进行成功的干涉,我们必须掌握整个——不但是我们自己国家的,而且是全世界的——经济中的全部细节。

我们想使市场力量为我们所用,如果我们想大体上保持自己的生活水平,毫无疑问也必须这样做,那么我们就应当把合理的经济政策限制在创造一些尽可能让市场发挥作用的环境,而不应当把故意影响或指导个人行为作为它的任务。因此,经济政策的主要任务看来是建立一种架构,在这个架构之下,个人不但能够自由决定他想做什么,并且能够使这种以他的特殊知识为基础的决定为总产出做尽可能多的贡献。我们对任何具体政策措施的评价,不应过多地根据它的具体结果,因为在大多数情况下我们对它一无所知,而应根据它同整个体制是否和谐一致[即我相信由欧肯最早描述为“契合体制”(systemgerecht)的现象]。这也意味着,在任何情况下,我们都经常应以某些假设为根据,事实上它们不是在所有情况下都正确,但在大多数情况下是正确的。有个事实可以作为这方面的一个很好的例子:坚定提倡自由贸易的人发现,在国际的自由交易中,一切偏离常规的例外都会给交易双方带来好处,但这个事实并未阻止他们继续提倡全面的自由贸易,因为他们还知道,对于那些使例外情况合理化的非正常条件,几乎永远无法确定其是否真正存在。更有说服力的大概是晚期的庇古(Pigou)教授这位福利经济学理论奠基人的例子,他在其漫长一生的最后时刻,几乎全身心致力于一项任务,即确定使政府干涉有助于改进市场结果的条件,但是他也不得不承认,这些理论思考的价值多少是令人怀疑的,因为我们很少处在一种位置上,使我们可以确定理论所选出的具体条件是否真正存在于任何既定的环境之中。① 这并不是因为他知道很多,而是因为他知道,要想进行成功的干涉他必须知道多少事情,因为他知道,他绝对不可能搞清楚所有的相关条件。因此经济学家看来应当约束自己不去推荐孤立的干预措施,即使当理论告诉他这种行动有时会带来好处时,也不应如此。

如果我们不想为弊多利少的措施承担责任,承认我们知识的局限性是很重要的。在我看来,我们应当从这个见解中得出的一般结论是,在对经济政策的措施进行评价时,我们应当只允许自己以它们的普遍性,而不是以它们对某些人或团体的具体效果,作为评价的依据。如果我们一般不打算推荐那种帮助某些人得到好处的措施,这样的措施本身并不足以证明自己的合理性。

人们很可能会批评说,这是一种死守原则不放(Prinzipienreiterei)的态度。然而这样的责难非但不应阻止我们,我们还应当自豪地予以接受,因为这种原则正是我们能为政策问题做出的最大贡献。在我们这个领域,"原则"一词经常被用在一般性论文的题

---

① 参见他的"Some Aspects of the Welfare State",*Diogenes*,No. 7,1954,p. 6。

目中,这并不偶然。尤其是涉及经济政策时,原则实际上是我们必须提供的东西。

当我们把个人自由视为理所当然的政治目标时,原则尤其显得特别重要。我在最近一部著作中试图说明个人自由为何如此重要,它的终极理由就是,对于决定着所有别人的行动——我们也不断从中获益——的大多数环境,我们有着无可避免的无知。我曾利用上次访问弗赖堡时得到的机会,在一次讲座中做过解释①,如果我们在政治决策中仅仅考虑它的可预见后果,必然会使这种自由不断地受到十分严重的威胁,因为支配着一项措施的直接后果必然是可预见的,而因为限制自由而受到阻碍的各种发展,由其性质所定,当然是不可预见的。因此我无须在这个问题上再费口舌。

六

我希望利用余下的时间,提前谈一谈我以上所言有可能引起的两种误解。首先,我认为学术教师应当根据某个重要原则表明立场,这是一种既恰当又可取的做法。但这并不意味着他应当卷入当前具体的政治分歧,他更不应当把自己同某个政党联系在一起。后面这种做法在我看来最不可取,也同一名社会科学的学术教员的责任不相容。我十分理解参与解决当前迫切的公共政策问题的热情,如果没有特殊的环境阻止我这样做,我本人很有可能也会禁不住诱惑,把我的许多精力投入这种任务。

当我年轻的时候在奥地利时,我们便好开玩笑说,我们是比德国同行更出色的理论家,因为我们对实际事务几乎没有影响。后来我看到英国和美国的经济学家也有这种差别:至少在 20 世

---

① "Die Ursachen der standigen Gefahrdung der Freiheit", *Ordo*, Vol. 12, 1960-I.

纪30年代,英国的经济学家毫无疑问是更出色的理论家,同时他们也很少参与当前的决策。后来这种情况发生了一些变化,我不相信这种变化对英国科学的经济学完全起着有利的作用。

回顾过去30年,我越来越明白,我该多么感谢这样一个事实:在这段时期的大多数时间里,我在我从事工作的国家里是个外邦人,由于这个原因,我感到不适合对当前的政治问题发表意见。如果说,在这个时期我成功地建立起了一套有关经济政策的比较系统的看法,那至少应归功于这种环境,在这段时间里,我只能满足于旁观者的角色,我根本不必过问政治上有可能做点什么,或能够为和我有关的团体出点什么力。未来的情况也不会有所不同。

我希望防止有可能出现的误解的第二问题,是我对我们的理论知识之局限性的强调。我希望各位都不要把它理解成这样的意思:我感到既然理论的作用这样有限,我们还是把注意力集中到事实中去吧。这肯定不是我想表达的意思。尽管学术教师的任务之一,就是说明如何确定和解释事实,但事实的知识并不能构成科学,有一天你为了应用自己的科学知识,会需要这些有关事实的知识,但你必须在工作中对它们不断地进行更新。各位在大学中学习的主要收获,必须是对理论的理解,这是你们无法在别处得到的唯一收获。各位要把自己的科学知识用于其中的那些具体事实,你们很快就会有足够的了解。基于前面提到的理由,我对自己在那里教学的国家的具体环境,比自己的学生知道得还少,我希望自己绝对不要因此而非常严重地偏离作为一名教师的职责。我还希望,当各位不久之后发现这种情况仍然时有发生,你不会感到过于失望。

今天,经济学研究——这里我不是指那些我知之甚少的具体课程表或考试要求,而是指研究的理想目标——中出现的真正冲突,并不存在于事实知识和理论理解之间。如果这就是问题的全部,我会毫不犹豫地建议各位把最初几年的研究完全用在理论上,直到你们在专业工作中遇到具体事实时再去了解它们。尽管我想做出若干限制,不过我还是认为,至少在大学的一部分学年中,这样做是可取的。只有真正掌握了一门科学——虽然我对历史充满尊重,我还是倾向于说理论科学——的人,才知道科学是什么。然而,今天只是在对学科问题进行狭隘的专业化训练时期,才要求这种对一门理论学科的掌握。

困难来自别处。它们是这样一个事实造成的:为了对原理问题做出回答,一方面我们必须就这些原理说点什么,另一方面经济学却是个必要但不充分的工具。我在别处说过,并且我认为这个问题的重要性使我必须在这里再说一遍:仅仅是一名经济学家的人,不可能成为杰出的经济学家。比自然科学中的情形更为真实的一点是,在社会科学中,几乎没有哪个具体问题能够仅仅根据一门学科做出恰当的回答。不但在政治科学和法学中,而且在人类学、心理学,当然还有历史学中,我们应当了解的全部问题,超出了任何一个人有能力了解的范围。当我们的所有问题触及哲学问题时,情况更是如此。在英国这个经济学长期领先的国家,几乎所有伟大的经济学家同时也是哲学家,而且至少是在过去,所有伟大的哲学家也是经济学家,这肯定不是一种偶然现象。当然,经济学家中有两个突出的例外,即最伟大人物中的两位:李嘉图(Ricardo)和阿尔弗雷德·马歇尔(Alfred Marshall)。不过我不相信这和他们工作中的某些缺陷毫无关系。如果我们把他们放在一边,只提到那些最重要的名字:约翰·洛克(Locke)、大卫·休谟(David Hume)、亚当·斯密(Adam Smith)、杰里米·边沁(Jeremy Bentham)、穆勒(Mill)父子、威廉·斯坦利·杰文斯(William Stanley Jevons)和亨利·西奇威克(Henry Sidgwick),最后还有凯恩斯(Keynes)父子,这份名单在哲学家看来会是一张重要哲学家和逻辑学家的名单,而经济学家也会把它看作一份主要经济学家的名单。

虽然我作为一名研究者,在德语文献①中遇到的这种哲学和经济学相结合的例子十分有限,不过我的结论是,这种结合可以是一片非常肥沃的土地——我并不认为自己有这样的信念,仅仅是因为上了年纪的人经常有着明显的嗜好,喜欢从他们的专业领域转向哲学。今天我所接触到的大多数问题,既表现为经济学问题,也表现为哲学问题。是否有可能存在着独门独户的社会科学理论这种东西,是大可怀疑的,所有的社会科学肯定都会提出哲学问题,其中许多问题在更专业的学科进行思考之前,已经由哲学家研究了 2000 多年。我们的文明和各种制度的形成问题,同我们的头脑及其工具的发展问题有着密切的关系。例如,如果经济学家不时看看理论语言学的问题,他是不会一无所获的,他所发现的共同问题,说到底是一些哲学问题。

我谈到这些,并非只是为了给经常到哲学那里串门寻找理由,我当然有这样的嗜好。我说这些话,还因为我希望恢复这种对知识有着普遍好奇心的精神,以及我记得在维也纳的学生时代所经历过的精神历险,而在美国的大学里,这种精神即使不是闻所未闻,也是非常罕见的。必须掌握一门学科这个学习目标不管多么重要,在社会科学中对一个题目的技能也不应成为唯一的目标。对于那些意识到我们领域的问题确实重要的人来说,专业研究应当成为为建立一种全面的社会哲学而奋斗的起点,一个人要想使这样的奋斗有所收获,他就必须让自己的研究为自己打开视野,不把眼光仅仅局限于他的专业学科中。

我希望在开始正常的授课之前先谈谈这些一般性的问题。不过我也十分清楚,一个人在对当地的特殊氛围尚不熟悉之前就

---

① 尤其是奥特马·施帕恩(Othmar Spann)、F. 冯·高特尔-奥特里利安菲尔德(F. von Gottl-Ottlilienfeld)、R. 斯托尔兹曼(R. Stolzmann)或维尔纳·桑巴特(Werner Sombart)这些人物。

公开做这样的信仰表白，是要冒一定风险的。我从游历各国得到的教训之一是，人们必须予以反对的知识边界是因地而异的。我到英国时，从当时我本人的专业领域，即产业波动理论中，第一次注意了这一点。在德国人的讨论中，我被当作对商业周期进行货币解释的一个突出代表，我的努力方向当然也是强调货币在这些过程中所起的作用。然而在英国，我遇到了纯货币解释的一种非常极端的形式，它认为一般价格水平的波动是商业周期的本质。于是我的论证不久便转而反对占主导地位的商业周期的货币理论，目的在于强调现实因素的重要性，那些把我当作货币解释的典型代表的人，大概对此会感到有些迷惑不解。

　　在哲学领域，我也发现了类似的情况。在维也纳，我至少一直同维也纳小组的逻辑实证主义关系密切，尽管我并不赞成把他们的某些观点用于社会科学。但是在英国——后来在美国更是如此——我不久便发现，必须反对在那里得势的一些更为极端的经验主义形式。如果我对德国思想现状的更多了解，似乎又向我显示出这种边界线的变化，我是不会感到奇怪的。譬如我有可能发现，像我今天认为应当做的这种事情，即强调理论的重要，实际上并不恰当。不过我的一般印象是，美国的方式正在如此迅速地传播，因此我想要说的话未必全无道理。但是，如果我的强调真是无的放矢，我至少应当谈谈任何一个在离开很久之后又回到他一度很熟悉的环境中的人，都会遇到的那些特殊困难。

旧真理和新谬误①

储蓄的作用一直以来属于讨论得最为热门的经济问题,而且在一国的国民当中起着主导作用的、对储蓄的道德评价属于最有力地影响着国民福祉的因素。有关这两者,占统治地位的观点变动很大,但是基本上它们属于对立的观点。它们在几个世纪以来一再以新的形式出现,有时其中一个观点,有时另一个观点在公共舆论中占据主导地位。

这基本上一点也不足为怪,因为不存在许多其他的论域,在其中那些易于理解的、人人可见的作用和那些间接的、只有通过深思才能认识的作用之间的对立是如此之大。如果有人支出自己的所有收入,其他人就会从中获利,这只不过是太显而易见的了。而在这种情形下,可获利者如果取而代之以存储其资金,那么就不会获利,这也是显而易见的。但是,如果人们得出以下结论,则属于过于轻率:支出自己的全部收入者,要比积累自己的财产、只服务于自己利益者对社会共同体的繁荣做出更大的贡献。事实上放弃一种可能的当前消费是一切资本形成的前提,而且不消费所获收入一般不意味着根本就不会支出这些收入,而只是意味着,将为生产性目的而支出这些收入,虽然也是一个相当简单的事实,但是还不是如此显而易见和印象深刻,以致人们不总是

①　在 1963 年维也纳第 7 届国际储蓄银行大会上的发言。出版版权归阿姆斯特丹国际储蓄银行研究所所有。

能够忘怀那些更为惹眼的作用。

确实，务实的智慧见诸道德规则和箴言，使得人们始终有义务节俭和积攒自己钱财以备不时之需，虽然它们并不总是像下面本杰明·富兰克林在那部变成美国国民书的《穷查理历书》中所表现得那样赤裸裸的直白明了的形式：收入 20 英镑，支出 19. 196英镑，其差为"殷实"；收入 20 英镑，支出 20. 06 英镑，其差为贫困。但是这至少是一种观念，这种观念在英美国家伟大的经济崛起时期的经济伦理中占据统治地位。在当代，人们自然不再完全秉持此种道德观念。但是，这种处处把节约当作义务的好家父道德，以及老父亲式的节约观念，与庸俗经济学的某些特定结论存在冲突。这种老父亲式的节约观念认为，任何人，只要他有着某种程度上正常的收入，即便是如此微薄的收入，也有责任为其不时之需节攒硬币。而庸俗经济学声称，这种私德属于一种社会负担，庸俗经济学由此为每个人摆脱那种困难义务提供了一种令人欢迎的免责理由。

早在 17 世纪我们就已经看到一种重商主义的观点，即奢侈是有用的，因为它创造就业。这类观点与过去 30 年重获影响的那些观点完全类似。这听上去非常现代，我们发现在几乎 200 年前伟大的杜尔哥的一声长叹："这是怎样一种观念或者说用词的混合，把储蓄和储藏（Horten）作为同一回事放在一起讲，而且所有这些做法只是为了替某些错误的观念提供辩护，这些观念可以在好博士（魁奈博士）的早期著作中找到；唉，这个偏爱宗派狂！"我们今天又看到这样的事情。

这里我们已经遇到难题，这些难题从那时起一再成为国民经济讨论的关注内容，尤其是自从凯恩斯勋爵出版其《通论》以来的讨论中，这些难题成为被抹掉一代（verstrichene generation）所关注的中心。我 34 年前在这里，也就是在维也纳，在我为担任私人讲师职务所做的试讲中以"存在一种储蓄悖论吗"为题，希望彻底击垮消费不足理论这条恶龙。但是,我肯定没有预料到,这些理论5年之后在凯恩斯勋爵的庇护下可以得到复活。

这些想法从此以后被一般化,这使得这些想法变成阐释各种相互联系的或多或少纯粹形式的工具。对于这些想法的合乎目的性,我在此不想赘述。但是没有疑虑的是,它们的原始版本和对它们的最流行阐释版本成为一种反对节俭和支持通胀的观念得以复活的一个主要原因。这一观念在过去25年占据了统治地位。因此,反对这些观念的使命一再回归,最近又落到我们的肩上。这里,实质性的相互联系基本上是非常简单的,但是由于存在所有种种实际纠结,人们往往难以一目了然。

我们的出发点当然必须是,真实资本的形成始终以下面要求作为其前提:我们的生产要多于我们的消费。所有资本形成,无论是建立生产性资本,还是形成耐久性消费品,如住房或者汽车,还是只建立可损耗的储备品,均以放弃可能的消费为前提。

即便附加的资本品完全通过使用迄今为止未加使用的生产手段而得到制造,这甚至也适用。因为这样至少那些在其制造过程中被雇用的工人必须在此期间得到报酬,而且为此当前消费品的制造者必须向那些人让渡一部分他们本来可以自己消费的产品。

在这一完全就业不足的例子中,所有种种没被使用的生产手段的储备是存在的,而且因此可以提高真实资本的生产,而不至于要限制消费品的生产。但是,尽管整个凯恩斯理论建立在这一例外之上,这是一种罕见的例外。总体上看,肯定适用于一个规则,即任何资本的建立以放弃消费为前提,而且在今天我们如此熟悉的充分就业状态,无论如何特别适用。

真正的问题开始于,一方面放弃消费是一个资本形成的不充分条件,另一方面这种放弃消费也可以通过不同于自愿储蓄的另外方式造成。放弃消费创造了一种储备,它使得资本形成成为可能,但还不是带来资本形成。这在一个经典例子中是最显而易见的。在当今,这种经典的例子在发达国家不再非常重要,但还总是没有消失。这个例子就是,储蓄者把所节攒的钱藏到长筒袜中,或者藏到床垫下。然后,虽然出现了消费品需求的减少,但并没出现资本品需求的增加,而且首先不存在应当增加资本品需求并因此增加真实资本形成的动机。如果价格和工资是完全有弹性的,这种情形也许会随着时间的进展而发生,但是在当今事情肯定不是这种情况。更为可能的是,一方面不仅消费品需求的降低对消费品的生产发挥不利的影响,另一方面这种令人沮丧的作用也会扩展到资本品生产方面。

必须承认,我们国民经济学家长期以来满足于看到在现代社会中把钱藏到长筒袜的储蓄者是一种罕见的和不重要的例外现象。我们在 20 世纪二三十年代,也就是在凯恩斯之前,主要从庇古、罗伯特森和希克斯的著作中所额外学到的是,在现代社会里存在着其他更为重要得多的例子,在其中一种储蓄不直接导致真实资本形成,也就是说不像现在通常所说的那样导致投资。储蓄者最初剩下了一些储蓄资金,然后不久将其带至储蓄银行或者一般银行,银行又为他投资,或者他自己以某种方式投资,这一储蓄者例子在我们看来似乎不再是最重要的例子。即便一般银行和储蓄银行之所以接受存款和支付利息,确实是因为它们在自己这边投放这些金额,我们应该不能忘记两方面的因素:一方面个人在今天毋宁说不再以响当当的硬币或者以纸币的形式得到其收入,而是以在其账户上增加贷记金额的形式,而且对于他所节攒的资金,他以此不需要将其搬到银行,而只需要让其存放不动。其后,银行在具体情形下根本不知道,它们的储蓄额发生了增长,它们根本不知道,它们的部分存款不再意味着是用于当前消费的现金存量,而是意味着储蓄,而且银行也许也没有动机,把这些新增储蓄加以投资利用。而且,另一方面,在现代情形下,尤其是在金融机构自身方面看,连对现金准备的需要也是高度变动的。现金准备会扩大或者减少,以便变得更具或者更少流动性,也就是说,为对未预见的较大或者较少的提款或者投资做出防范。由于这种或者那种类似的情况,现代社会中储蓄和投资之间的自动联系被十分严重地松动。

已经成为信贷政策的艰巨任务的是,使得用于投资的资金流与通过储蓄所确定下来的资金额相等。如果没有做到这一点,严重的通货膨胀或者通货紧缩干扰就会出现。对于这一点,我们现在都知道。我们还总是希望能够实现一种高储蓄率,将其作为一种不可或缺的、迅速提升公共福祉的先决条件。但是我们也必须做些必要的事情,以使这些储蓄真正转变为生产性投资。随着这一发展,我们也有些较为令人怀疑的发现:放弃消费作为资本形成不可或缺的前提条件,并非必然通过自愿储蓄而实现,而是也可以通过经济政策措施强加于人们。在这种情况下,人们称之为强制性储蓄(erzwungenen Sparen),而非自愿性储蓄。但是,这样一种强制的减少消费,其受影响者往往从中根本得不到任何好处,而且只是被某位其他人置于这种形成资本的境地。因此,有些令人怀疑的是,这种情况是否根本上还称得上是储蓄。很可能的是,老杰里米·边沁是对的,他把这一现象称作"强制的节俭"(forced frugality),而这发生在它以强制储蓄的说法被重新发现数百年之前。

我们今天熟悉所有种种方法来阻止消费者消费与他所生产的一样多的产品,然后把结余下来的储备交付其他人使用,而且在大多数情况下是把它们交付给国家,以形成真实资本。最直接的程序为征税法,此外还包括通货膨胀法。通过通货膨胀,所挣收入的购买力由于来自新创造货币的竞争而贬值,而新创货币的占有者这样就可以将其用于资本形成。而且在计划经济中,同样的结果可以通过一种不足量提供消费品而取得,就像尤其是俄罗斯40年来如此顽固推行的那样,以指望由此加快资本形成的速度。但是,在今天并非只有俄罗斯把真正的自愿性储蓄视为相对次要。也许当今的俄罗斯比西方世界的计划经济者更少赋予私人储蓄活动以微不足道的意义。这些西方国家的计划经济者本着这样一种世界观,即认为规定一种正确的资本形成率是经济政策的任务。

20世纪三四十年代的有关会出现储蓄过多问题的恐惧,在今天大多已经被克服。但是,认为国家必须为此操心,以便形成足够的储蓄,或者更为正确地说足够的资本,这种观念甚至成为较为广泛传播的观念,而且恰恰在计划经济中。最新的国民经济学时尚是,以增长理论的夸张名义重新发现亚当·斯密的问题,它甚至相信一种根据计划来规定资本形成率属于最重要的支配经济发展速度的工具。无可辩驳的是,这原则上可能的,不仅在一个不可避免要如此行事的完全计划经济中,而且也在那些国家对资本形成及其调控承担责任的市场经济体中。但是这也是合乎目的和值得期望的吗?

尤其值得期望的是,在这样一个体系中,也能持久自我维护市场经济? 或者它不会必然地导致由一种强制性行政经济来逐步取代市场经济? 人们往往很难避免这样一种印象:国家必须对资本形成加以调控这种观念的拥趸者受到一种企图借此把经济间接导向一种计划经济秩序的用心的影响。

为了对这些问题做出回答,我们必须首先脱离这样的想法,即认为提高国民收入是所形成资本量的某种简单函数,具体而言在这样一种意义上,即我们只是必须在某种程度上把似乎有这么多资本注入经济中,以便取得一种可预测到的国民收入增长。可惜一大部分发展中国家的政策受到这些观念的支配,而且这些政策现在也一再出现在现代增长理论当中。事实上,这当然会通过发挥由克制消费所决定的资本供给规定了运作空间,在这一空间内,资本形成是可能的。但是,至于多少资本可以产生自充分利用这一运作空间,而且它对未来生产会做出什么样的贡献,这完全取决于究竟利用了哪些开放的可能性。

我在此不想过多探讨当今如此经常遇到的最幼稚的那些误解,但是必须简单对之述及。对于某些货币理论的目的而言,常见的是,在投资概念下纳入所有的开支,它们不直接导致一种相应的消费品生产的增长。这样的开支是有意思的,因为它们在就业不足时可以导致超越由消费所决定的就业水平。但是根据其定义,它们也包括了每一种完全非生产性支出,比如凯恩斯著名的花钱挖坑例子就是如此,先挖坑,再填坑。投资在这一意义上根本与资本形成无关。但是人民一再遭遇一些情形,在其中统计学家容光焕发地从在这种意义上所预估的投资规模出发推导出有关社会产品预期提升的预测结果。这当然纯粹毫无意义。

但是,即便撇开不谈这些极端情形,在今天仍然通行的是,根据所花费的成本,而不是根据所产生的价值来估算资本形成。统计学家常常根本不做别的事情。但是,恰恰因此统计数据在这个领域也只有非常有限的价值。有意义的是,不是多少花费在资本形成上,而是多少价值来自资本形成。可惜尤其是在公共部门投资方面,这恰恰几乎不能得到具体把握。

但是,更有甚者,经济决策者必须费心于考虑一个问题,即在哪些具体条件下,可支配的手段能够最为有效地得到利用。旧的自由主义原则"让资本在个体的手里开花结果"还总是正确的指导原则吗?抑或还确实是国家更有能力决定,在哪里并以何种形式可支配资本可以得到最为合乎目的的使用?

在今天,已经成为一个广为传播的观念的是,虽然一个完全的计划经济应该因为不经济或者政治上危险而被拒绝,但是国家必须调控和统制投资活动。似乎有关投资的规模和方式方面的决策仅仅是关系到市场经济的一个特殊领域而不是市场经济的核心领域。实际上其正常运作关乎市场经济的成败。如果说存在根本上令人信服的支持竞争性经济的论据的话，这些论据会使得各企业自主决策值得期望，这首先也适用于投资决策。任由竞争来决定当前的运行但任由中央计划当局来承担有关未来预防的重大决策的任何尝试，必定在长期导致走向一个完全的计划经济。

拥护竞争性经济并反对集中管理经济的主要论据是，只有在竞争性经济中才能完全充分利用一些具体的条件，这些条件是我们为满足自己的需要所想利用的，而且有关它们的知识分布于成千上万个体当中。竞争的主要功能在于，使得经济主体能够尽可能充分利用这些有关现有资源和现有机会的知识。不存在一种方法，可以使用所有的这些事实，通过首先把它们作为一个总体知晓于一个集中领导部门，然后利用这一知识，按照一个统一的计划，把现有的资源根据不同的目的加以配置。这既适用日常的临时情况，工商业的运行要根据这些情况不断调整；也尤其适用事关长期的、风险很大的未来选择。

单个企业的成败可能取决于特别情形之组合。这些特别情形之组合涉及对于所追求的构成企业家活动核心的企业发展的决策，都是有关投资的决策，对这些投资的评估首先要以利用具体知识和不是对国民经济的某种表面上总体把握作为其前提。因此，资本占有的分散化，尤其是新的可投放资本的支配的分散化，对于竞争性经济的运作而言是一个不可或缺的前提。

我想把成功投放资本视为企业家活动的本质，而且一个成功的企业家阶层的形成和存在以存在更大数量的人员为其前提，这些人员在某种程度上学会了与资本打交道。成功的企业家活动肯定是一种必须习得的也是可以习得的东西。但是并不是所有有机会习得者也实际上去努力习得。对于一个民族，只有当要多得多的人员有机会寻求以一种带来效用的方式使用资本，才能造就一个成功的企业家阶层。但是这以存在资本占有的广泛分散化作为其前提。

我在此绝对没有忽视已经多方探讨的、代表先进做法的资本占有和资本管理之间相分离的事实，这一分离是在现代经济中得到实现的。毫无疑问，这是对的，尤其是在当今的大企业中，企业负责人习惯上只占有一个微不足道的小部分资本，而且许多这样的企业经营活动由根本没有占有股份的、基本上没有资本的人员成功领导。而且只要这关系到对现有企业经营活动的领导，就根本就不存在很大的难题，这恰恰是因为他们与其他类型者处于竞争当中。

此外，竞争也不仅是，甚至从来也不首先是，介于给定数目的现有的和针对某些特定产品的专业化的企业之间发生的一个机会，而是主要由新建、改造或组合企业的可能性以及出现新型企业的持续可能性所支配。但是在这些活动中，独立自主的、拥有资本的企业家如今仍然在存在真正竞争的地方到处发挥决定性的作用，而且在我看来，没有竞争，一个竞争性经济长此以往就不可能得到维续。

我在这里想强调的是三个方面。首先，每个国民经济中所提供各种机会的充分利用，以及企业家才能的广泛存在，以存在一大群小微资本所有者为前提，如果国民中这些有着很小资本储备的人员群休更大，这些追求一般更为成功。其次，巨大的财产几乎不通过普通意义的储蓄形成，即几乎不通过从一个固定收入中节攒下一部分，这类巨额财产几乎完全来自资本收益——这一观点虽正确，但导向这样的资本收益，从而导向如此巨大财富的第一级台阶，一般而言是普通小额储蓄。最后，成功企业家获得大额利润的可能性导致资本恰恰在那些展现了懂得最为成功地使用资本者手中得以形成，也就是在有人发现存在有利的资本形成机会的地方。无疑《圣经》中的一句话有其可信之处：凡是有的，还要给他。我要补充的只是，在这方面，即便是最小的资本拥有量，如果它用于生产而且不属于消费资本（Konsumkapital），相对于一个不拥有资本者，也提供了最大的好处，而且在当今的"affluent society"（丰裕社会）中，几乎所有人都有可能通过狭义的储蓄行为而形成那种基本的资本存量，这一资本存量然后可以向其提供其他的、更为快速的资本积累的可能性。

　　让我再用些篇幅阐述一下这三点。首先，相对于无资本者，每个小小的资本占有者可利用自己的资产和才能，这些资产和才能具有较大的机动性和充分利用能力。我的一个最强烈印象获自我作为一位非常年轻者第一次从遭遇通货膨胀灾难的奥地利来到西部时。在奥地利，几乎没有人有积蓄，每一笔所获收入均开销到最后一分尼。我在西部发现，个人固守自己职位的情况要少得多，每个人只能支配很少的储备，这些储备允许他们可以有些花销，改善他们的未来生活前景，无论是用于改善他们的职业教育，建立一些联系，利用各种机会，或者自行承担旅游或者一次搬家的费用。我最初在瑞士，后来在美国和英国的所见所闻使得我感到吃惊：每一个人，即便是一小笔工资或者薪金的挣取者，不仅为特定的目的储蓄（我们至少在理论上也追求过这一点），而且他首先会把维持一小笔用于不时之需的机动基金（dispositionsfonds）作为最重要的事情来看待，因此，每个人都熟悉，人们如何使用这样的储备，而且也愿意冒着小小的风险将其投入使用。在那里，那些理所当然地进行储蓄的人，甚至常常一再建立小小的储备，然后又在一场失败的试验中失去，比我熟悉的、勉强依赖他们的收入生活（他们认为"储蓄乃是远水不解近渴"）的那些类型的人，其在收入方面无论如何也不更丰裕，而且经常更贫困。但那种对使用小额资本的持续琢磨，创造了一种商业精神，这种小额资本帮助他们当中的很多人提升到真正富足的水平。

有关进一步的心理效应,即有关对人民常常称之为整个国民的经济观的东西的影响,具体而言有关个人收入与其可支配资金通常并不是一回事这一具体困境的作用,我想我还是在后文再行阐述。

我想先就我的第二点强调一下,有关储蓄的占统治地位的观点是这样一种看法,即认为现行收入一般来说是被确定用于当前消费的。这对于工薪领取者,尤其是固定工薪者来说显得是理所当然的,但事实上绝对不是如此理所当然。而这对于那些通过利用资本来为自己谋得生计者,也绝对不会是理所当然的。这些看似一清二楚和明确无误的收入概念,在固定工薪者或退休者看来是其生活的一种基本事实,但是对于企业家而言毋宁说意味着某种东西,这种东西把公务员的思维方式以及由公务员们所设计的税收立法强加于企业家。对于所有其可支配的资金首先意味着未来不确定的收益可能性的某种人,他所允许消费的,首先取决于这些未来的可能性和要求,而且会持续发生变化。一年的利润对他而言不必然是一种纯利,而且它也首先不是一种消费基金,而是一种对其经营谋生手段的贡献。资本的增值会变成主要使命而且在某种程度上变成其自身的目的。只有这样,在成功企业家的手里,大型资本形成才得以出现。但是,这里可以重申一下,大型资本形成的起点和前提,通常是另一种狭义上所节攒的资本。

这些资本所带来的利润,正如我此前已经强调过的,虽然是资本增值的一个主要来源,但是它们当然不完全是资本构成,因为它们总是与其他企业家的类似资本损失相对。这也使得我们非常怀疑,如果为了经济政策的目的,特别是为了征税目的,而把这些来自资本的利润视为与我们的工薪、利息和地租收入一样的收入,这是否明智。如果人们把它们看作在企业家或者企业之间不断重新分配资本的一个过程之结果,那么往往可以更好地看清它们的国民经济意义。在这个过程中,成功的资本获得利润,其他资本则遭受损失。这个过程在一个先进的经济体中会导致资本的增值,但这一资本增值量,当然要比所有企业的资本利润之和要小。这是很重要的,因为它表明,对这样的资本利润作为收入加以征税,尤其是征以累进税,从国民经济角度看也许是一个非常令人怀疑的对资本(Kapitalsubstanz)的征税。只要是一方所得只是另一方所失,那么这肯定不意味着,如此转移而来的金额由此可以用于社会的当前消费或者当前支出。我在此几乎无须补充说明,在通货膨胀时期,对名义资本利得的征税可以导致一种危险的资本耗损(Kapitalaufzehrung)。

但是,我要以此结束对储蓄的狭义经济问题的探讨,把剩下的时间用于分析还有一些不重要的问题。由于缺乏更贴切的表述方式,也许我可以将这些问题称为社会学的问题。这里尤其关系到个人有关储蓄的看法和我自己已经与社会学家们一起将其称为国民经济观(Wirtschaftsgesinnung)的东西之间的相互联系。这种国民经济观涉及一些态度和信仰,至少在民主国家,它们决定了经济政策,并通过经济政策决定了国民的福祉和进步。我已经探讨了在经济学条件下更好地利用现有个人能力和企业家才能的广泛领域,这一更好利用使得广泛的资本占有成为可能。但是在一个民主政体中,个体不仅通过其经济贡献来影响经济事件。这里存在大量的有关经济秩序可取性和有关取得这些不同贡献的困难和功劳(Verdienstlichkeit)的看法,这些看法决定了经济立法和经济政策。一个自由的竞争性经济是否可以存续,或者它在进一步发展过程中是否被一个中央计划经济所排挤,甚或民主本身是否可得以维续,最终也将取决于群众对经济秩序的态度,这种态度不可避免地不怎么依赖于真正的利益,而是更依赖于每个人在其位置上所获致的洞察力和理解力。现在经济从各种不同的角度看起来都各不一样,而且对于我们每个人来说什么显得重要,这取决于他事实上经历了什么。

从这个角度看,过去的 100 年或 150 年已经带来了关键的变化,这些变化至少说明了很大一部分人口的反资本主义态度。直到 19 世纪,多数(Mehrzahl)从业人员是独立经营者;农民和小工商业者成为小企业家、小资本家,他们把对资本占有作为他们生计的前提,作为他们劳动的必要手段的决定性作用,对所有资本占有的问题和风险可以说太过熟悉。对于他们来说,没有固定的收入是正常处境,而且他们生活的大问题,由此也就是人口的绝大多数的生活大问题,而且也是优先于提升他们的每一种消费的大问题,是维护其资本,并且尽可能扩大资本。是的,人们可以继续这样论证下去。占有资本、工具与土地是不可或缺的条件,即便不是对于个人的生存,也至少对于建立和养活一个家庭的可能性如此。如果经过许多个世纪,人口几乎保持不变,那么这只是归因这样一种具体情况,即只有拥有资本者,才能够繁衍。只有现代工业和所谓资本主义的发展才使得大众可以没有资本而生活,而且在今天甚至还可以生活得相当好。不过,在这个意义上说,这种情况差不多是那种经常所认为的侵占(Expropriation)的对立面,资本主义已经创造了一个不占有生产性资本的阶级,即通过尽可能使得越来越多的人能够无须通过拥有资本即可保障自己的未来生计(Fortkommen)。但是其后果是,一个比例不断提升的人口的大多数,作为非独立经营者,对于一些决策与问题没有直接的洞察力,而繁荣和经济发展仍然一如既往依赖这些决策与问题,就像在过去所发生的那样。.

不可避免的是,非独立经营者较之于独立经营者,形成了在一定程度上不同的世界观,不同的价值观,不同的生活方式和不同的经济伦理。他考虑收入,而不是资本;它考虑为当前承担的任务获得适当的报酬,而不是考虑付出有风险的投入以获得可能的利润;他首先谋求安全性,而独立经营者则首先是风险承担者。

几乎不夸张地说,其实只有独立经营者或至少是自己承担风险而投入资本者,才真正有机会认识到什么才是经济问题。实际上,既然在多数情况下只有少数人会获得有关经济问题的性质的洞察力,那么人们就大可不必对在一个民主社会秩序中不是不可避免地由多数来决定经济政策感到忐忑不安。但是这里多数决定意味着,这种经济政策持续不断地致力于朝着非独立经营者阶层倾斜,而且大多以牺牲独立经营者阶层的利益为代价。但是其结果又是,非独立经营者的非独立经营活动总是越来越具吸引力,而独立经营者从事独立经营的好处总是越来越少。这样一来,非独立经营者的数量还更快增长,而独立经营者的数量更快减少。这甚至会影响到企业形式的发展变化。我相信,股份公司日益对自主性企业的排挤,在很大程度上归功于股份公司所获的优势,这些优势绝大部分是立法赋予担任领导的工业雇员而非独立经营者这一位置的。例如按照目前的税率,得到养老金要比使用一笔资本来获得同等的收益额要容易得多。甚至在我看来,这种发展会比较为老式的社会主义在更大程度上破坏竞争性经济,导致朝着一种官僚化的行政管理经济的发展。

这一切当然是以社会安全的名义发生的。我完全无意对在这一方向上的追求提出争辩,或者否认国家可以在这个领域发挥的行善作用。但是,这一作用可能是致命的,并可能导致完全破坏自由经济秩序,如果如此广泛推行社会保障政策,以至于它从个体那里完全接手了对个人自身的未来关护,使得个体自己既不必为自身的养老,也不必为自身的疾病或其他紧急情况做出预防。一国为所有人提供一个最低的相同水平的保障,以防止有人严重缺乏食物或居所,这完全不同于国家向人口中越来越大的一部分终身提供一个其曾经达到过的生活水平这种做法。后一种做法不仅会使得人口中的大部分失去储蓄的动机,而且在我看来更重要的是,使得其失去学习如何与资本打交道并理解自由经济秩序驱动力的机会。

请允许我再次说明一种对立情况，这种对立在大通胀之前就存在于奥地利（或者我在这里应该说中欧，因为德国和意大利的大部分地区的局势与之没有太大的区别）和西部地区之间，这个西部地区在这里肯定已经从瑞士、莱茵兰和相似的地区算起。在中欧，固定工薪阶层在那时甚至已经是主导的社会阶层。他们在大通胀之前虽然拥有对固定收益政府债券的投资，但一般而言不拥有资产管理经验。资本是一种可欲的、报酬之外的附加收入来源，它得自某位先辈。对其自身的商业活动，人们毋宁说感到羞愧。而且有关尝试以有利方式运用资本的最后记忆，乃是1873年的大崩溃，在其中，战前一代父辈们当中这么多人失去了他们的财产。不过，在这种背景下，当时西部的气氛是多么完全不一样。在那里，起决定作用的圈子不是一个文官等级。人们免除了这一等级为自己的未来和遗属提供预防保障的必要性，正如在中欧完全有意识如此推行的那样，以使得其不参与利益冲突。即使在提供了养老金的地方，它们只意味着对严重紧急境况的一种最低安全保障，而且很理所当然的是，每个人都在多年的积极职业活动中努力建立一笔资本，单单这笔资本使他或他的遗属可以差不多维持他所达到的生活水平。只需以一个我最为了解的群体为例来说明。这个群体就是大学教授群体：对我而言，相当令我吃惊的是，我的英国同事们以多大的程度持续不断地忙碌于处理对他们的储蓄进行合乎目的的投资，以及他们多大程度上更为熟悉经济与金融问题。这尤其是在国民经济学家那里有助于其实质性地接近经济现实，在此我想稍作提及这一点。

当然，在当前的西方世界，至少在欧洲，部分在美国，近年来还包括中欧，均存在着这种发展。在那里，公务员和固定工薪领取者越来越对人们的生活与经济风格一锤定音。应该开诚布公地说，这些人的看法，是可以在任一职业群体中找到的、对真正经济问题最为陌生的看法。我已经至少一再发现,某些小工商业主和农民,在大多情况下也包括工人,他们比现在这个恰恰如此高度支配着这个世界的群体即公务员群体对经济有着更多的理解。而这也是自然如此的,因为人们有意把这些公务员的个人生活隔离于体现个人利益的经济活动,而且解除了他们为自己的未来做出预防保障的必要性。

我不能进一步阐明这些非常重要的相互联系,只能对之有所提及,以强调国民从事经济活动的精神在很大程度上是由我们已经创建并可以改变的机构和制度决定的。在非常重要的思想家的影响下,近来变得时髦的是,人们把过大的影响归结到宗教方面,尤其是让加尔文教对现代竞争性经济的出现负责。这种看法无疑是片面的,具有误导性。文艺复兴时期的威尼斯人和佛罗伦萨人肯定不会比17世纪和18世纪的荷兰人和英国人更少商业精神或资本主义精神。政治制度在那里有着比宗教观念大得多的作用。而且在今天,一些发展中国家展示了一个建立资本基础的企业家阶层可以多快的速度形成,只要人们允许企业家这么去做并给予他们这么快速崛起的机会。

在我看来,可以肯定,一个动态的、建立在个人首创性基础上的、向有企业家才能者提供上升机会的竞争性经济只能在一个社会中形成,在其中,不仅对于所有人都存在形成小规模资本的机会,而且有关资本投资和资本管理问题的一般经验也首先带来对一些活动的理解和赞赏,这些活动在一个一切都只考虑当前收入的社会中对于多数人是不可理解的,而且对于他们而言甚至显得有些不正当。正是出于这个原因,在我看来,很值得怀疑的是,今天的高度紧张的社会保障权利要求,是否与维续一个自由竞争经济长久保持一致。

当然,这里重提一下,按照西方国家当今实现的富裕水平,既可能又可欲的是,国家确保一种确定的、同等的、最低的保障,这一最低保障水平可以保护人们免于极端困境和匮乏。但是,一切超出这一水平的保障,尤其是企图固化个人的相对位置的做法,还有指望为自己的养老获得超越这一最低保障的保障,必然摧毁资本主义制度的基础。如果这种保障不依赖于他自己的努力,那么那种形成一个自由经济赖以运作之前提的理解力就会消失。只有不超越最低保障,才能使得全体国民采取资本思维,而不是收入思维。这就是一个正常运作的自由经济的先决条件。为了履行这一重任,您可以做出很多的贡献。

秩序的类型①

一

我们把由多个个体构成的众人称为一个社会,如果这些个体的行为是相互协调的。人们可以在社会中成功地追求其目标,因为他们知道自己可以预期同人的行为。换句话说,从他们的关系中凸显出一种秩序(Ordnung)。至于数以百万计人的不同活动的秩序是如何创建或者产生的,则是社会理论和社会政策的核心问题。②

有时,当人们在声称社会或其特定的经济活动"混乱无序"的时候,他们干脆就在否认这样一种秩序的存在。但是,我们不能在严格意义上声称某种秩序完全不存在。至于"混乱无序"这一指责,其所指很明显:社会没有像其应该的那样得到良好的组织。当代社会的秩序可能确实有非常大的可改善空间,但这一批评主

① 本文选自 *Ordo*, Bd. ⅩⅣ, 1963, Verlag Helmut Küpper vorm. Georg Bondi, Düsseldorf und München, pp.1-20.

② 秩序的概念新近在社会科学中获得了一个中心地位,主要是通过瓦尔特·欧肯及其朋友和学生的工作,他们根据由他们编辑出版的《秩序年鉴》以秩序圈(Ordo-Kreis)而著称。对秩序概念应用的其他例子包括 J. J. Spengler, The Problem of Order in Economic Affairs, *The Southern Economic Journal*, ⅩⅣ, 1948。重印版见 J. J. Spengler und W. R. Allen(Herausg.), *Essays on Economic Thought*, Chicago 1960; H. Barth, *Die Idee der Ordnung*, Erlenbach-Zürich 1958; R. Meimberg, *Alternativen der Ordnung*, Berlin 1956;还有 W. D. Oliver, *Theory of Order*, Yellow Springs(Ohio)1951,该文献涉及对若干相关哲学问题的处理。

要归因于一种事实,即无论是现有的秩序,还是它形成的方式,均不易被人们所感知。头脑简单者能够感知经济事物(Dinge)秩序的程度,只限于它系有意识所建的情形。他倾向于把他所看到的、许多事物的貌似无序归因于无人有意识地对那些活动建立秩序这样一种状况。对于头脑简单者,秩序是一个负责秩序化者从事秩序化活动的结果。但是我们所讲的大部分社会秩序不属于这一类秩序,仅仅对于还存在一种别样秩序的认识,就足以要求我们做出一些深思。

主要的困难是,社会事件的秩序不是用感官感知的,而只能用理智重构。正如我们所看到的那样,这是一个抽象的而非具体的秩序。这也是一个非常复杂的秩序,即便是人类活动的结果。它不是根据人的感觉创造的,于是人们就不能根据一个预想的计划来对各种元素加以排序。社会秩序的这些特性在相互之间密切关联,而本文的任务就是要展示这些联系。一个复杂秩序不一定是一种自发和抽象的秩序。但我们会看到:我们所追求的秩序愈是复杂,对于建立该秩序,我们就愈发依赖于自生自发力量的作用,由此在其实现过程中也愈发把我们的控制力限制在针对该秩序的抽象特征方面,而不能扩展到针对该秩序的具体表现(Manifestationen)方面。①

我们必须经常使用术语"具体"和"抽象",两者有着非常不同的含义。因此,也许应当精确界定两者在本文使用时的含义。我们把个别的真实的对象称为"具体"的,对于这些对象,我们可以调用我们的感官来观察,并把以下情况看成这样的真实对象区别于其他对象的一个特征:除了我们已经知道或感知的特性之外,还总是可以发现一些其他的特性。与这样的特定对象和我可

---

① 对如何科学处理复杂现象这一问题的一种详尽的阐述见于我的论文 *The Theory of Complex Phenomena*, in:M. Bunge(Hrsg.),The Critical Approach,*Essays in Honor of Karl Popper*, New York,1963。

以从中获得的直觉知识相反,所有有关这些对象的设想和概念都是抽象的,并且只带有数量有限的特性。当然,所有思维只要有一定的抽象程度,就应该在这个意义上是抽象的。通常,(较为)确切地说,较不抽象指相对具体,与较抽象相对。严格而言,在这里所采用的有关具体和抽象这两种表述的差别,雷同于我们总是只知道若干抽象特征,但总是能够发现进一步的抽象特征这个事实和当我们不再观察特定对象时所拥有的所有那些印象、想法和概念之间的差别。①

一个抽象的秩序与一个(相对)具体的秩序之间的差别当然雷同于一个内涵少、因此外延大的概念和一个内涵多、相应的外延大的概念之间的差别。某种类型的抽象秩序可以涵括这个秩序的许多表现形式。在复杂秩序情况下,这一区别就获得了其意义。复杂的秩序基于一种由若干秩序关系构成的层级结构,在其中若干这样的秩序根据更为一般的秩序原则可以相互协调,但是根据其他秩序原则则不能做到相互协调。其在当前情形下的意义在于,在实际运用中可能重要的是,一种秩序可以具有一定的抽象特征,而无须考虑其具体表现;而且我们能够做到,使得一种自发形成的秩序有着那些可欲的特性,但有无须规定其具体的表现或者其各元素的位置。

二

人们会简单地设想一种秩序的出现形式是某人把一个其有意安排的整体的各个部分安置到其对应的位置,这种简单的设想可以被应用到众多社会领域。如果把各个部分根据一个预先制

---

① 有关抽象与具体之间的关系及其法理学意义的一种有用概述,见于 K. Englisch, *Die Idee der Konkretisierung in Recht und Rechtswissensdiafl unserer Zeit*, Abhandlungen der Heidelberger Akademie der Wissenschaften, Phil.-Hist.Klasse,1953:1。

定的计划规整,由此实现一种秩序,那么我们在社会领域将这一秩序称为一种组织(Organisation)。许多人的权力可以通过这种对其努力有意识地加以协调而得到扩大,这种做法的范围之广是广为人知的,而且人类的许多成就建立在这一程序基础上。由此形成一种我们都理解的秩序,因为我们知道这一秩序是如何建立的。但是,它不是唯一的一种社会赖以运作的秩序,而且社会的整个秩序也不能以这种方式建立。

在社会中会有其他不同种类的秩序,即不是由人为设计的秩序,而是从个人活动当中作为非意图的结果而产生的秩序,这种发现是社会理论的成就——或者更贴切地说,恰恰是这一发现表明,存在着适合于社会理论的一个研究对象。它撼动了那种根深蒂固的信念,即哪里有秩序,哪里就必定也有过一个建立秩序的个体。这一发现的影响远远超出了社会理论领域,因为它形成了一些概念,这些概念使得人们有可能从理论上解释生物学现象的结构。①

在社会领域,这一发现成了使得我们有了对个人自由进行系统论证的基础。这种类型的秩序不仅对于生物有机体来说是特征性的(术语"有机体"最初有着更为广义得多的含义,现在一般有限定),它不是由某人制造的,而是自行形成的。因此,它通常被称为"自发"的秩序或者(出于我们将要解释的原因)"多中心"的秩序。如果我们理解规定这种秩序的力量,我们也可以利用那些力量,以便创造条件,使得这种秩序能够形成。这种间接造就一种秩序的方法,有着一种好处,即可以通过这种方式形成的一种秩序,比我们通过把各个部分安置到相应的位置而直接创造的秩序更为复杂。但是,这种方法也有其缺点:我们只可以规定由此产生的秩序的一般特征,而不是其细节。对这种方法的应用在

---

① 生物发展理论的三大发现者达尔文、华莱士和斯宾塞,是从社会领域推导而得到所有已承认归功于他们的生物进化思想。

某种意义上扩展了我们的权力,这体现在这种应用允许我们间接造就非常复杂的秩序,而这种秩序是我们通过把各部分安置到相应的位置而永远不可能直接创设的。在这样一种秩序中,我们控制对各个元素归类排序的细节的力量要比通过把各个部分安置在相应的位置而形成一种秩序时的力量要有限得多。我们只掌握这样一种秩序的某些抽象的特征,而非它的具体细节。

所有这一切在物理学、生物学领域是已知的。我们不能通过对单个分子的排列有意识地构造一个晶体。但是我们可以创造条件,使得晶体能够形成。我们为了这个目的而利用已知的力量,但我们不能事先规定晶体中单个分子的位置,或者晶体的大小和位置。同样,我们可以创造条件,使生物有机体生长和发育;但我们只能为这种生长创造有利条件;至于所产生的有机体的大小和结构,我们只能在有限的范围加以规定。同样的逻辑完全适用于社会领域中的自发秩序。

三

语言及许多这样的社会现象显示出一种没有任何人对之加以设计,但要求我们加以发现的秩序。对于这一事实,目前人们已经广泛认识到。在这些领域,我们终于摆脱了一种天真的想法,即相信任何支持人类追求其目标的秩序,均必须追溯到一位作为个人的创造者。曾经有过一段时间,那时人们相信,所有服务于人际交往的有用制度,比如语言、道德、法律、文字和货币,都必须归功于特定的发明者、立法者,或者某些明智之士就有用的操作实践所共同约定的明文协议。[1] 今天,我们理解了这样的制

---

[1] 比较丹尼斯·海(Denys Hay)著作中的例子。见 Denys Hay, *Polydore Vergil*, Oxford 1952, Kap. Ⅲ。

度得以逐步形成的一种过程：人们习得了要根据某些规则行事，而且早在存在将这些规则编纂成文的需要之前，人们就知道了必须根据这些规则行事。

但是，我们在这些较为简单的情形中打消了一种看法，它相信无论在哪里，只要找到一种秩序或者有规律的结构，就认为它有必然服务于人类的目的，而且必定已经存在过一个人物，他有意识地创造了这个秩序。即便如此，我们在许多其他领域仍然还在承认存在自发秩序方面犹豫不决。我们仍然坚持一种两分法，这一方法深深植根于古代西方经典思维当中，即把事物区分为两类，其中一类的秩序归因于"自然"，另一类的秩序归因于"习俗"（konvention）[1]。一种秩序可以不完全独立于人的行动，又不是这些行动所意图的结果，而是人们所采取行动的未预见和非意图的结果。对此，似乎很多人还是感到陌生和难以置信。尽管如此，我们称之为文化的东西，大多属于自发秩序，它们既不是完全独立于人的行动而产生，也不是根据计划所创建，而是经由一个过程而形成，这个过程介于这两种可能性之间，而这两者很长时间内被视为仅有的选项。

这种自发秩序，我们发现不仅在诸如语言或法律这类制度中（甚至更明显的是在生物有机体中）可以发现，这些制度显示出一个可识别的持久结构，这种结构则是一个缓慢发展过程的结果；它们也见诸市场关系中，必须不断形成和更新，并且在其中只有导致它们不断更新的那些条件是通过这样一种发展而形成的。这些现象的发生学和功能方面的因素从不能被完全分离。[2]

---

[1] 比较 F. Heinimann, *Nomos und Physis*, Basel 1945。

[2] 有关这些现象的发生学和功能方面的因素的不可分性，以及有机物和组织之间的一般关系，可参见 Carl Menger, *Untersudiungen über die Methode der Socialwissenschaften und der Politischen Ökonomie insbesondere*, Leipzig 1883，Ⅲ。该书对这一论题的阐述一直是经典。

我们的经济体系所赖以立基的劳动分工是有关这样一种每天不断更新的秩序的一个最恰当的例子。市场所导致的结果是，参与者均有激励自己对无从直接知晓的事件以一种方式做出反应，确保产生一种不间断的产品流，即这样来协调各种不同物品的数量，以至于保有为继续生产所需的各自物品的必要数量，并至少如此廉价地生产全部产品，其廉价程度至少与任意一人可以生产最后数量的产品，同时还能以弥补成本的价格将其售出时一样。市场以这一方式运作，就是这种自生自发秩序的典型例子。这种秩序基于人们能够根据所有的、没有一个人完全知晓的多种多样的情况做出调整。这也是为什么通过简单的观察无法感知这种秩序存在的一大原因。它体现在商品价格和成本等方面因素的相互关系中，以及在生产资料的相应分配中。而且至于这种秩序的真的存在，只有我们在思想上重构其秩序原则之后才能加以确认。

四

我们可以在上述情形下所加以利用的秩序力量，是支配形成秩序的元素之行为的规则。它们规定了每个元素对作用于它的具体情况做出如此的反应，以至于从中产生出一个总体结构。比如每一块铁屑撒在一张纸上，可以被纸下的磁铁磁化，它对邻近铁屑如此发挥作用以及对邻近铁屑对它的作用如此做出反应，以至于所有的铁屑以一种典型的图案排列，而对于这种图案，我们只能预测一种一般的形状，而不能预测其具体形状。在这个简单的例子中，元素具有相同类型，而且规定其行为的是已知的同类规则。在这种情况下，如果我们了解所有的事实而且有能力对之加以处理，包括克服所有的复杂性，那么这应该使得我们有可能对每个局部的具体行为做出预测。

一种带有某些一般特征的秩序也可以由多种不同元素形成,即诸元素的行为虽然在许多情形下相同,但不是在每种情形下如此。由各种原子形成复杂有机物的分子就属于物理学中的这类例子。但是,这种情况对于在生物学和社会领域许多自发秩序的形成有着特别重要的意义。这些秩序都是由许多不同的元素组成。这些元素在许多方面对相同的情形做出相同的反应,不过对其他情形做出不同的反应。但是,它们形成一个有序的整体,因为每个元素根据一定的规则对其各自个别的环境做出反应。这样,该种秩序产生自各元素对特定情形的独立反应,而且这些特定的情形对每一个元素均发生作用。正因如此,我们称这样的秩序为多中心(polyzentrisch)秩序①。

因此,我们已经观察过的物理学中的自发秩序例子,其之所以富有启发意义,是因为它们展示了诸元素所遵循的规则对于它们来说不必一定是"已知"的。同样的道理也在多数情况下适用于由生物尤其是人构成这种秩序的元素的情形。人类遵循的多数规则,是其所不了解的②;即便我们称之为人的智力的东西,在很大的程度上是指导他的思维的一套规则体系,但他对之并不知晓。在动物社会,在很大程度上也包括在人类的原始社会,社会生活的结构是由行为规则规定的,这些规则只是表现在对其的遵循上。只有当智力足够分化(或个人的理智变得更为复杂),以间接方式表述规则才成为必要,以使人们可以通过事例来传授它们,依此校正偏离行为,并且对所听到的有关不同看

① 比较 Michael Polanyi, *The Logic of Liberty*, London 1951, S. 159。
② 有关没有意识到的规则与人的行为的关系的整个问题,我在此只能稍加触及。见我的论文 *Rules, Perception, and Intelligibility*, Proceedings of the British Academy, Bd. XLVIII, 1962/63。

法做出判断。①虽然人类从未在没有他们所应遵循的法律的情形下生存过,但是他们曾在数千年的时间里生活在没有他所确切理解、有能力表述的法律的情形中。

社会秩序的元素是个人,而且规定每个人的行为的特定情形,是那些每个人知道的情形。但是,只有不同的个体的行为表现出一定的相似性或遵守某些共同的规则,才能从中产生一个总体秩序。即便个人的反应只有有限的相似性,即在规定他们的行为的一些重要方面(Belange)存在共同规则,就足以形成有着某种一般性的秩序。重要的是,这个秩序将意味着对多种情形的适应,这些情形对于一些环节中的元素是已知的,但其中没有任何一个元素了解全部情形。而且,一种秩序之所以产生,只是因为个体在对这些他们所已知特定情形的反应中遵循类似的规则。这并不意味着(而且对于形成一种秩序也不是必要的是),不同的人在类似的情形下恰恰去做相同的事情。所有这里所指的和必要的是,个人从某种角度看遵循同样的规则,他们的反应是类似的,或者他们在一定程度上被限制在某种确定的行动范围内,所有这些行动都具有一些共同的属性。这甚至也适用于上述铁屑的例子,这些铁屑并非全部按照相同的速度移动,因为它们可以具有不同的形态、表面或重量。这种差异将决定对从中产生的图案的特定排序,而由于我们对细节的无知,这种特定的排序也不能得到预测。但是,这种图案的一般特性将不会受到这些细节的影响,因此也是可预测的。

同样,个体对在他们的环境中的事件的反应也只需要在某些

---

①　在人们对最初黄金时代的信仰里似乎蕴藏着可信之处。根据这种信仰,在黄金时代,每个人出于自己的动机、在没有法律的情形下采取恰当的行动(sponte sua sine lege fidem rectumque colebat),因为他此外别无选择。有关不公正只是随着人的认识的增进才出现,这样一种看法似乎也有可信之处。个人只有根据一种有关其他可能性的知识才能选择偏离现存的规则;没有这些知识,就不存在原罪。

抽象的角度上是类似的，以便由此产生一种总体结构。在这些个体的行动中必须存在某种确切的，但不是一种完全的规律性：它们必须遵循一定的共同规则，但对这些共同的规则的要求不需要高到这样的程度，以至于它们完全规定个体的行动；而且个人在如此规定的行动领域内究竟选择什么行动，将取决于其他进一步的因素。

既对社会理论又对社会政策起着中心作用的问题是：如果要形成一种秩序，个体必须遵循什么规则？人们会简单地因为他们的环境的相似性，或者更妥帖地说，因为这一环境在其思维中反映的方式的相似性，而遵循许多这种共同的规则。他们也会自发遵循其他的规则，因为这些规则是他们的社会的共同文化传统的一部分。但也有一些其他的规则，人们必须斟酌之后才能决定是否遵循，因为规避它本来符合个人的利益，但总体秩序只能在这些规则得到普遍遵循时才能形成。

在一个立基于劳动分工和交换的社会秩序中，个人行为最本质的规律性产生自所有人需要工作挣钱这样一种共同的情形。他们通常偏爱为自己承担的一项给定工作挣取更多的收入，而且尽可能减少（甚或增大）自己的努力，如果其所承担工作的生产率提高。这是一条已经足够普遍地被事实遵循的规则，由此社会中遵循此项规则者表现出一种特定的秩序。但是，大多数人在其行动中遵循这样一条规则，由此产生的秩序的本质还不很确定，而且它也不保障，这一秩序是那种合意的秩序。为此，人们还有必要遵循某些习俗性规则，即不是简单地源自他们的知识和目标的性质的规则，而是在社会中成为习惯性规则的规则。一般的道德规则就是这方面最重要的例子。

这里我们的任务不是分析人们实际遵循的不同类型的规则的关系。我们在此感兴趣的是某类特定的规则，它们可以为规定秩序的性质做出贡献，而且由于我们可以有意识地形成它们，它们可以成为主要的工具,通过该工具,我们可以影响自行形成的秩序的一般特性,这类规则就是法律规则(Regeln des Rechts)。这些规则区别于其他的规则,主要是通过个体被同人认为是在遵循这些规则。它们是必要的,因为只有当个人知道哪些路径是对他开放的,并且他必须自己承担自己选择的后果,这一选择会为由此产生的秩序展示某种所期望的特征。个人领域的适当界定是法律规则的主要功能,而这些法律规则的合乎目的的内涵是经济和社会政策的一大主要问题。这不会因为一个事实而改变,这个事实就是:法律规则的合乎期望的形式很大程度上是通过几个世纪积累的经验才得以发现的,而且对法律规则的进一步的改善很大程度上可望借力于试验性的逐步发展,而非新建一个整体秩序。

五

虽然创建了社会秩序的个体的行为,部分由规则所引导,对其的遵循是有意强加的,由此产生的秩序却仍然是一个自发的秩序,更可与一个有机体而非一个组织相对比。它不是立基于个体的活动按照一个事先拟定的计划得到排序,而是基于通过特定的一般规则限制所有个体的行动而使得个体的活动取得相互协调。而这些一般规则的强加只是确保了秩序的一般特性,而不是其具体的实现;它也仅仅确保我们所不知其名的个体可以为其自身的目的而加以利用的一般可能性,而不是某种特定的结果。

然而,对形成这种自发秩序所必要的规则的强制也要求其他类型的秩序,即一种组织。即使以一次性方式一劳永逸地给定规则,它们的实施也会要求许多人的协调努力。

改变和改进规则的任务,也同样可以(但不是必须)成为有组织的努力的对象。只要国家除了维护法律之外也向公民提供其他服务,这也要求动用一种按照其他原则建立秩序的机器,而不是借重于一种社会的自发秩序。

国家机器的计划秩序在某种程度上也借助规则得以建立。但是这些服务于创建和控制一个组织的规则,有些不同于那些使得一种自发秩序的形成成为可能的规则。它们是一些规则,这些规则适用于特别的、由政府确定的人员,而且在大多场合(一个例外比如是法官)在追求特别的、同样由政府确定的目标过程中必须得到遵循。

即使在涉及一种组织而非自发秩序的地方,组织者必须在很大程度上通过规则而不是通过特殊的命令来引导组织的成员,这产生于任何复杂秩序会提出的一个基础性问题,即在组织中合作的个体,应当利用那些组织者所不占有的知识。工作者可以做到。在除了最为简单的社会秩序之外的社会秩序中,不可想象的是,所有活动都以一个人的头脑来调控,而且,肯定还没有人成功地在一个复杂的社会有意安排所有活动;也不存在诸如一个复杂程度稍高的、全面计划的社会那样一种东西。如果某人成功地组织了这样一个社会,那么他将不会利用很多他人的思考,而是完全依赖于单个人的理智(Verstand);这一社会就肯定不复杂,而是非常原始,而且这种情况很快也切合于这个人的理智,而其把控的知识和意志会决定一切。那些被纳入对这种秩序的计划的事实,只能是这个人的理智可以把握和加工的,而且由于单个人的理智单独对事实做出判断,并且由此收集经验,不存在那种多种意见的汇集碰撞,而本来通过那种多种意见的汇集碰撞,人的理智才可以得到开发。

领导一个组织的规则就是执行所指派任务的规则。它们的前提是,每个个体在一个固定的秩序结构中的位置通过有意识的指示而确定的,而且对于每个人适用的规则依赖于被指派给该人的位置。它们以这种方式只调节被指派官员或者当局的活动的细节,或者通过命令创造的一个组织的工作方式。

与此相反,使得个体有能力在一个自发秩序中自行找到其位置的规则,必须是一般的,不得对特定的个体指派其位置,而是必须任由个体自行建立自己的地位。另外,服务于领导一个组织的规则,只帮助在特定命令框架内确定,哪些是组织遵循的特别目的,哪些是不同成员必须履行的专门职能。虽然这些规则在一个组织中只可以运用于特定的、分别被置于各自位置上的个体,它们看上去与立基于一个自发秩序的一般规则非常相似,但是不得与这些规则搞混。它们只给予那些不得不执行命令者根据特定的情形增添细节的可能性,有关这些情形,他们是知道的,但发布命令者则并不知道。

按照以前使用过的表述方式,这意味着,一般的法律规则针对一种抽象的秩序,其具体或者特定的表现则是不可预见的;虽然无论是命令,还是允许服从命令者填充命令中所没有提到细节的规则,服务于一种具体的秩序或者组织。所追求的秩序越是复杂,那部分规定其具体表现的情形所占比重就越大(该部分情形不能为其目标是建立秩序者所知),而且他们越是只能通过规则和不是通过命令来支配它们。在最复杂的组织中,所规定的几乎不外乎通过专门的决定对特定的人员指派特定的职能,而这些职能的履行只是通过规则来控制。

如果我们从服务于特定任务的最大型组织过渡到涵括了组织之间、组织与个人之间以及个人之间关系的整个社会的秩序,那么我们发现,这一整体秩序完全基于规则,也就是说,它的性质完全是自生自发的,而且从不经过命令来规定其架构。事实当然很简单,正是因为现代社会不是组织的,而是作为自发秩序而产生的,其结构可以达到一种复杂程度,这种程度可以远远超过如果通过有意识组织可以创造的秩序所能达到的程度。使得这一复杂秩序的出现成为可能的那些规则,也并不是因为有人预见到这一结果才设计的,而是由于有些人偶然采用了合适的规则,由此发展形成了一个复杂的文明,这一文明后来被证明优越于其他秩序。因此,当人们常说,我们必须有意识地计划现代社会,因为它已经变得如此复杂,这是一种自相矛盾的观点,它基于对事实关系的完全误判。事实上,只有当我们不按照"计划"的方法,即不是通过命令来行事,而是着眼于形成一种立基于一般规则的自发秩序,我们才能维持一种复杂程度这么高的秩序。

我们马上就要看到,各项秩序原则必须在这样一个复杂的系统里如何相互结合。但为了避免误解,首先有必要强调的是,存在着一类情形,在其中两种原则混合起来绝不会是合理的。在一个组织中有意义,而且事实上通常也在做的是,通过命令来规定组织的架构并通过规则来调节成员们活动的细节,但是相反的做法决不能服务于一种理性的目的。如果秩序的整体性质应当是一种自发秩序,我们就不可以通过向秩序的组成部分直接发号施令来改善它。这是因为只有这些个体,而没有什么中央当局,可以了解所有的情形,这些情形促使个体以这种或那种方式行事。

六

任何某种程度上复杂的社会,必须使用上述两种秩序原则。但是,即便必须把它们结合使用,也就是把它们用于各项不同的任务和相关的社会部门,它们也不能以任意的方式混用。对两个原则的区别的误判,总是导致对这种混用的尝试。正是两种原则相结合的方式决定着不同的社会和经济制度的性质(从这两种秩序原则的可能组合产生这些不同的体制,有时也被称作不同的"秩序",这使得术语错乱问题越发严重)。

我们将仍然只观察这样一种自由的体制,它不仅利用自发秩序(就像每个体制必须这样做的那样),以便填补规定目标和结构的命令所留出的空当,而且它放任自发力量来形成整体秩序。这种体制不仅有着许多组织(尤其是公司)作为其元素,而且也需要一个组织来确保遵循抽象的规则(以及修正和发展这些规则),而这些抽象规则是形成自生自发的总体秩序所需要的。至于国家机器本身是一个组织,规则作为它的组织化的工具被使用,而且这一组织除了履行强制遵循自己法律的职能之外,还提供多种多样的其他服务,这导致人们产生有关不同类型规则以及由此产生秩序的性质的完全混乱的思想认识。

狭义的法律——这种"法律"包括民法和刑法的规则——的抽象和一般的规则,其目的不是通过命令创造一种秩序,而是创造一种秩序自行形成的条件。但把法律作为一种塑造秩序的手段的观念,在公法学家和官员那里越来越被解释为它是一种命令工具。这些公法学家和官员首先忙碌于处理组织问题,而不是为形成一种自发秩序创造条件。这种法律观,盛行于极权国家,典型地见诸希特勒的王牌法学家们的提法——"具体秩序思维"①。与之对应的法律追求创造一种具体的、事先经过周密考虑的秩序。而在这种秩序中,每个人由当局分派到一项任务。

但是,即使这种塑造秩序的技术对于组织政府机构和所有的企业与家庭——它们构成了总体社会秩序的元素——均是不可或缺的,它仍然是完全不足以创建无限复杂化的社会秩序。我们有力量来促成这样一种有着某种所期望的一般特征的总体秩序的形成,不过只有在我们没有尝试决定这一秩序的具体细节的塑造时才能做到这一步。但如果我们坚持要把很多部分安置到我们想要其安放的位置,我们会牺牲这一力量,并且剥夺我们实现这个抽象的总体秩序的可能性。形成这样一种抽象秩序的前提

---

① 参见 Carl Schmitt, *Die drei Arten des reditswissensdiaftilidhen Denkens*, Schriften der Akademie für deutsches Recht, Hamburg, 1934。

是,我们任由个体来确定具体和个别的细节,而且只通过一般抽象的规则来约束这些个体。如果我们不创建这一先决条件,而是限制个体适应特别的、只有他们知道的具体情形的能力,那么我们就会摧毁导致一种自发的总体秩序的力量,而且被迫通过一种有意识的命令来取代这一秩序,这种命令虽然给予我们确定有关细节的更大的力量,但是限制了我们在其中可望实现一种相互联系秩序的领域。

七

对于我们的主要目的不无意义的是,如果我们最后还简短地观察一下抽象规则不仅在协调许多人的行动,而且在对单个人或者单个组织的一连串决定的交互调整的过程中所发挥的作用。即使在这里也经常不可能的是,为较为遥远的未来制定具体的行动计划,尽管现在我们应该做的,某种程度上依赖于我们在未来想做的事情。干脆地说,这就是因为,我们还不知道我们将要面对的具体细节。尽管如此,我们可以实现给予我们的行动以某种相互联系,其方法是我们确立一个规则框架以引导我们,这些规则使得我们能够预测我们生活的一般特点,但不是具体细节。对于这样的规则,我们都往往没有意识到,并且在许多情况下它们有着非常抽象的特点,正是它们才是使得我们的生活历程变得有序的规则。许多这些规则都只是我们在其中成长的社会的“习俗”(Gebräuche),只有其中若干会成为个别“习惯”(Gewohnheiten),这些“习惯”是我们偶然或者有意接受的。但所有这些“习俗”或者“习惯”均服务于我们缩短在个别情况下必须考虑的情形的清单,即通过它们提取特定类别的事实,这些事实单独决定了我们应当接受的一般的行动方式。这本身也说明了,我们有理由系统性地视而不见某些我们所知晓的情形。如果我们知晓所有这类情形,这些情形对于我们的决定是重要的。但是疏忽某些我们所知晓的情形是理性的,因为它们意味着偶然和局部的信息,这些信息不改变概率,以至于即便我们知晓和加工更多有关此类情形的信息,其净得益仍然在于坚持遵循规则。

换句话说,正是我们涉及有关具体事实的知识的有限视域,使得我们有必要协调我们的行动,即通过我们服从抽象的规则,并不尝试对每一个别情形单单根据我们偶然所知晓的有限数量的相关个别事实来做出选择。可能听起来有些自相矛盾,理性的行动,要求我们有意无视我们所拥有的知识;但是,这里也有必要的是,我们应该面对不可避免地不知晓许多事实这一问题,如果我们知晓这些事实,它们本来是重要的。如果我们知道,很有可能的是,一种行动方式的不利的作用会超越其有利的作用,那么相应的决策不应该受如下情形的影响:在某种情况下,一些我们可以偶然预见到的结果是有利的。事实是,我们面对一个在更为完全斟酌权衡所有可预见后果的意义上貌似追求理性的过程。我们在这个过程中只是变得更加非理性,因为我们较少考虑较为长远的后果并且将实现一种更少相互联系的结果。科学的巨大教益就在于,我们必须在不能掌握具体情形的地方接受抽象作为避难所。偏爱具体意味着放弃思维赋予我们的力量。因此,现代民主立法拒绝服从一般的规则,而且试图根据具体的得益(Verdienst)来解决任何发生的问题,迄今为止导致一种很可能属于公共事务中审慎决策所能导致的最非理性和最无组织的秩序。

法、法律和经济自由[①]

一百年即便对于我们西方文明的历史来说也不算短,近百年来的变化也许没有之前一百年大,但也可以说是足够大了。多特蒙德工商协会成立于欧洲自由主义,尤其是德国自由主义繁荣之际。这之后的20年,它的衰落便已显而易见了,又过了50年,极权主义大行其道,这尤其给德国人民带来了厄运。如果说当时的德国相对于普遍的西方社会先行陷入这一不幸之中,世纪末的德国却成为世界上拥有最为拥护自由的宪法和最为自由的经济制度的国家之一。这是历史中一种值得注意的崭新开始,迄今为止,这一实验比任何人14年前所大胆预测的还要成功。但是我们能否指望,我们已经确保了一个自由人社会的长期存在吗?或者我们是否真的知道,什么是防止这样一个制度重新慢慢衰落的必备要求?

当基本法宣布联邦德国为法治国家时,这确实是一个大胆的举动,即使它通过"社会"(sozial)这一伸缩性较强的词对其进行了限制。今天所理解的法治国家真的能完全保护个人自由吗?我以为,法治国家(Rechtstaat)的概念还是源于以往对于提供这种保护的设想。当前法治国家的概念无法发挥这种作用。原因在于，我们不能对法（Recht）和法律（Gesetz）加以区分，因此我们今天所谓的法治国家其实只是个法律国家而已。

法治下的自由（Freiheit unter dem Recht）观念由古希腊人第一次提出，在过去的 2500 年里它始终保留在一些国家中，他们认为法不是某些特定人的意愿表达，而是一种非个人过程的结果。不管是古雅典、罗马共和国、中世纪中期，还是 17 世纪的尼德兰、18 世纪的英国、19 世纪的美国，它们均不了解现代意义上的立法机构，这些机构可以随意改变规定人与人之间关系和人与政府之间关系的法。这些立法机构规定国家事务的掌管以及托付于政府的资源的管理。但是划出个人自由空间界限和确定强制个人服从相关条件的法，并不由一些人或多数人任意决定，它来自自主的法学家阶层的努力，作为法官和法学学者，他们确信法不是被创造出来的，而是被发现的。

将法的创造与法官判决先例或者法学学者的工作联系起来有很大弊端，这会导致人们必须用蓄意的立法对其进行补充，尤其在欧洲大陆，这种工作常常被立法程序所替代。这种联系使得更正已经被认可的法的畸形发展变得几乎不可能或者极为艰难。它尤其妨碍了人们对新情况做出规定，因为这种联系需要渐进的发展。但它也有一个不可估量的好处：由其产生的法只能由一般性的抽象规则构成，且不包含具体的指令。规则大多不通过文字来表现，而只是内含于先前决定（Vorentscheidung）的总体之中，这意味着作为法代表的法官只承认一般性的公平正义规则，而无视任意一个统治者或者代议机关的指令。

搞清下面这一点绝对重要：所有伟大的政治思想家均看到了自由的本质，即个人服从于法律而不是统治者的意志，对他们来说，法律并不是某一个立法机关的决定，而只是那些产生于判决传统和法学学者工作的一般性的公平正义规则。在伯里克利时期的雅典,公民大会(Volksversammlung)甚至从未有更改法(nomoi)的权力——只有专门的立法者(Nomotheten)才有此权力——而公民大会只可颁布法令(psephismata)。当西塞罗写道:只有我们全体服从于法,我们才能够自由(Omnes legum servi sumus ut liberi esse possumus)的时候,他所指不是立法机构的决议,而是缓慢发展的法(jus)〔我们有理由说,西塞罗用 lex 即法律而不是 jus 来翻译 nomos(法),与现代人用法律的统治(Herrschaft des Gesetzes)这一概念去替代法的统治(Herrschaft des Rechts)这一概念一样,都是一种败笔〕。

我们要感谢约翰·洛克及其他 17 世纪英国自由主义理论学家对于古典时期思想瑰宝的复兴做出的贡献。对于他们来说,"法"只是普通法的法,这种法天然只由来自于先前决定的一般规则构成。所有这些古典自由主义理想的重要概念——法治(rule of law),法的政府(government of law),非人治政府或非个人意志之政府,法治政府——都指的是这种法的概念,而且也只有指这种概念时才有意义,而将法(law)译为现代意义的法律(Gesetz)时,则失去了意义。大陆自由主义的法概念正是来源于该概念,可惜的是大陆自由主义用法律概念替代了法的概念,法律包含的比原本意义上的法多得多,它包括一个立法机关所能做出的所有决定。在我继续阐述这一概念变更的后果之前,请让我讲一下原本意义上的法治在多大范围内有效保护了个人自由,同时探究一下它是否过分限制了国家在其法定职责下的活动。

首先我必须详细说明一下狭义的法条(Rechtssatz)的特点,它只是法律的一小部分。它主要包含了我们视为民法和刑法的部分,不包括所有其余的公法,尤其是国家法、管理法及诉讼法。这种意义下的法规不仅是适用于国家公民的行为规则,也同样是适用于国家的行为规则。它一般而又抽象,既无法针对特定的人,也无法针对特定的时间和地点,并且也无法预见它会对特定的具体人产生什么后果。它关注的只是人们之间的行为以及人对国家的行为,但不涉及私人领域。因此人们这样描述道:这些法规划分每个人的私人领域,并且保护这一领域不被他人和国家侵犯。

法治或者法治政府的古典理想是大陆法治国家概念的源泉,这一理想认为只有在适用所有人的公平正义规则前提下,公民才可被强制做某些事情。国家的强制力仅限于对这些法的规则(Rechtsregel)的实施,且在使用这些规则时不能有随意性。这既不意味着,国家仅限于对法的实施,也不代表国家在其他活动中也受到法条(Rechtssätze)的限制。这只是说:对于普通公民,国家只有确保一般的法条得到遵守的权力,除此之外别无其他。

只要国家管理着托付于它的资源或整个物质和人力的国家机器,它就不必也不能受这种方式的约束。我们也希望国家按照规则行事——如今,这些规则已按照民主程序确定下来。而且,我们也将组织国家机器的这些规则和人民代表机构(Volksvertretung)对它的指令称为法律,但它们依然与适用于所有人的一般的法的规则不同,而今天我们正用法律来限定或更改这些规则。

一般形式的法条之下的自由(Freiheit unter Rechtssätzen allgemeiner Art)实际指的是,一国公民不服从任何人的意愿,而只服从于抽象的规则。这些规则主要由禁令组成,它阻止人们侵犯别人受保护的私人领域。因为这些规则适用于所有人,特别是同样适用于立法者和国家机关,而且它只关注涉及他人的行为,所以自由受到它的过分限制也就极为不可能。它其实是一种或多或少有针对性的游戏规则,这一规则不会禁止一个人做某件事,却在同等条件下允许其他人做这件事。它可能普遍禁止或者只在特定条件下允许某种行动方式(比如一种危险的生产方法),而由国家鼓励的特权或者歧视是根本不可能的。因此,它所提供的是一个对于所有人都一样的框架,在这一框架里每个人都知道,他所能做的是跟其他人一样的事情。

当然也有严厉限制个人自由的一般行为规则,特定宗教戒律的普遍要求便是历史中最重要的一例。但当这些规则只针对涉及他人后果的行为,以及在涉及未来未知的情况时,这些规则的条文对起草人也普遍适用,那么就难以解释为什么有人会有兴趣颁布让他人感受到严厉限制的一般规则。这些规则是否是一般规则的最鲜明特征是:是否将允许某种强制的决定完全交由一个独立的法官来评判,而他不必知道当局的意图和目的。

经济和社会政策所有合理的目标都需要通过这样的规则来实现——即使有的时候它不比特定的指令完整,且比它们缓慢和烦琐。例如,工厂立法、卫生事业以及类似的安全防护的目标均可这样实现。在这一套规则的框架里每个人仍能自主决策,且不必依赖于当局的批准。若把这一框架叫作"干预",这显然是一种误导。没有一个伟大的经济自由主义理论家会这样认为。对于他们来说,自由始终是"法治下的自由"(freedom under the law)。

这一框架与现代经济政策经常做出的真正干预完全不同,这种干预使得价格的确定、产量的限制以及行业和职业的准入均无法按照对所有人同等适用的固定规则进行。这种干涉使得当局允许某个人做某件事,却不允许其他人做相同的事;因此,只能在一般规则下允许使用的强制制度是不会允许这种干预出现的。而在这种状态下,到底是法律本身采取特定的指令的方式并且实施歧视,还是如常规那样,授权当局做这件事,效果都是一样的。

我们失去了区分这种形式的法律和属于真正公正规则(Regeln der Gerechtigkeit)的法律的能力,究其原因,是由于我们关注更多的是权威的来源,而不是规则的内容。结果便是,我们将许多决定权交与立法者,而这些决定与制定法的规则毫不相干。

除了强迫公民去遵循某些公正规则,国家当然还有许多其他任务。当然,不是为了这个目的,而是为了各种各样的其他任务,国家需要一个强有力的、配备了人力和物力的国家机器。这些机器的组织和管理需要立法来调度,我们也将为此目的做出的决议称作法律,它构成了立法机构的绝大部分决定。但是,这些法律的95%都与正当行为规则(Regel gerechten Verhaltens)意义下的法的规则无关。

每一个指令都披着这种形式的法律外衣。当法律曾经首先是一种正当的一般规则时,它被视为自由的最佳保护,而现在的法律却成为消灭自由的最有效工具。如今谁还理解40年前一位伟大的德国法学教师海因里希·狄里波(Heinrich Triepel)说的话:"神圣的不是法律,神圣的只是法,而法律系在法的统属之下。"

我想通过一个例子来描述这一发展,它关系到波恩的基本法引入的一项显著革新。迄今为止,所有自由主义宪法保证下的基本权利都被置于所谓的法律保留(Gesetzesvorbehalt)下,它指宪法只在"法律"的范围内保证某些自由。比如,言论自由不是指我们可以诽谤、侮辱或者通过错误的消息引发恐慌,这看起来是理所当然的。这种法律保留仅意味着基本权利只能由一般规则而非特定指令或禁令加以限制。"法律"在这种情况下指的是一般的正当规则,但自从"法律"不再在这种意义上来使用,且任何一个立法机关所做的决定都能称作法律以来,法律保留就使得宪法下的基本权利保障变得无效了。而作为对立法者发出的基本律条,则完全丧失了作用。

《联邦德国基本法》第19条第1款第1句——我认为这是第一次在一部宪法中出现——这样写道:"凡基本权利依本基本法规定得受限于法律者,该法律应具有一般性,且不得仅适用于特定事件。"德国的一位女法学家希尔德加德·克吕格(Hildegard Krüger)将这句话称为"迄今为止还未被意识到的法治国家的真正基石,是一个汇集法治国家所有原则的聚光镜。"依我看,这条规定确实如她所说,但可惜的是,它并没有得到实现。"该法律应具有一般性,且不得仅适用于特定事件",这个说法还不足以使抽象的公正规则概念上升到统治地位。如果说这一概念自欧洲大陆专制主义以来确实重新发挥了作用的话,那么在近百年来却被一个更宽泛的法律概念所替代。

但是请诸君设想一下,当诸如法律面前人人平等、个性的自由发展、迁徙自由、职业选择自由、财产权和继承权这些基本权利只被适用于所有人的一般规则,而非特别文件限制时,这意味着什么? 这意味着我们不需要太多手段就能确保一个自由经济,所有的价格、产量及准入限制都将被禁止。我必须承认,对于现存的这类限制我都要严肃地发问,它们是否符合《联邦德国基本法》第19条第1款第1句的条文或者意图。

这里我想抛出另一个深远的问题:为什么真正的法条(而非单单法律)的授权要求只局限在特别的、受基本权利清单(Grundrechtskatalog)保障的权利方面? 如果我们学过相关内容就会知道,基本权利清单并非能够列举所有值得保护的权利,且技术的发展也越来越威胁到个人的核心权利。

如果可能的话,正如基本决试图做的那样,将真正的公正规则和其他法律的规则区分开来,我们就可以把所有的强制只用在实现第一类规则当中。这样的话我们就无须一个需特别保护的基本权利清单,一部体现法治国家本质的基本法就可以了:"强制只可在以下情况及方式下使用,即遵循一般的、对所有公民、国家及其行政机关同等适用的、抽象的公正规则。"

实现这一观点的困难,并非人们首先想到的行政权会因此受到过分限制,而在于我们已经不会辨认公正规则意义下真正的法的规则与以法律形式颁布的其他指令之间的区别。而且只要公正规则的批准和我们称之为法律的指令的颁布落在同一"立法"

机关手中，我们便对这两个从根本上完全不同概念的致命混淆再也无法防备。

我不希望剥夺人民代表机构的某些权限。我相信民主。有许多原因可以解释，为什么将立法和政府事务的掌管交由一个民主的人民代表机构看起来是值得的。但这并非是可以将这两个不同任务委托给同一机关的缘由。调度政府活动的人民代表机构需置于一系列的规则之下，这些规则不可由它自己来变更，而只能由在一定程度上确定长期原则的另一民主机关来确定。只有这样，法治政府的理想才可实现。

过去那些只负责准许新的法条的机构试图将越来越多的任务揽入怀中，并要求为政府资源的管理出谋划策，这导致了这两种法律概念的混淆。一个单独的"立法机关"很难胜任这两个任务，如同一个人很难在做出实际决定的同时，又能在奉行这个决定时遵守道德规则，结果是这个人会从一个原本有德行的人变为一个被眼前利益所蒙蔽的人。与之相似的便是现代议会，因为它既采取具体措施，又颁布一般性规则，所以在它采取措施时不会受到规则限制。强迫每个人遵守公正规则本来被看作是立法机构的任务，由此来保障个人自由的分权理想，这个理想却因为议会这个全能的立法机关可以颁布或批准任何形式的特殊指令而被打破。由于议会代表了多数派的意愿，它的每一个决定也因此披上了法条的威严外衣，即使它与公正毫不相干。

同一个机关履行两个职责是否真的有必要？现存于大多数国家之中的两院制是否为我们提供了一个分离这两项任务的简单工具？在历史上确实有过轻易实现了这一发展的机会。如果当英国国会下议院取得国家财政和掌管国家事务的独占权时，国会上议院坚持享有更改现行法的独占权，这样的分离就实现了。这样，我们就有了一个立法会议，其规则既能约束公民，也能约束政府及其指导其行动的人民代表机构。但现实却没有朝这个方向发展。

对两个代议会议职能的如此划分当然需要一个强有力的宪法法院,它要将这两个机关控制在宪法界定的界限之内,并要根据具体情况做出判定:什么是真正的公正规则,而什么只是对管理部门的组织指令。为了使这一划分生效,两个议院必须按照不同的原则按民主程序选出,其人员构成因此也势必不同。立法机关应是一个稳定的、着眼于长期任务的机关,其成员只能被逐步更换,且在一个长任期后不可再被推选。我可以举例说明一下:每年都从40岁的人里面选派出代表,任期15年,这样立法会议每年可替换1/15的人员。而那些55岁卸职的成员不可再被推选,但要在接下来的15年确保其被聘为非专职的顾问,这样就可保证他们与党派组织没有瓜葛。

与之相反,主要处理短期任务的政府会议可以是当今议会的形式。正如今日经常出现的情况一样,政府只是这一政府会议(或其多数派)的委员会,因为只有这样才是合适的。政府和政府会议处于另一会议制定的法的规则之下,这两者是"执行"权的代表,而我们也会重新拥有一个真正的分权制度和一个确实的法治政府。

请让我再举一个例子来说明两个代表机关的事务如何相互协调。我称为政府会议的第二个议院只拥有确定国家支出的权力。预算也许是一部最独特的法律,它和法条完全无关。政府会议甚至可以每年规定由税收等筹集款项的多少。但是,征收公民税收的份额分配方案必须以一般法条的形式由立法会议确定。我无法设想一个比这个规则更为有效的规定,它规定对国家支出总额做出决定的政府权力机关必须了解,每一笔额外支出都必须按照他们不能改变的规定由他们和人民代表来承担。

这样一部宪法能够首次使法治国家的理想成为现实,这里并不是继续探究其细节的场合。我只想说,我越思考这个最初作为思想实验所设计的想法，我就越发觉得，它是一个非常可能付诸实践的考虑。或许，在最后我可以将这个想法的基本原则以一种容易记住的表达方式总结一下，这种表达方式是我刚从我的伦敦同事迈克尔·欧克肖特（Michael Oakeshott）那里学来的。他将由一般的法的规则统治的律法（nomokratisch）社会的理想，与愈发明显的强迫个人服务于政府规定的特定目标的合乎目的（telokatisch）社会的现实加以区分。"Telo"，或称合乎目的，愈发排斥"Nomos"，或称法，我们是否可以通过以下手段来中止这一进程，并拯救个人自由呢？我们可以像古雅典人那样将所有强制个人遵守的法的更改交由特别的立法者（Nomotheten）实行，然后将对托付于政府的资源的合乎目的的管理交付合乎目的者（Telotheten）——我选择继续用古希腊的术语来表达——置于立法者确定的法（Nomoi）之下。我确信，在不改变现有制度的情况下，我们已经无法中止或使这一势头正猛的进程倒退。此外，借助我在这里阐释的解决方案，还有可能慢慢地创造出一个超国家的秩序。在其中，所有致力于具体目标的民族国家政府都被置于相同的规则之下，而这些规则也将同时保护其公民免于统治者的专断。

多数的观念和当代的民主[①]

一 受到威胁的对民主的信赖

如果现代政治的发展产生了无人想要或无人预见的结果,大多都会将其归为民主的必然产物。没有人会说,这种发展与某一个人类团体的明确要求相符。我们为了确定那些我们称之为多数的意见而建立的特殊程序所带来的结果,最后实际上与多数的愿望没有太多关系,这是可能的吗?

决定共同事务而设立的特别机构存在于当今世界大部分地区,以"民主"的名义去理解它们,在我们看来是理所当然的,我们甚至将其视为民主的唯一可能形式。这不仅使我们不愿承认,这些机构在其运行良好的国家中产生了令人失望的东西,而且,它还使这些机构在那些缺乏法治国家传统的国家中定期失效和崩溃。只要我们还信仰民主的理想,就会感到有义务去捍卫那些特别机构,因为通过它们我们曾尝试使民主变为现实。

对民主的普遍信奉伴随着对其结果愈发深切的失望,这一事实我们不能忽视。这种失望不总是以那种讽刺现实主义形式出

---

① 本文出自 *Ordo*, Bd. ⅩⅤ∕ⅩⅥ, 1965, S. 19 – 41, Verlag Helmut Küpper vorm. Georg Bondi, Dsseldorf und München。

此篇文章来自作者 1964 年 6 月 22 日在萨尔布吕肯大学所做的报告,它反映了《法律、立法与自由》(*Law, Legislation and Liberty*)这本书中其中一章的核心内容,当时该书处于写作筹备阶段。该书的绪论以"秩序的种类"为题已发表于 1963 年 *Ordo*, Bd. ⅩⅣ, 1963(此文载于该卷第 32—46 页——编者)。

现,该主义可以反映美国"政治科学"(political science)的一大部分,将民主视为一种不可避免的决定"谁得到什么,何时和如何得到"的权力斗争的形式。毋庸置疑,人们在民主广泛的困境和普遍承认的畸形发展面前的无可奈何处处可见。这已在熊彼特(J. Schumpeter)的著名论点中得到了明确的表达,他认为,市场经济是最有效的经济形式,但注定会毫无希望地消失,而社会主义尽管不能实现它的承诺,也会让大多数支持者失望,但最终还是会实现的。

如果现有的民主代议制宪法让多数的意愿决定什么应该发生,只要我们相信民主,就必须容忍所发生的事情。在我看来,现代的政策,尤其是经济和社会政策的制定,更多的是特殊机制的产物,而非大多数人共同观点的表达——一个我们一致称为代表多数意志的人造产品,但它并不符合任何人的愿望。

若民主机构没有受到一个充满活力的法治国家传统来节制,民主终将成为"极权的民主"甚至是"选举的独裁",这应使我们明白,民主的原本价值并非是那些容易模仿的特定机构,而是某种深入人心的信念①;是的,机构的变质是这一机制内在逻辑的结果,机制如果没有根深蒂固的法观念来引导,必然会出现这种逻辑。在民主的第一阶段,由于服从更高的法(Nomos),被视为个人自由的保护人,从而创造了辉煌,之后即使是在最为成功的民主制度中,多数也会要求在所有特殊事务中按照他们的好恶行事的权利。那么是否有一条道路来防止这一发展呢?

这曾是 5 世纪末雅典民主的命运,也是色诺芬(Xenophon)告诉我们的知名片段。② 人民代表机构的多数用喊声将告诫的

---

① 参见 E. H. Carr, *The Soviet Impact on the Western World*, London, 1947,第 6 页中对英法民主概念区别的精彩描述,他第一次正确地阐明:"异见权——换句话说,对少数的保护——是英国民主的核心;法治指的是推行个人权利以反抗国家。"

② Xenophon, *Hellenica*, Ⅰ,7,12.

演讲者的声音淹没,他们乐于看到这些人无法做到他们想要做的。此外,执政官战战兢兢地同意,对个人处以特殊处罚实行表决,唯一的一个例外便是苏格拉底,他说,无论如何他都不会悖逆法律行事。在下一个世纪里,我们听到了德摩斯梯尼(Demosthene)的抱怨:"法律不再是法令(Verordnungen)了。是的,命令(Anordnungen)中应当被遵守的法律,日后也会成为命令。"①1767年的英国又出现了类似事件,其议会宣称个别措施将不由规则限制,并主张主权不受限制也不能受限制——它也因此丢掉了美国殖民地。

二　民主理想的内容

强制的实施只能发生在公正规则的基础上,且必须被大多数人或者至少是公民多数所认可。这一基本信念在我看来牢不可破。这是社会中人们和平共处的基础,也使和平地更换行使有组织权力的人员成为可能。在那些有必要进行共同行动的地方,多数的意志应起决定作用,而且绝不允许将不被多数赞同的强制力合法化。但这并不意味着,多数的决定就是合法的,或者多数拥有无限的权力,或者必须为能够提出来的所有问题找到一个体现"多数意志"的答案。这里我试着向大家展示,我们已经创造了一种可能使多数同意他们本来不愿意甚至指责的措施的机器,而且该机器可以决定大量这样的措施,这些措施从总体上不会被任何人赞同,甚至任何有能力理性思考的人都不可能会赞同,因为它们本身充满矛盾。

如果所有的强制权力都应该建立在多数意见的基础上,那么它不能超出多数确实一致同意的范围。这当然不意味着一个政

---

① Demosthenes, *Gegen Leptines*, 20.

府的所有决定都需要建立在多数明确决议的基础上：这会使整个现代国家机器的管理变得明显不可能。它指的是任何决定只有在是多数同意的规则的必然结果时，才可对公民产生约束力，而且多数关于具体事物的无限权力只能针对那些为实现特定目的托付给国家使用的物质财富。

授予强制权的最后一个正当理由是：为保持一个社会的正常运转，这种强制权是必要的，由此这种权力的存在对所有人都有益。但这一正当理由不能超出这个必要性的范围。而我们明显没有必要让任意某人——甚至多数——对特殊事物拥有无限权力。从只是多数的决定才可约束所有人，到多数的所有决定都具有约束性，这一步跨越得似乎不大。但这意味着对国家任务观念完全不同的转变：从政府只有特定任务变为政府权力基本不受限制；或者意味着一种体制的转变，即从一种约定的程序决定共同事务秩序的体制，变为一个团体将他们的所有意愿称为共同事务，并将其置于约定的秩序之下的体制。在第一种体制下，人们就必要的共同决定取得一致，并由此成为实现和平的前提，而第二种体制却成为一种压迫的工具。

我们没有太多理由相信，多数会认为其全部要求符合公正，而相反，个人则确会如此认为。我们都很清楚，个人的欲望会和他的正义感发生冲突。作为个人，我们都学过用道德规则束缚我们的欲望，但是为了控制个人欲望，法律有时是必要的。文明的进步主要在于，我们作为个人学着将我们关于特殊事物的要求置于一般性规则之下，这一说法可能毫不夸张。但是多数还没有达到在这个意义上的文明程度。即便我们真的坚信，我们有愿望这个事实能够证明这一愿望就是公正的，我们作为个体也不会去做所有事情！而如果我们坚信，多数与我们在某一个特定的愿望上一致这个事实，证明了我们的愿望是公正的，两者的结果并没有什么不同。我们已经世世代代不厌其烦地告诉民主的多数,所有多数取得一致的地方都符合公正的定义。他们始终坚信,他们的愿望必然都是公正的,而对在具体的情形下这一结论是否正确从来没有表示过质疑,对此我们应该感到吃惊吗?

尽管多数关于一般的法的规则取得的一致是其公正性最好的试金石,但认为多数的愿望必然公正,是对该概念的错误理解。亚里士多德就已知道,一个公正判决的标志在于,法官希望那些他做裁决依靠的基础性规则可以普遍适用。自康德时代以来,我们就应该清楚,与这样一个我们希望得到广泛运用的一般性规则取得一致,至少是所有公正的必要(尽管不是一个充分的)条件。若用于政治决定,这就意味着,只有当多数的一致建立在一种可以毫无例外使用的一般性规则基础上时,这种一致才能成为公正的标志。在处理特别事件时,多数的每个意愿必然是公正的,这一观点使多数不会专断的观念广泛传播。如果人们如现在流行的民主理论那样,将特别决定的来源而不是把就多数赞同的规则达成一致视为公正的标志,那么这必然会带来此种后果。但是,若如当今这样,多数不受一般性规则的约束就可以实行特别措施,就有可能出现像个人那样的专断独行。事实上,目前既没有人质询当今的立法代表机关或者选民,他们是否认为其所决定的措施是公正的,个人也没有机会去查实,相同的准则是否用在所有相似的情况中。既然这样的会议没有用一个决议进行自我约束,那么在实施个别措施时,它也不会受到任何规则的束缚。

三　现行民主机构是通过民主 政府的需求塑造的

我们将两个完全不同的任务都交给民主代表机关完成,这就造成了如今的事态。我们一直称呼这些机关为立法机关，但是它的大部分任务并不是就一般性规则（即我们曾经主要理解为"法律"的部分）取得一致，而是针对处理特殊、具体的事务向政府发出命令。因为这些决议来自于那些我们称之为立法机关的地方，我们便将其称为法律，并因此将它们与公正的一般规则相混淆。①

我们今天希望，且我也有理由相信，那些适用于包含政府在内所有人的一般性法律规则的起草，以及政府事务的掌管，即管理委托于政府的资源，都可以按照民主程序确定下来。但这不一定就代表这两个任务可以放在同一代表机关的手中，也不代表每一个关于具体事务做出的决议必须如一般性规则那样，具有相同的法定效力和尊严。但事实却是如此这般。由于我们不管这一机关的决议是确定了一个一般性规则，还是委托政府实施某一特定措施，都统一称其为法律，我们甚至慢慢忘记，这其实不是一回事。再者，由于代表机关的大部分时间和精力都用在组织和掌管政府机构中，人们不仅慢慢忘记了，立法和执政不是一回事，甚至经常将向政府发出实施行动的指示视为立法的主要任务。更为

————————

① 黑格尔（Hegel）尤其清楚地看到了这一点，在谈到法国大革命时他写道："法国的第一部宪法包含了绝对的法原则，它涉及王国的构成；君主是国家的元首，他同各大臣共同实施行政权力；另一方面，立法机关担任创制法律的事宜。但该宪法自始就包含了一种内部的矛盾；因为立法机关吸收了行政当局的全部权力：国家的预算、战和的决定、军队的征募，这一切都交由立法机关处理。这里必然出现主观意愿的冲突，此外还会有价值观念的对立。总之，事事都会归到法律之下。然而，国家的预算依照其概念并不是法律，因为它要年年修订，它的主管权力机关应该是政府……政府被转移到了议院，正如英国那样，转移到其议会。"见其 *Philosophie der Weltgeschichte*（世界历史哲学），引自其 *Gesellschaft, Staat, Geschichte*, hrsg. F. Büllow, Leipzig, Kröner, 1931, 第 321 页。与后来 80 年之后 W. 哈斯巴赫（W. Hasbach）的遭遇一样，这一观点没有引起人们反对同一机关同时拥有两种权力，而是相反地使人们对民主干涉政府事务提出抗议。这一观点也被视为一种反动的观点，相当不受重视。参见 Hasbach, *Die moderne Demokratie*, Jena, 1912, 尤其是第 17 页和第 167 页。

重要的后果是,代议机关的组织愈发适应政府活动的要求,而非狭义立法的要求。

代议制民主的古典理论学家对政党制度是持怀疑反对态度的,回溯这一点具有启发意义。原因在于,对于他们来说,代表机关的主要任务仍是狭义的立法,而不是掌管政府事务。他们不可能幼稚到不知道,后一个任务需要一个在执行行动纲领时能够取得一致的团体。但在他们看来,执政——即管理特别的、委托于国家的资源——仍可视为代议会议微不足道的、次要的任务。

以为执政规定特别措施代替原本的立法成为代表机关的主要任务,同时,对有组织团体的共同行动的需求也是不可避免的,它确定了现代议会制的全部特点。有效领导政府机构和掌控政府的人力和物力资源,需要一个有组织和行动纲领的多数的持续支持。在这一政府活动中,有必要在其想满足的不同利益中进行选择。但只要涉及政府拥有的有限资源,选择就会不可避免发生在所有政府活动中,但其本身并不特别有害。经验告诉我们,民主政府只有拥有党派组织,才能完成这一任务。此外,当选民可以评判一个政府的政绩时,还需有一个可以为政府承担责任的有组织团体,和一个观察、批评并准备好接替政府的有组织的反对派。但是,这样一个代议会议也会是一个颁布一般性法律规则(即狭义的立法)的合适的委员会吗?

有必要搞清执政和立法的基本区别,至少要明白分权理论学家是如何理解这两个概念的。执政是指对个别事件做出具体决定,以及为了特殊目的确定特殊资源的使用,即便任务是贯彻一般性法律规则,也需要组织一个由特定人组成的机构。在为公民服务这一更大的领域内,大部分资源和目标的选择是依据对合乎目的性的权衡结果来决定的。一条街应该在哪建,一个建筑应保持哪种样式,警察应如何组织,这些并不是公正或对公民实施强制的问题,而是合乎目的的组织的问题。就多数按民主程序做出的决定而言,它们只关乎特定的事项,与一般性规则无关。①

为了共同目标而管理共同资源比只就一般性规则取得一致的要求更多,它要求在特别情况和特定具体目标的相对重要性方面取得一致。只要政府在履行职责时支配特定且分散的资源,它的使用就必须由一些人的具体意愿来决定。自由与不自由的社会区别在于,在自由社会中,这些决定只针对那些明确交由政府处理的资源,而在不自由的社会里,所有资源都可以被任意决定。但是其实现的前提是,在自由社会中,多数仅仅可以对那些按照一般性规则可被共同使用的资源拥有无限权力,而且只有为特定目的才可使用这些资源。而对于公民私人物品的使用,只能把它置于对所有人普遍适用的规则之下。

自从那些我们一直称为立法机关的机构开始接手政府的任务以来,其组织和成员的招募就开始均与这些任务相适应。人们经常说,行政机关若插手立法任务,分权制度会因此受到威胁。这无疑是正确的;但事实上,分权制度比主要作为立法机关的代表机构消失得更早,这一机关早已将掌控政府的权力揽入怀中。分权是指,政府实施的每一个强制措施,都要由一个一般性规则来授权。当我们将民主代表机关对每个行动的授权都视为法律时,其实它与以分权制度为基础的法律观念毫无关系,其只能说明,代议机关在行驶政府职能时未受法律限制。

---

① 这里需要注意的是,如果取严格意义的政府概念,"法的政府"(government of law)和"人的政府"(government of men)的对立就会产生误导。正如经常强调的那样,政府总是特定人群具体意愿的产物。原本的要求是,公民在自由社会中不能屈从于政府,只能屈从于法律,也就是说,政府不能强迫个人做对所有人同等适用的一般性规则所没有规定的事。

四　拥有执政权力的机关不适合　颁布法律规则

我们无疑需要一个民主机关,这里人民可以针对政府任务的问题表达他们的希冀,但为这一目的服务的机关却不适合确立对政府和公民同等适用的规则。这主要因为,这一机关在执政时不会遵守规则,因为它可以随时为其眼前利益制定规则,而且,它们就某一特殊事件做出的每一个决定,都可以自动将与其矛盾的前规则废除。很明显,立法权和行政权相统一不仅背离了分权的理想,还背离了法律下的政府(Regierung under dem Gesetz)和法律的统治(Herrschaft des Gesetzes)的理想。当决定特别事务的团体同时制定对自己有利的法律时,它本身并不受法律管辖,而且,如果将一个特定团体针对某一特别事务做出的决定称为法律,那么肯定也不能称其为法律的统治,即使这是由一个按民主程序选出的代表机关的多数做出的决定。

事实上,这一情况使人们几乎完全忽略了一般性规则意义上的法律和表达一种威权化机构之意志意义上的法律之间的区别。将法律当作立法机构按规定做出的所有决议,这一观念完全是西方世界这些特别民主制度的产物,而人们忽视了这两种法律的区别,则是这些民主制度得到推进的结果。①

当一个会议的主要任务是对特别措施做出决策,或监管做大多数决定的行政机关时,它没有动力或兴趣遵守一般性规则。这一会议可以将它做出的所有决定随时适应于当前政府的要求,而且在通常情况下也可适应政府的愿望(即一个组织的愿望,而非

---

① 当卡尔·施密特(Carl Schmitt)正确地指出,民主和法治国家不一致时,其主要针对的是那种所谓的立法机关既确立一般性规则又指挥政府的民主形式。

将社会视作整体的自发秩序的愿望①）。在这种情况下，公正规则成为政府活动的副产品，并为之服务，它并没有为政府的权力规定界限，而是逐渐增强其权力。

民主监督政府活动和通过法律对所有政府权力进行限制是不同的理想，若这两个任务落到同一个代议会议手中，二者则无法同时实现。如果这两个理想可以实现统一，那么它们也不是统一于一个正式的宪法文本中，而是借助于法治国家的牢固传统之影响而有时同时占据统治地位。而现行机构的趋势却在摧毁这一法治国家传统。

18 世纪末，英国社会哲学家威廉·佩利（William Paley）在谈到英国议会时说道："它不考虑其制定的法律会影响到什么人，不会让任何事件和党派影响自己，不会服务于任何个人目的：其结果是，它的决议通过对普遍作用和趋势的考量得来，这种情形会带来非党派的、大多有益的决定。"②这是那时的一种理想化的想法，只要代议机关首先被视为立法机关，且立法者的任务还未与政府任务纠缠不清，那么它就是一个值得普遍信仰的理想，而且，议会成员仍可被视为普遍利益的代言人，而非特殊利益的代言人。尽管政府依赖于议会成员多数的信赖，这也不意味着必须基于一个行动纲领组织出一个多数派。至少在和平时期，大多数政府活动都是例行事务，没有必要要求比预算更多的授权。相反，预算是下议院对政府施加影响的主要工具。

五　多数无限权力的后果

当我们观察一个有组织的多数如何共同行动时，就会明显看

---

① 参见我被 *Ordo*，Bd. XIV，1963 引用的文章。

② William Paley，*The Principles of Moral and Political Philosophy*，London 1785，1824，p. 348.

到现行体制的必然后果。民主的理想从多数共同意见出发,而通常情况下,党纲的形成很少与共同观点相关。党纲是基于讨价还价的利益集合,而非来自于不同意见的协调一致。由于党纲首要关注政府如何为了特定目的使用其掌握的物质资源,所以其基础通常是,一个团体同意给予另一个团体某种好处,作为其同意自己某些做法的回报。

认为党纲在某种意义上表达了多数的共同观念,这完全是一种幻想。没有人想得到纲领中所吸收的所有事项,通常来说,党纲中会有许多矛盾之处,这使得一个理性的人不会想要同时得到它们。鉴于这一纲领的形成过程,若它不是不同团体的互不相关的要求之叠加,那么也可以称之为奇迹了。大多数选民对于这个纲领的多数内容没有自己的意见,因为他们对事实知之甚少。对于其他事项,他们要么冷淡要么趋向于反对,但是他们又无法完全体会或者相信这类事项反正是要做的。他们能做的只是尽可能高价出卖自己的赞成票。对于个人来说,在党纲之间进行选择总是在选择不幸,也就是说,他要选择的是为哪个获取利益的人买单;而无论哪个党派上台,他要承担的负担并没有什么不同,这时,他能从中获益多少就成为其主要关切。

如果我们从党魁的角度观察,党纲的纯叠加特点最明显。党魁追求的主要目标与其个人利益息息相关。但是,不管其最后目标是什么,为了实现它,他都需要权力,这意味着他需要人们的支持,而这些人与党魁的主要目标有很少或根本没有关系。为了使自己的党成为多数,党魁必须给一些团体足够的好处,好让他们为自己投票。而对于每一个利益团体来说,党派的目标只是它们为了满足自己的要求必须同意的条件。结果就会出现一个"众人利益均沾"(something for everybody)的纲领,而众人的支持则是必要的前提。

有必要争取一个多数来支持党纲,常常使处于战略有利地位的较小团体赢得在其他情况下没有人叫好的特殊利益,这已经是人人皆知了。如农业在美国(也可以是其他国家)就处于这样的地位,它能起到四两拨千斤的作用,因此被所有党派所争取,这样的特例在现代民主国家中不下百次地重复着。这些团体可以得到它们要求的利益,这当然与多数坚信其要求的公平正义性无关,只是因为若没有这些团体的支持,多数也许就不能再称为多数,多数的成员因此也无法实现自己的目的。

作为政治行动纲领建立基础的这种协调一致与证明民主正当性的多数意见明显不同。在一系列肮脏的交易中,A要求的满足是B要求得以满足的回报(通常还以牺牲C为代价),它们意味着相关参与者在利益基础上的有效合作,而非总体结果符合期望的一致。

有组织的利益团体对国家机器的掌控经常被指作权力滥用或腐败,这是一种体制的必然结果。在这一体制中,多数拥有规定具体措施的无限权力,因为为了满足多数成员的要求,这些措施非常必要。拥有这一权力的政府不会放弃该权力,并且会抓住它不放。我们没有批评政治家的权利,因为是我们把他们置于其现在的位置,他们只是做了在其位肯定会做的事。而对具体措施拥有无限权力的多数若要保有这一权力,必须给予特殊利益者好处。

狭义上的政府需管理特定资源,它们在某种程度上总是具有上述特征。如果将管理委托于政府的资源与制定行动规则混为一谈,且管理国家资源的人又确定国家可以拥有何种资源,那么后果将非常严重。通过给予利益团体其急切需要的东西,那些需要确立法规则的人才能保有自己的地位。这意味着,他们掌握了社会的所有福祉,并以此来做有利于自己政治目的的事。当被选中的共同资源管理者受到法律监督,且无法更改法律时,他们虽然还需要满足利益团体的要求,但他们无法使用受其支配以外的资源,而其可支配的资源需按一般性规则和共同目标确定。若这些人可以按照自己的意愿随意更改一般性规则,并预见到其对特定利益的作用,那么他就会被迫将国家和全社会的资源提供给自己的选民,以满足他们的要求。所以,只有限制民选政府的权力,才能防止其服务于特殊利益。一个政治家相信其拥有消除一切不满的权利和义务的政治体制必须要结束让所有事务都受这些政治家操控的局面。对于一个政治家来说,若他满足不了某个愿望,他唯一的有效辩解应是,这不在他的权力范围之内。因此,若那些将国家资源用到特殊目的的人不受一般性规则的约束,没有一个体制能摆脱成为有组织利益团体工具的命运。

六　就一般性规则与就特别措施达成一致

在一个大型社会中,没有人可以获悉或掌握所有事务,而政府的一个决定就可以对其产生影响。在这一社会中,每个成员的认知范围仅限于整个关系体系(英语"patterns")中的一小部分,但是其构建这一部分的愿望不可避免地会与他人的愿望相冲突,因为他人了解的部分是不同的(当然也可能出现相互交叉的部分)。尽管没有人在其行事范围内会关心整个社会的每一细节,但个人的具体愿望却是相互关联的,若真要达成一致,必须协调好这些愿望。只有对适用于所有情形的一般性规则达成一致,才能扩大个人的认同范围,并使其以总体秩序为重,放弃他的某些特殊要求。所以我们说,只有对一般性规则达成一致,才能避免出现冲突,而在没有就一般性规则达成一致的前提下试图对特殊事项达成一致,冲突是不可避免的,这一洞见以前就有,然而大多数人已经忘记了。

因此,在一个大型社会或至少是这一社会的确定多数中,首先对一般性规则达成真正一致,而就个别事务达成的一致仅发生在多数成员可以知悉的少数事例上。更为重要的是，一个社会的总体秩序是可以实现广泛关联且没有矛盾的，前提是其在渐次做出决定时遵循一般性规则，且不允许多数打破这一规则——除非它已制定好新规则来代替旧的规则，且在未来遵守这一新规则，不允许任何例外。

在某种程度上，这一情况同样适用于个人渐次做出的决定，它要求这个人理清复杂的、无法从总体上掌握的事态。进一步来说，只有在个人做决定遵循同一原则时，他才能实现总休秩序，当然，这一情况也适用于所做决定能够满足多个个体要求的更高层次上。多数情况下，关于个别问题的一系列表决不会产生一个任意个体都赞成的总体结果，它没有内在的因果关系，它甚至无法成为一个任何个体都认可的妥协。

会有部分人不满意民主决策程序的结果，他们会要求一个掌控国家活动的总体计划，但这一在最开始就企图规定所有细节的总体计划却无法解决真正的难题。如大多数人设想的那样，这样一个总体计划大多数只是单个决策之和，而所有这些决策抛出的问题都是相同的。一般说来，这样一个计划的结果往往是，它没有成为具体措施好坏衡量标准的产物，而是本身成了这样一个标准的替代。

事实上，在一个大型社会里，不仅就某种普遍原则存在着真正的多数意见，且多数可以行使关于总体秩序的有效权力。其前提是，多数只能限于确定普遍适用的原则，且当个别结果不合其愿望时，它不能干涉这些结果赖以产生的具体秩序。多数有关个别事情的愿望（与个人的一样）经常与多数希望普遍适用的规则相冲突，这里并没有什么矛盾之处。作为个人来讲，我们至少有可能永远遵守我们为自己确定的规则，但是，拥有无限权力的多数的成员不敢肯定，未来的多数就一定会遵守现在的规则。我们作为个体都知道，自己愿望的实现不是无条件的，也就是说，只有不违背一般性规则，我们才能尝试去实现它。然而，只要国家提供给我们特殊利益，且他人也赞同，我们就将其使用视为合法，尽管我们倾向于不准任何人得到特殊利益。因此，选民或者议员经常赞成特别措施也就很正常了，尽管在拥有相应权力的前提下，他们倾向于阻止这类特别措施的发生。[①] 只要没有对那些能够决定这类特别规则人的约束，他们就必然会一直同意这些特别措施，而一个颁布一般性规则的机构则会永远禁止这些措施。

宣称关于一般性规则达成的一致多于关于特别措施达成的一致，这似乎与人们的一般经验相矛盾，因为通常来说，在会议上更容易对个别事项达成一致，而非一般性规则。尽管这可能是正确的，它的内容也并非是乍看的那样。事实上，我们只是不完全清楚那些可以使不同人在面对个别情况时采取相同决定的一般性规则，也就是说，我们从来未用语言将它们表达出来，因为这些规则的表述是一个极其复杂的任务。我们通常（并非总是）在个别问题时能够达成一致，因为同一原则引导我们的思维，常常只有通过分析那些我们达成一致的个别情况并确定它们的共同特征后，我们才可以发现这些原则。最初面对争执情形的不同人群，一般最后都会对该情形的是非产生一个同样的判断，这只能说明，他们受到同一原则的引导，尽管他们没有能力用语言来表达它。人们只需观察在这些情形中用来说服他人的论据，就可以证明这一观点。这些论据不是援引一般性规则，就是指向在这样的规则下重要的事实。重要的是，个别情形是类似情形种类的一部分，因此也就处于适用于这些情形的规则之下。如果规则可以用语言来表达的话，发现一个我们可以取得一致的规则就始终是对特别情形取得一致的前提，而对于这一情形我们的观点最初往

---

① 瑞士的全民公决的经验为我们提供了许多例子，即多数人经常会拒绝一些措施，而热衷于再次当选的政治家却认为这些措施政治上是不可避免的。

往不同。

七　对"主权"的理性主义迷信

多数有权做其想做之事的观念与人民主权这一诱人概念紧密相关,其缺点不在于认为最终权力掌握在多数手中,而在于认为存在着一个无限权力,即主权的观念。这被证明是一个理性主义迷信,因为无限的最高权力实际上并没有想象中的逻辑必然性。主权观念是所有社会机构的建构主义解释,它的根据是人类主观有意识的决定塑造了所有这些机构。社会形成的基本事实并非是人们有意识地制定特定的基本规则,而是人群在判定是非时——无意识地——遵照一个一般性规则行事的结果。在每一个被表述出来的法与有组织的政府存在之前,若没有这样一个共同观念,则无法形成一个大型社会。

没有必要存在一个无限的最高权力,因为所有权力最终都要建立在人们的意见之上,并且始终伴随它们。主权的概念是一种逻辑建构的结果,它能够从一个统一的、以其为中心的意愿出发发展出各机构。然而,我们还从未见过类似情形发生。一个自由社会不会假定权力是无限的,或者要求某人必须有权力做其想做之事。相反,它假定所有权力(即使是多数的权力)必须受到限制,且若不存在真正的一致同意,也将不存在权力。因此,我们提出的首要问题,并不是谁拥有这样或那样的权力,而是是否存在这一权力的基础,而所有权力的最终基础并不是某人的意愿,而是有关公平正义规则的意见一致。因此弗朗西斯·培根(实证主义法学派开创者)的经典名言"一个至高无上的权力无法善终自身,性质上可撤销的权力也不会不可更改"[1]也是误导人的。权力

---

[1]　引自 C. H. McIlwain, *The High Court of Parliament*, Yale University Press, 1910。

并没有一个最终来源，而是建立在共同信念的支柱之上，且无法超出这些信念。就算有意识的决定的最终来源无法限制自己，就权力的本质而言它也仍然是有限制的。

直到 16 世纪、17 世纪的理性主义发展了被民主接受的专制主义理论基础为止，西方世界从未有人要求无限权力。毫无疑问，连中世纪的统治者也无法得到这种无限权力，而且他们也没有这样的要求。这一要求伴随着专制主义而来，而历史的一大讽刺是，正是后来的民主用合法性为这一要求披上了光亮的外衣。

多数拥有至高无上权力的观念是民主理想的退化表现，这一衰退出现在民主长期存在的所有地方。然而，它根本不是民主原则的必然结果，而是一种错误观点的必然结果，即确定多数意见的特定程序必须给予所有可能的问题一个答案，且这一答案需反映多数的意见。这一错误导致了奇怪的信仰，即现行的民主程序总会产生最佳的共同结果，因为其被定义为这一特定决策程序的必然结果。但是如果我们考虑到，不同的但同样正规的决策程序会产生不同的结果时，这一信仰的荒唐性就会马上显现。

八　人民代表机关中两个不同任务的必要分离

代议民主的古典理论认为，立法和行政的分离与民选代表机关和由其指派的行政权（或者美国的通过直接选举产生的行政首长）的分离必须同时发生，只有这样才能实现其目标。但是，由于代议机关必然会直接干涉政府事务的掌管，两种职责也因此相互混淆，这一理论并没有实现其目标。此外，由此还会创造出一个新的绝对权力，而它完全违背了原本的民主理想。

我们已经看到，对政府机构事务和委托于政府的物资管理的组织和引导与制定对公民和政府同等适用的规则，是两个完全不同的任务。若它们落于同一个代表机关手中，则会产生一个新的无限权力,且这一权力会变得愈加不受限制。

虽然现在狭义上的政府任务不受严格规则的束缚,但若不让其毁掉自由,在其具体实务范围(sachlicher Bereich)内必须对其施加限制。在一个自由社会里,若一个权力机构不局限于有限的具体实务范围,那么只能限于让它颁布对政府也同样适用的一般性规则,而决不能让它享有行政权力。自由社会中的最高职权只有通过如下手段取得合法性:强制的使用只能建立在公平正义的一般性规则基础上,也就是说建立在从意图上来看适用于所有符合其前提的情形的抽象规则基础上。实现这一点需要建立相应的机构,在其中一般性规则相对于针对特别情形采取的决定总是占据上风,尤其是由一个小的多数确定的一般性规则可以阻止一个大的多数在特殊情形下打破这一规则。

上述两个任务的不同之处在于:第一个任务,即真正的立法,主要应从长远角度出发,并确立基本观念。第二个任务,即原本的政府任务,从本质上来说着眼于短期,并应适应人民短期的愿望与需求。

我曾经在他处略述过一个建议①,就是出于上述考虑。简单地说,我们要使用几乎普遍存在的两院制。其中一个代表机关只能用原本意义上的立法(即颁布一般的、无例外适用的规则)来使针对公民使用的强制正当化,而原本意义上政府事务的掌管则要交给第二个议院。为了使这一体制生效,两个议院必须按照不同的原则实行民选。在立法会议中,我们不需要有组织的利益代表团体或者党派,立法会议应致力于长期任务,其代表任期必须要

---

① 该建议的论述出现在一篇题为"法、法律和经济自由"(Recht, Gesetz und Wirtschaftsfreiheit)的讲话稿中。这篇讲话稿作于 1963 年 4 月 22 日,那时正值多特蒙德工商协会 100 周年纪念日;它曾被该协会和 1963 年 5 月 1 日、2 日的《法兰克福汇报》(Frankfurter Allgemeine Zeitung)发表。在《法兰克福汇报》中它的题目被编辑部定为《法保护自由,法律杀死自由》。该讲话稿包含了作者一部著作的基本思想,这篇文章也作为这部著作的一章出现(上述文章载于本书第 55 页——编者)。

长(比如 15 年),且每年都要重新选举 1/15 的代表,任期届满后的代表不可再被推选,以保证他们与任何党派无关。相反,政府会议基本上可以按照现行办法基于党派原则构成,且可以在较短期间内通过普选更新。

　　我当然不认为,在部分实行民主的国家里,这一宪法改革能够在可预见的时间内实现。但是一个理想的清晰表述具有北极星那样的指向价值,尽管实现这一理想现在看来还不太可能。此外,我们还有一个问题:在世界部分地区,当前形式的民主仍被视为不可行,因为其缺少使其运转的传统,也许在那里,可以推出制度上的防范措施来替代这个传统。一位美国人曾经发现,现在的问题不再是"为了民主而让世界安全"(to make the world safe for democracy),而是"为了世界而让民主安全"(to make democracy safe for the world)。要完成这一任务,我在这里提出的建议可以做出一分贡献。

理性主义的类型①

一

在对我们时代的某些主要信念进行评价时，我有时不得不做出困难的选择。往往有这样的情况，某些十分特殊的主张，却冠以很漂亮的名称，从较为寻常的含义上说，这些名称本来应该用来描述那些完全有必要的，并且得到普遍认可的行为。我认为必须予以反对的那些特殊主张，经常是出自这样一种信念：假如某种态度通常是有益的，那么无论把它用在何处，必定也总是有益的。我在思考"计划"这个词时，首次遇到了批评流行信念时因这种态度而造成的困难。做事应当三思后行；为了明智地安排自己的生活，我们应当在行动之前对自己的目标做到心中有数，这看起来都是十分浅显易懂的道理，因此很难让人相信，对计划的要求会是错误的。例如，一切经济活动，都是为达到全部竞争目的而就资源利用做出的有计划的决定。因此，一个经济学家从最一般的意义上反对"计划"一词，就显得特别荒谬。

但是在20世纪二三十年代，人们逐渐从更为狭隘、更为专指的意义上使用这个好字眼。它成了一个公认的口号，不再是要求大家明智地计划自己的经济活动，而是要求全部经济活动按照中

① 1964年4月27日在东京Rikkyo大学的演说，刊于 *The Economic Studies Quar-terly*, Vol. XV, 3, 1965。

央权威制定的计划进行集中管理。结果是"计划"变成了集中控制的集体主义计划,有关是否实行计划的讨论,也无一例外地集中在这个问题上。中央计划论者为了自己的阴谋而盗用"计划"这个好字眼的情况,给反对他们意图的人造成了十分棘手的问题。他们是努力维护这个好字眼的合理用法,坚持自由经济取决于许多个人的分别计划,因此使个人在计划自己的生活时可以享有比中央计划制度下更大的活动范围呢,还是应当接受已得到公认的狭隘含义,干脆把批判的矛头指向"计划"?

无论是对是错,尽管我的朋友们可能会感到不快,我还是认为,事情已经做得过头了,再去维护合理的用法已经太迟了。正像我的对手不加区分地赞成计划(这是指对一切经济活动进行的中央计划)一样,我也把批判直指"计划",姑且让我的论敌从这个好字眼中占些便宜,指责我反对利用我们的理智安排自己的生活吧。不过我依然相信,为了剥去那些已经变成行话的东西的高贵外衣,有必要对"计划"进行这种正面攻击。

不久前,我在被神秘化了的"社会的"(social)这个词上也遇到了类似的困难。就像计划一样,它也是我们这个时代一个时髦的字眼,从"属于社会的"这个本来的含义上说,它本来可以成为一个十分有用的词。但是在现代用法中,例如在"社会公正"(social justice,人们会误认为所有的公正都是一种社会现象!)这种说法中,或者当我们的社会义务同单纯的道德义务发生对立时,它却成了我们这个时代最含糊、最有害的词汇之一。它不但内容空洞,使人可以随心所欲地使用它(譬如德语中的 soziale Marktwirtschaft——"社会市场经济",或 sozialer Rechtsstaat——"社会法治"),甚至使所有与它联系在一起的词语也失去了任何明确的含义。这迫使我采取了反"社会的"立场,我要证明,细察之下,社会公正的概念纯属无稽之谈,它只会唤起头脑清醒者应当避免的幻象。但是,我对我们时代的圣像之一进行的攻击,又一次让许多人把我视为不负责的极端分子，对我们的时代精神毫无同情之心。

这类好字眼的另一个例子是"实证的"或"实证主义的"，如果不赋予它特别的含义，我乐于用它来表示我的立场。然而，由于它获得了特殊的含义，它也造成了这样一种状况，使我不得不把这个十分好的称呼留给我的对手，结果我发现自己成了"实证主义者"，尽管同自封为实证主义者的理论相比，我所捍卫的东西倒更像是实证科学。

二

现在我被卷进了另一场意见冲突之中，不做大量的解释，我已不敢再一如既往地说话。我所信奉的社会哲学，有时被称为反理性主义。至少在以下这种场合我是被如此称呼的：我本人同另一些人一样，在谈到我的思想先辈曼德维尔（B. Mandeville）、休谟和门格尔时，偶尔也使用反理性主义一词。但是它引起了如此之多的误解，以至现在我觉得它成了一种必须避免的危险而错误的说法。

我们再次需要应付这样一种局面：一群思想家自以为是地宣布了好字眼唯一正确的用法，于是得到了理性主义者的称号。凡是在理性的正确用法上同他们意见相左者，难免会被扣上"反理性主义者"的帽子。这会让人觉得，后者对理性抬举得不够。其实，他们对如何使理性更好地发挥作用是十分关心的。他们主张有效地使用个人的理性，去调节诸多理性动物之间的关系。

在我看来，存在着这样一种理性主义，由于它不承认个人理性的能力有限，反而使人类理性没有发挥应有的作用。这种理性主义是比较晚近的现象，虽然其根源可以追溯至古希腊哲学。但只是到了16、17世纪，特别是在法国哲学家笛卡尔为它构筑起基本信条之后,它的近代影响才开始出现。主要是由于笛卡尔的缘故,"理性"一词才改变了含义。对于中世纪的思想家来说,理性主要是一种认识真理,特别是道德真理的能力[1],而不是根据明确的前提进行演绎推理的能力。他们十分清楚,文明中的许多制度,并不是理性的发明,而是同所有的发明相反,是他们称为"自然"之物的产物,即自然而然出现的事情。

这一更早的自然法学说认为,文明中的许多制度不是人类特意设计的产物。针对这一学说,培根、霍布斯(Hobbes),尤其是笛卡尔(René Descartes)等人的新理性主义认为,一切有用的人类制度都是,而且应当是自觉的理性特意设计的产物。这种理论被笛卡尔派理解为"esprit geometrique"(几何学精神)———一种从若干确定不移的前提,通过演绎过程达到真理的精神能力。

在我看来,这种幼稚的理性主义最恰当的称呼应是理性建构主义(rationalist constructivism)。自那时以来,姑不论这种观念在技术领域取得了多么伟大的成就,却给社会领域造成了难以估量的灾害。把这种观点称为"建构主义",我便又一次把一个好字眼拱手让给了敌人,不过我认为,19世纪最伟大的自由主义者之一格拉德斯通,已经从这个明确的含义上使用该词。他用这个词来称呼的那种态度,我过去无以名之,只好把它叫作"工程型头脑"(engineering type of mind)。现在我则认为,在理论界时常与我所说的"唯科学主义"有关的实际态度,最确切的称呼就是"建构主义"。[2]

这种观点在17世纪的兴起,实际上意味着思想又回到了早

---

[1] 参见 John Locke, *Essays on the Laws of Nature*(1676), ed. W. von Leyden, Oxford, Clarendon Press, 1954, p. 111:"不过,所谓理性,我想它在这里并不是指形成思维训练和演绎证明的理解能力,而是指某些明确的行为原则,所有的优秀品质和养成正确的道德所需要的一切,都是由此而来。"

[2] 参见我的 *The Counter-Revolution of Science*, Glencoe, Ⅲ., 1952。

期的幼稚方式,回到了这样一种观点,它习惯于假定,人类的一切
制度都有一个发明者,不管这制度是语言或文法、法律或道德。
笛卡尔的理性主义对历史演化的力量视而不见,这绝非偶然。它
宣布,适用于历史的观念,也是适用于未来的纲领:对自己的行为
了如指掌的人类,应当运用理性所赋予的设计能力,按部就班地
创造一种文明。这种意义上的理性主义假定,使人类获益的一切
制度,过去是因为清楚地知道它们的好处而被设立,今后也应当
如此。只有当我们能够证明它们在特定条件下产生的具体效果,
优于其他制度产生的效果时,才可以对它们表示赞同和尊重;我
们天生就有能力这样来建立我们的各种制度;我们认为这些制度
可能的结果优于其他结果,而且会全部实现;既然自觉地思考一
切因素,会使结果比自发过程产生的其他结果更为可取,因此我
们的理性绝不应再诉诸自发的或机械的方案。正是从这种社会
理性主义或建构主义中,产生了现代社会主义、计划和极权主义。

三

　　现在我们的问题可以用一个提问来说明:人类的文明,是像
笛卡尔派理性主义所设想的那样属于人类理性的产物呢,还是另
有来源?我们是否应当把人类理性视为文明的产物,而这文明并
非出自人类有意的设计,而是从一个进化过程中成长起来的?这
大概是个"先有鸡还是先有蛋"的问题——谁也不会否认这两种
现象在不停地相互作用。但是,笛卡尔派理性主义的典型看法却
是,它顽固地坚持第一种解释,坚持事先就存在着设计各种制度
的理性。从"社会契约论"到法律乃国家创制的观点,直至制度既
由我们所建、我们也可随意变革的观点,我们现时代的全部思想,
都受着这一传统的扩散所造成的影响。这种观点的另一个特点
是,它没有给正确的社会理论留下一席之地,因为社会理论的问

题是来自这样的事实:个人的努力的确经常产生着某种制度,它虽然既非出自人们的意图也出乎他们的预料,却是人们实现自己的追求不可缺少的。

值得一提的是,社会理论家,尤其是经济理论家,过去二百年里在这方面的努力,今天已出人预料地得到了社会人类学这门新兴学科的验证。它的研究表明,在许多领域,原以为是由理性所创立的东西,其实都是进化与选择过程的产物,这一过程同我们在生物学领域的发现十分相似。我把社会人类学称为一门新兴学科,其实它不过是在继续着曼德维尔、休谟和他们的苏格兰哲学传人已经开始的工作,只是由于他们的后继者日益囿于狭隘的经济学领域,这一工作才被人们遗忘了大半。

从更普遍的表现形式看,这一发展主要是形成了这样一种见解,它认为,即使是人类的思维能力,也不是个人的天赋,而是一项文化遗产,它不是通过生物学的渠道,而是经由示范和教育的手段,主要是经由语言教育,才得以延续。我们幼年时学到的语言,决定着我们的思维方式和我们对世界的观察与解释,其程度远大于我们所能了解的范围。不仅先辈的知识经由语言媒介传递给我们,语言结构本身也包含着某些关于世界性质的观点。通过学习特定的语言,我们获得了一种世界观,一种我们进行思维的框架,我们与它相伴而行,但并没有察觉到它的存在。我们在儿时便学会了按照我们并不十分明白的规则运用语言,因此我们在学习语言时,不但学会了按照语法规则行事,而且学会了按照许多解释世界和适当处世的规则行事。这些规则指导着我们,但我们从未明确地表述过它们。这种隐蔽的学习现象,显然是文化传播最重要的组成部分,并且也是我们至今仍不十分清楚的组成部分。

四

　　我刚才指出的这个事实可能意味着,我们的全部思维都受着不为我们所知的规则指导,因此我们自觉的理性只能解释决定着我们行为的一部分环境。理性思维只是指导我们的因素之一,这一点当然早已得到承认。它表现在这样的学术名言中:ratio non est judex, sed instrumentum——理性并非法官,而是工具。但是,只有在大卫·休谟(针对当时的建构理性主义)论证了"道德原则并非我们的理性产物"之后,对这一点才有了清醒的认识。这当然适用于我们的所有价值观念,它们不受理性的支配,而是理性所服务的目的。这并不是说,理性在解决价值冲突上毫无用处,一切道德问题都是价值冲突造成的问题。可是,只要更为细致地分析一下我们如何解决这种冲突,便可再好不过地证明,理性的作用是有限的。理性只能帮助我们认清我们面对哪些选择,哪些价值之间存在着冲突,或它们中间的哪一个是真正的终极价值,以及像经常出现的情况那样,哪些价值仅仅是中介性价值,其重要性取决于它们是否服务于其他价值。不过,理性一旦完成了这项任务,便再也帮不上我们的忙了。它必须把它为之服务的价值视为天经地义。

　　但是,有些价值要服务于科学分析能够发现的功用或"目的",则属于另一种情况。如果我们更严密地考察一下在揭示我们为何信奉某些价值方面所做的这些努力,将有助于我们进一步区分出某些类型的理性主义。在这些有关道德原则的理论中,最著名者莫过于功利主义了。它以两种形式出现,再好不过地表明了讨论价值问题时合理地运用理性与无视理性力量之固有限制的错误的"建构论"理性主义之间的不同。

　　功利主义最初的合理形式,也就是出现在休谟著作中的形式。他强调说，"在创立道德原则上，理性本身是绝对无能为力的"。不过，他同时又坚持认为，恪守那些并非由哪个人发明或设计出来的道德和法律原则，是人们在社会中有所成就的基本条件。他证明，某些抽象的行为规则占了上风，是因为采纳了这些规则的团体发现，如此做可以更有效地维持自己的生存。在这一点上，他尤其强调了一种制度的优越性，这种制度是因为大家都服从同样的抽象原则而产生的结果，即使他们并不理解这种原则的含义。如果每个人都奉行权宜之计，都对特定的行为后果做周密的考虑，这种做法与上述秩序相比，就要逊色多了。休谟所关心的，不是从特定行为中可以看到的任何好处，他只关心普遍采用某些抽象原则带来的好处，至于遵守一般性原则而产生的眼前结果，并不一定都是可取的。他的理由是，人类的智力远不足以理解纷繁的人类社会的一切细节，细致入微地安排这种秩序，是我们的理性不堪胜任的，这使我们不得不满足于抽象原则。进而言之，仅凭一个人的智力，也无法创立最适当的抽象原则，因为随着社会的成长而逐渐形成的原则，体现着众多尝试与失败的经验，实非某个人的头脑所能获得。

笛卡尔传统的学者，如爱尔维修（Helvetius）和贝卡里亚（Beccaria），或他们的英国传人边沁（Bentham）、奥斯丁（Austin）以至莫尔（C. E. Moore），却把这种一般的功利主义（generischer Utilitarianismus）变成了看重实效的特殊功利主义，前者所探究的，是在世代相传中形成的抽象原则所体现出的优点，后者的最终结论则是提出这样的主张：对每一个行为，都应在充分了解其可见后果的情况下加以判断。这种观点到头来有可能使一切抽象规则遭到废除，人们会因此而宣布，人类在充分掌握了一切相关事实之后，能够建立起一种把一切细节都安排得当的理想的社会制度。休谟的生成论功利主义所依靠的，是承认我们理性的局限性，希望借着严格遵守抽象原则，使理性发挥最大的作用，而建构论的、看重实效的特殊功利主义,则相信理性能够直接操纵复杂社会的全部细节。

<h1 style="text-align:center">五</h1>

　　由于不同的理性主义对待抽象原则的态度一再成为混乱的根源,故需要给予较充分的讨论。说明它们的差别,最好的方式莫过于指出,承认理性力量有限的人,希望在复杂的人类事务中至少建立起一定程度的秩序,以此来发挥理性的作用,因为他们知道,要想掌握这些事务的全部细节是不可能的;而建构论的理性主义者看重抽象能力,仅仅是因为可以把它当作决定细节的工具。在前者看来,正如托克维尔(Tocqueville)所言,"普遍性观念并没有证明人类智力的强大,恰恰相反,倒是证明了它的不足"。而在建构论的理性主义者看来,它是使我们掌握无限力量以支配细节的工具。在科学哲学中,这一不同表现在持后一观点的人所执的信念中,他们认为,对理论的价值进行评判,必须根据其预测特定事件的能力,也就是说,要看我们是否有能力用足够多的具体事实,对理论所提出的普遍模式加以充实,以便使它的具体表现得到说明,尽管有关某种模式将会出现的预言也有可能是错误的。在道德哲学中,建构论的理性主义有着对遵守抽象的死板原则的一切行为给予蔑视的倾向,以为只有建立在如下决定上的行为,才是真正理性的行为:对每个具体情况都"按其利弊得失"加以判断,在对不同的可能性的已知结果做出具体的评价之后,再从各种选择中加以取舍。

　　显而易见,这种理性主义使人们认为,个人只应服从他对自己追求的特定目标做出的评价,因此它肯定会毁掉所有的道德价值;它也倾向于根据所追求的目标为一切手段进行辩护。晚期的凯恩斯爵士在一篇自传性文章中,很好地描述了这种理性主义造

成的思想状态。在谈到他和他的朋友在 20 世纪初所信奉的观点
(显然也是他本人在 30 年后仍然信奉的观点)时,他写道:

> 　　我们彻底摈弃了我们应遵守一般规则的个人义务。
> 我们宣布,有权按照每种情况的利弊得失去评判它们,
> 而且宣布,自己有智慧、有经验、有自控能力去做好这件
> 事。这是我们偏激而充满进攻性的信念中十分重要的
> 一部分,在外人看来,这是我们最为明确的危险标志。
> 我们完全抛弃了道德上的陈规陋见和传统智慧。也就
> 是说,从反道德论者这个词的严格含义上说,我们正是
> 这种人。发现事物的结果,当然要考虑它们的价值。但
> 我们不承认自己承担着道德义务或内心的约束去顺应
> 或服从别人。我们在上帝面前宣布,我们就是自己事务
> 的法官。①

应当看到,这段话不但意味着拒绝传统的道德准则,并且是
拒绝服从一切有约束力的抽象行为规则,不管它是道德准则还是
别的什么准则。这等于说,人类的智力足以安排好自己的生活,
无须依靠一般性规则的帮助。换言之,人对一切可能的行为后
果,都能做出翔实而可靠的评价,对整个环境都能做到充分的认
识,因此有能力成功地调整自己的行为。显然,这一论点中包含
着一个有关我们智力的异常大胆的假设,但也包含着对我们生活
于其中的世界全盘错误的认识。它对待我们的实际问题的方式,
看起来仿佛是我们对一切事实都了如指掌,掌握事实的任务可由
智力一手包办。不少现代社会理论,恐怕都会因这种谬论而失去

---

　　① J. M. Keynes, *Two Memoir: Dr. Melchior; A Defeated Enemy and My Early Beliefs*, Intro, by D. Garnett, London, Rupert Hart-Dais, 1949, pp. 97-98.

价值。我们生活中一个不争的事实是,我们并非全知全能,我们每时每刻都要根据自己过去不了解的新事实来调整自己。因此,预先就做出周密的计划,使其中的每一个行动都配合得当,如此来安排我们的生活,乃是不可能的。

人事无常,前途难测,这是我们生活中恒常的事实。因此我们对于自己的事情,不可能全都做到未雨绸缪。我们要想使自己的生活多少有些条理,唯一的办法就是采用一些抽象的规则,并在面对新情况时严加遵守。我们的行为形成前后一致的合性模式,并非因为它们是一个周密计划中的一部分,而是因为我们在不断做出决定时,用这些抽象规则限制着我们的选择范围。

在使我们的生活条理化上恪守规则虽然十分重要,这些抽象规则与建立全面秩序之间的关系,却很少有人研究,这未免令人不解。我们当然清楚,我们实际上知道只有照章办事,才能使相继产生的行为有一定连贯性,我们在生活中采纳一般性规则,不仅是为了免除对经常遇到的问题一再加以思考的麻烦,主要还因为只有这样做,我们才能够产生出像是一个理性整体那样的事情。对于每个决定所遵行的抽象规则,由此产生的抽象的整体模式之间的关系,我在这里不打算做更为系统的讨论。不过我必须简短地指出十分重要的一点。我们若是想以此方式使我们的所有事务井然有序,我们就得要求自己在任何情况下都遵守这些一般性规则,一有具体理由便改弦易辙是不行的。这可能意味着,我们在遵守原则时,虽然有可能获得有关具体结果的全部知识,我们却不得不故意不予考虑。照章办事需要十分严格的服从,其程度远远超过建构论理性主义者所允许的范围,我以为,只有认识到这一点的意义,方可算是真正的远见卓识。建构论的理性主义也接受抽象原则,但至多只把它当作在无法对全部具体环境做出充分评价时,因迟疑不决而采取的权宜之计,只要一有放弃原则的具体理由,他们总是认为以放弃为宜。

为了避免误解，我要简单地说明一下，我所谓的恪守规则，不是指那些一条一条的孤立规则，而是指规则构成的整体，在这个整体中，一条规则往往会使我们从另一条规则获得的结果发生变化。更确切地说，我应当把它称为由重要性不同的规则组成的一个等级结构。不过我在这里不想对这个重要的问题详加申论，只求人们不要误认为，任何孤立的规则对解决我们的问题总是行之有效的。

六

前面我已说过，面对变化无常的环境，人们需要用抽象原则来协调自己的前后行为。对于处在具体环境中的形形色色的个人行为来说，就更需要有这种原则加以协调，因为每个人对这些环境总是知之不多，而且只有当它出现时，才能有所了解。在我们的个人经历中，这是我们进行思考的起点。这也可以解释我这个一度专注于经济学狭小领域的人，为何从专业经济学转向了通常认为属于哲学领域的问题。回顾起来，这大概是始于30年前一篇题为《经济学与知识》的文章①，我在文中考察了我们视为纯经济理论中的主要难题，我的结论是，经济学的主要任务在于解释经济活动的整个秩序是如何建立起来的，这一秩序利用了大量知识，但它们并不是集中在任何一个人的头脑之中，而是作为分散的知识，存在于千千万万个不同的个人中间。不过这同以下正确的见解还相去甚远：在个人行为所遵守的抽象规则与整个抽象秩序之间，存在着因果关系，个人在对当前的具体情况做出反应时，受到这些抽象规则施于他的限制，才使这种秩序得以形成。

---

① *Economica*, N. S., IV, 1937, 后收入 *Individualism and Economic Order*, London and Chicago, 1949。

在对法治之下的自由观、传统自由主义的基本理论和由此产生的法哲学问题做了反复探索之后,我才为自由派经济学家长期讨论的自发秩序的性质,绘制出了一幅差强人意的清晰图画。

　　人世间的现象实在过于纷繁,使我们无法按部就班地建立秩序,在这种情况下,间接地建立秩序的一般方法,或可由以上所言来提供。这是一种支配着我们无法控制的具体现象的秩序,因为决定着这一秩序的规则只决定着它的一般特征,至于细节部分,则要取决于只有身临其境的个人才了解的具体情况。如果我们为了使其发生变化,对其中的任何一部分刻意做出安排,我们非但不能使它有所改进,反而会使它受到干扰。唯一的改进之道,是完善那些指导着个人的抽象原则。这肯定是一项缓慢而困难的任务,因为支配着现今社会的大部分规则,并不是我们特意创造的结果,因此对于受着它们制约的事情,我们的理解是十分不完善的。我刚才指出,它们是一个缓慢的进化过程的产物,这一过程积累了大量的经验和知识,绝非任何一个人能够完全掌握。这意味着在我们期望对规则进行成功的改进之前,我们必须学会比现在更好地理解人为的规则与社会自发力量之间相互作用的机制。这就要求不仅经济学、法学和社会哲学的专家们进行比目前更为密切的合作,甚至在能够做到这一点之后,我们还是只能期待一个缓慢的试验过程,循序渐进地从事完善的工作,不可期待事情会骤然改观。

　　建构论的理性主义者对人类理性的威力,历来都是引以为傲的,因此,要人们服从那些他们并不充分理解、对由此产生的秩序也无法具体预测的规则,自然会使这些人勃然大怒。无论哪个时代都有这样一批人,他们相信,只要人类充分利用自己的理性,就可完全主宰自己的命运,我们在安排人类事务上不能事事如愿以偿的见解,同他们是格格不入的。然而,使一切事物都臣服于理性的控制这种思想,似乎并不能使理性发挥最大的效用,倒不如说,因为误解了理性的力量而滥用理性,到头来只会毁掉许多自由思想的自由交流,而这种交流正是理性得以繁荣成长的基础。对于自觉的理性所起的作用,如果真正具有理性的眼光,就应当指出,它最重要的作用之一,就是认清理性控制的适当限度。正像伟大的孟德斯鸠在"理性时代"的巅峰期明确指出的那样,"La raison meme a besoin de limites"(所谓理性,不过是指限制的必要罢了)。

七

最后我想简单解释一下,为什么我要为我在日本的这次主要演说(为热情地接纳我为成员的这所大学所做的演说)选择这样一个题目。对精确运用理性的崇拜,是过去三百年间欧洲文明发展中一个十分重要的因素,我想大概我不会搞错的是,这种崇拜并没有在日本本土的进化过程中起到同样的作用。大概同样无可否认的是,在17世纪、18世纪和19世纪,人们自觉地把理性作为批判工具加以运用,可能是欧洲文明加速发展的主要原因。当日本的思想家们开始研究欧洲思想发展的不同脉络时,以最极端最明确的形式反映着这一理性主义传统的学派,自然会对他们产生最大的吸引力。对于探寻西方理性主义奥秘的人来说,研究它的最为极端的形式,好像是发现这一奥秘最方便的途径。但是我把这种极端的形式称为建构论的理性主义,并且我认为,在欧洲传统中,它是一个特性因素的不合理的、错误的夸张表现。

结果,日本人研究最多的,是欧洲哲学中这样一些传统,它们可以上溯至古希腊的柏拉图,后来又为17世纪的笛卡尔和霍布斯所吸收,经由卢梭、黑格尔、马克思以及此后的哲学和法学实证主义者,终于使这种理性崇拜达到顶峰。我这样说的主要目的是想告诫各位,把欧洲传统中似乎最具特色的东西推向极端的这一学派,可能完全走上了一个错误的方向,其错误程度绝不亚于那些对自觉的理性所包含的价值尚未给予充分评价的人。理性恰如危险的炸药,使用得当可使人获益甚大,若是粗心大意,它也足以毁掉一个文明。

　　值得庆幸的是,这种建构论的理性主义并不是欧洲传统所贡献出来的唯一哲学,尽管必须承认,它侵蚀了欧洲某些最伟大的哲学家的思想,甚至包括伊曼努尔·康德。不过至少在共产主义世界(建构论的理性主义在那里的确毁掉了一个文明)之外,你还会看到一种较为温和、较少野心的传统,它不太在乎建立显赫的哲学体系,但在创立欧洲近代文明,特别是自由主义的政治制度(建构论的理性主义无时无处不是反自由主义的学说)方面,却卓有贡献。这一传统也可追溯到古典时代,如亚里士多德和西塞罗。主要是通过圣托马斯·阿奎那的著作,这一传统得以传至我们近代,在此后的几百年里使其发扬光大的,则多为政治哲学家。在18世纪,主要是笛卡尔理性主义的对手,像孟德斯鸠、大卫·休谟以及他的同道苏格兰哲学家,特别是亚当·斯密,建立起了有关社会和理性在文明成长中的作用的正确学说。我们也十分感谢德国伟大的古典自由主义者,不过他们也像边沁和英国功利主义者一样,没有完全摆脱卢梭和法国理性主义的诱惑。在亚历克西·德·托克维尔和阿克顿爵士那里,我们再次看到了这一派政治哲学更为纯正的形式。奥地利经济学派的奠基人卡尔·门格尔的著作,在休谟之后,第一次对它的社会理论的基础重新做了明确的阐述。在当代哲学家中,尤其应当提到卡尔·R.波普尔(Karl R. Popper)教授,他为这一思想流派提供了重要的哲学基础。他给这个流派所起的名称是"批判理性主义",以同天真的理性主义或建构论的理性主义相区别,对此我甚感愉快。在我看来,这个名称最为恰当地说明了我认为最为合理的一般立场。

　　以上所言的主要目的之一,就是想请各位注意到这一传统。

我相信,各位只要对它做一番考察就会发现,与上一代日本人在笛卡尔—黑格尔—马克思学派中的发现相比,你们不会产生太多的新奇与惊喜。最初你们会觉得它乏味单调,不能引发纯粹理性崇拜所产生的那种独特的兴奋甚至陶醉。我希望各位还能发现,它不但较为随和,在我看来,因为它不是一厢情愿的夸夸其谈(这种现象源自欧洲思想发展的一个特定阶段),而且提出了一种真实的人性论,从而为发展提供了基础,你们的经验也会使你们为这个发展做出重要的贡献。它是这样一种有关思想和社会的观点,它为传统和习俗在自身发展中发挥作用留有适当的余地。它使我们能够看到许多依靠粗劣的理性主义生活的人往往茫然无知的事情。它向我们展示,未经任何人发明而成长起来的各种制度,同那些矫揉造作的设计相比,常常可以为文化的发展提供更好的基础。

松下(Matsushita)校长①曾向我提出一个切中肯綮的问题,可惜我当时无法立刻回答。如果我没有听错的话,他所问的是,一个民族让自己的各种制度都依靠成规而不是发明,同那些试图精心建构所有制度,或根据理性原则去评估这些制度的民族相比,它所提供的个人自由和发展空间是不是会更小呢?我相信答案是肯定的。但是,如果我们在学会认识理性在安排社会事务上的适当局限之前,就试图把某种想当然的模式强加于社会,却会发生极大的危险:我们有可能断送那种自由,而那种自由正是逐步改进的主要前提。

---

① 松下正敏(Masatoshi Matsushita)博士,日本立教大学校长,他是本次演讲会的主席。

对凯恩斯和"凯恩斯主义革命"的个人回忆[①]

即使对于那些虽然认识凯恩斯，但绝不赞同他的货币理论，甚至不时认为他的言论有点不负责的人，此公仍给人留下难忘的印象。特别是在我这代人（他比我年长16岁）眼里，他在获得经济学家的盛名很久以前，就已经是个英雄人物了。对1919年和约中的经济条款挺身加以反对的，不正是他吗？虽然有些老一辈头脑更敏锐的思想家，指出过他的论证中的理论缺陷，我们还是欣赏他那些才华横溢的著作，因为它们直言不讳，思想独立。这个博学多闻、嗓音迷人且滔滔善辩的人，使我们中间有幸与他建立个人交往的人，很快就对他大为倾倒。

我第一次遇到他是在1928年，那是在伦敦经济周期研究所的一次会议上。虽然在利润理论的某些问题上我们曾经争执不下，但此后我们一直保持着友谊。在经济学上我们很少意见一致，却有着许多共同的兴趣。他的举止有点盛气凌人，对年轻人的不同意见会武断地置之不理。不过，要是有人支持他，此后他便会永远尊重此人，即使他与这人意见相左。我在1931年从维也纳去了伦敦之后，我们便一直有许多机会进行交谈或通信。

我曾受《经济学》杂志之约，对他刚刚问世的《货币论》进行评论。我用了大量精力撰成两篇长文，对于第一篇，他用攻击我

---

① 原载 *Oriental Econmist*，January，1966。

的《价格与生产》作答。我认为自己大体上已驳倒了他的理论设计（基本上属于第一卷的内容），但我十分欣赏第二卷中许多深刻但有欠系统的见解。后来这些工作竟成徒劳，使我大为失望，因为当文章的第二部分发表时，他对我说，他在这段时间已改变了看法，不再相信他在那本书中所说的话了。

　　当他那本今天已广为人知的《就业、利息和货币通论》出版时，我没有进行驳斥，这是原因之一。但后来我对此深感内疚。我担心在我完成自己的分析之前，他会再次改变看法。虽然他把这本书称为"通论"，但我以为它显然是一部应时之作，是他考虑到货币政策的需要而写的。不过，我不予置评还有个原因，一个当时我只隐约感觉到的原因，不过回想起来，这个原因却是决定性的：我与这本书的分歧主要不在于任何分析的细节上，而在于贯穿全书的一般方法。真正的分歧在于，我们今天所谓的宏观分析是否正确。现在我认为，从长远观点看，《通论》的主要意义是，它决定性地促进了宏观经济学的崛起和微观经济理论暂时的衰落，在这一点上没有哪本书可以同它媲美。

　　下面我还会解释，为什么我认为这一发展基本上是错误的。不过首先我要指出，凯恩斯竟然要对宏观理论的趋势负责，这不啻是命运的嘲讽，因为事实上他很少考虑当时刚刚流行起来的计量经济学，我认为他对此毫无兴趣。他的各种思想全部是基于马歇尔派的经济学，其实这也是他唯一了解的经济学。凯恩斯的涉猎领域甚广，但他的经济学知识却是相当狭窄的。他从不阅读法文以外的任何外文文献，或如他本人所言，对于德文材料，他只能理解那些他已经知道的东西。一个奇怪的事实是，第一次世界大战之前他曾为《经济学》杂志评论过米塞斯的《货币理论》一书，（正像不久前庇古评论魏克赛尔一样），却丝毫没有从中获益。恐怕必须承认，凯恩斯在着手建立自己的学说之前，并不是个训练有素或经验丰富的经济理论家。他从很基础的马歇尔经济学起步,而对瓦尔拉、帕累托以及奥地利人和瑞典人已经取得的成果,几乎一无所知。我有理由怀疑他是否曾充分掌握了国际贸易理论。我认为,他也不曾系统地思考过资本理论,甚至作为起点的货币价值理论——这是他的批评目标——好像也只是十分肤浅的数量理论中的交换类型方程式,而不是马歇尔更为精湛的现金平衡理论。

显然,他从一开始主要思考的就是各种总量,在总估计数上总是十分薄弱(有时相当空泛)。在20世纪20年代因英国恢复金本位而引发的论战中,他就是完全根据价格水平和工资水平,根本不考虑相对价格和工资结构。此后他又越来越顽固地相信,由于这些平均数和不同的总量是可以统计的,故有理由认为它们至关重要。他的结论完全是建立在这样的信念上:在可计算的总量,如总需求、投资或产出之间,存在着简单而稳定的函数关系,而且这些假定的"不变因素",具有可以从经验上加以确定的价值,这使我们能够做出正确的预测。

但是在我看来,不仅没有任何理由假定这些"函数"会保持不变,我甚至认为,在凯恩斯之前很久,微观经济学就已经证明了它们不可能保持不变,随着时间的不同,它们的数量甚至方向都会发生变化。这些关系当然取决于微观经济结构,尤其是取决于受到宏观经济学忽视的不同价格之间的关系,而所有的宏观经济学都会将这些因素视为准不变因素。它们随着微观经济结构的改变而迅速变化着,因此,根据它们是不变因素的假设得出的结论,注定是十分错误的。让我用消费商品的需求同投资总额之间的关系作一说明。肯定会出现这样的情况:消费品需求的增长将导致投资的增加。凯恩斯假设情况总是如此。然而可以很容易地证明,情况并非总是如此。在某种条件下,对最终产品需求的增长,必定导致投资的减少。正像凯恩斯的一般假设那样,只有当一切生产要素和各种商品中有一部分被闲置不用时,前一种假设才是正确的。在这种情况下,有可能同时增加消费品的产出和资本货物的产出。

如果经济系统处在充分或接近充分就业的状态,情况就全然不同了。这时只有暂时减少消费品的产出,才有可能增加投资的产出。这是因为要想增加后者,必须把各种要素从消费品生产中转移出来。只有过上一段时间之后,增加的投资才会使消费品流量有所增加。

凯恩斯指责古典经济学家犯下一个错误,但他对这个错误的反对似乎同样错误,结果是他自己也受到了误导。他认为——这只有部分道理——古典学派是把论证建立在充分就业的假设之上,他则把自己的论证建立在可以称为充分失业的假设之上,即假定通常总是存在着全部要素和商品中有一部分被闲置不用的情况。但是,这种假设至少同前者一样不太符合实际,甚至会导致更大的错误。对这个充分就业的假设做一番分析,即使它只有部分道理,至少有助于我们理解价格机制和功能、不同价格之间的关系以及使这些关系发生变化的各种因素的意义。但是,如果假定所有商品和要素都因过剩而随手可得,便会使整个价格体系变为多余,它将成为无法确定和不可理解的事情。一些最正统的凯恩斯信徒,会顽固地把传统的价格决定和分配理论这些构成经济理论的基石一概弃之不顾,但我想这样一来,他们也就无法理解任何经济事务了。

按照这种信念,增加额外的货币,就会使商品数量相应增加,这注定导致十分幼稚的通货膨胀谬误的再度出现,而我们本来认为经济学早已把这种谬论彻底根除了。我几乎丝毫也不怀疑,战后的大多数通货膨胀要归咎于这种过分简单的凯恩斯主义。恐怕凯恩斯本人也不会赞成这样的理论。我很有把握地认为,如果他依然在世,他会是反对通货膨胀最坚决的斗士。大约在我最后一次见到他时,即在他去世的几周前,他曾多少坦率地对我这样说过。这段时间他在其他方面有着充满睿智的见解，因此值得我重复一下他的谈话。我问他，对于他的一些信徒对他的理论的作用所做的解释，他是否有所警惕。他回答说，这些理论在 20 世纪30 年代有着迫切的需要。但我确信，一旦它们变得有害，他会很快让公众舆论发生变化。我对他有所责怪，不过是因为他把这样一部应时之作称为"通论"。

他虽然喜欢摆出一副能够预卜祸事但没有人听得进去的先知模样，其实他对自己的说服力还是极为自信的。他相信自己能左右公众舆论，就像音乐大师演奏自己的乐器一样。与其说他是学者或研究者，不如说他更像位艺术家和政客，这乃是他的天赋和嗜好使然。他虽然天资卓绝，但他的思想并不单纯受理性因素的影响，美学和直觉对他起着同样强烈的作用。他学习新知易如反掌，记忆力超群。但直觉使他不加证实便相信结论，使他用不同的理论去证明同样的政策，甚至使他不能耐心地从事缓慢而艰苦的思考——而这才是使知识正常发展的凭借。

他如此多才多艺，这使得人们在评价他这位大人物时，说他的经济学既错误又危险，几乎成了无关宏旨的迂腐之论。考虑到他只把很少的时间用在经济学上，他对经济学的影响，以及他主要作为经济学家被人怀念，真是既奇怪又可悲。就算他从未写过经济学文章，所有认识他的人也会把他当作一个伟大人物来纪念的。

在生命的最后五六年里，他虽然疾病缠身，但是仍全心全意投身于公共事务，对于他在这段时间报效祖国的事迹，我无法利用自己的了解详加述说。但在这几年里我和他交往最多，逐渐加深了对他的理解。伦敦经济学院在战争爆发时迁至剑桥，当 1940年我必须在剑桥一直逗留下去时，他在他的学院为我找到了一套寓所。到了周末，当他回到剑桥，闲适时，我同他见面的时间很多，得以对专业之外的他有所了解。大概是因为他想从繁重的事务中放松一下，或是因为他从事的官方工作都涉及机密，这使他最清楚地向我展示了他的其他爱好。他在战前便减少了生意上的应酬，并且放弃了学院津贴，但他在官方工作之余积极从事的活动，仍会耗尽其他大多数人的精力。他像平时一样，仍对艺术、文学和科学事务保持着一贯的了解，并总是贯穿着强烈的个人好恶。我尤其记得一件事，今天在我看来，它可以作为许多这类事情的典型。战争结束后，凯恩斯刚刚卸去政府的使命，又要去华盛顿参与一件结果十分重要的事情。人们以为他会把精力全用在这件事上，但是那天下午他给我们一伙人的款待，却是大谈美国收藏的伊丽莎白时代的书籍，似乎这就是他此次访美的唯一目的。他本人在这方面是位很出色的收藏家，他也藏有这个时代的各种手稿和近代绘画。

如上所说，他的知识兴趣也受着美学爱好的很大影响，这同样适用于文学、历史和其他一些领域。他对 16 世纪和 17 世纪有着浓厚的兴趣，他的知识至少择其部分而言，具备专家水平。但是他十分讨厌 19 世纪，不时显露出对它的经济史甚至经济理论史缺乏了解，对一个经济学家来说，这未免令人费解。

在这样一篇短文中，对指导着凯恩斯思想的一般哲学和人生观，哪怕做一个很简略的说明，也是我无法做到的。这是一项必须从事的工作，仅有罗伊·哈罗德爵士（Sir Roy Harrod）那部直言不讳的著名传记是不够的。这大概是由于在凯恩斯身上，有着同支配他那一代人的理性主义完全相同的特殊印记，他也想当然地接受这种理性主义。对于希望更深入地了解这一点的人，我大力推荐他们读一下凯恩斯本人的文章《我的早期信仰》（My Early Beliefs），此文刊于一本题为"两篇回忆"（Two Memoirs）的小册子中。

最后我想就凯恩斯理论的未来说几句话。以上所言大概已经表明，我认为这一理论的未来并不取决于对它的具体公式的进一步讨论，而是取决于对社会科学的正确方法的认识在未来的发展。凯恩斯的学说将会仅仅作为一个一般方法的最突出最有影响力的事例，呈现于世人面前，而这个方法的哲学基础是很成问题的。它依靠一些可以进行精确计算的数字，这使它乍看上去好像比以往的微观理论更科学，但是在我看来，它取得这种虚假的精确性，是以忽视实际支配着经济系统的各种关系为代价的。虽然微观经济学没有声称得出了宏观经济学夸口能够得出的量化预测，但是我相信，只要我们学会让自己满足于前者更为平实的目标，而不是像宏观经济学那样，为了人为的简化的目的，倾向于把现实中起作用的一切因素掩盖起来，那么对于支配着经济生活复杂过程的原理，我们至少会有更透彻的认识。我要斗胆预测一下，一旦这个方法问题获得解决，"凯恩斯主义革命"看上去便不过是如下过程的一段插曲而已：在正确的科学方法方面的错误认识，曾使我们已经取得的许多重要见解销声匿迹，但在经历了一番痛苦之后，我们终于又找回了它们。

人的行动的结果,但不是人为
设计的结果①

　　相信特意做出的设计和计划优于社会的自发力量,这种信念显然是通过笛卡尔的理性主义建构论进入了欧洲人的思想。不过它的起源却是一种非常古老的错误二分法,它来自古希腊,至今仍是正确理解社会理论和社会政策这一具体任务的最大障碍。这是一种将所有现象分为"自然"和"人为"的错误观念。② 公元前5世纪的诡辩家曾经深入思考过这个问题,并且宣布,把各种制度和实践或是归入自然(physei),或是归入习俗(thesei 或nomō),乃是一种错误的选择。但是由于亚里士多德采用了这种二分法,使它变成了欧洲思想的一部分。

　　它之所以产生误导,是因为那些概念使它有可能把一大堆不同的现象既可归入这个概念,也可归入那个概念,全看在两种可能的定义中采用的是哪一个,对这两种定义从来没有做过明确的区分,而且至今一直含糊不清。这两个概念既可用来表示独立于人的行为的事物与人的行为造成的事物之间的不同,又可用来表示未经人为设计而产生的事物同经人为设计而产生的事物之间

---

　　① 本文的法文译文曾刊载于 Les Fondements Philosophiques des Système Economiques,Texte de Jacques Rueff et essais rédigés en son honneur,Paris,1967。文章标题取自亚当·弗格森(Adam Ferguson)的 An Essay on the History of Civil Society,London,1767,p. 187:"各国摸索出一些典章制度,那固然是人的行为的结果,却不是因为实施了人为设计。"

　　② 参见 F. Heinmann,Nomos und Physis,Basel,1945。

的不同。这种双重含义使它有可能用来表示所有这样一些制度，只是到了 18 世纪，弗格森才终于指明，它们虽可归因于人的行为，却不可归因于人的设计，它们既可以视为自然现象，也可以视为习俗，这全看采用哪一种区分方法。然而大多数思想家似乎很难意识到有可能做出这两种不同的区分。

　　无论是公元前 5 世纪的希腊人，还是此后两千年里他们的后继者，都没有发展出一种系统的社会理论，对人的行为的意外结果做出明确的说明，或是对任何行动者都未设想的行为中自发形成的秩序或成规加以解释。因此也应搞清楚，在完全独立于人的行为这个意义上的自然现象，和人为设计的产物这个意义上的人为或习俗①现象中间，还需要插入第三个类别，它是一个独特的范畴，涵盖了我们在人类社会中发现的、应当由社会理论承担起解释任务的全部出乎预料的模式和成规。然而，我们仍然受困于缺少一个得到普遍接受的概念，以便用来描述这种现象；为了避免让混乱继续下去，似乎迫切需要采用这样一个概念。不幸的是，可用于这一目的的最明显的概念，即"社会的"（social），因为一种莫名其妙的发展，它的含义竟然变得与所需要的含义几乎截然相反：作为把社会人格化的结果，使得人们根本无法认识到它是一种自发的秩序，"社会的"这个词普遍被用来描述有意安排的行为目的。有些社会学家因为意识到这一困难而试图采用的新词汇"societal"（"社群的"），似乎也没有多大希望确定自己的地位以满足这一迫切的需要。②

---

　　① "习俗"这一概念既可以指明确的同意，也可以指习惯做法及其结果，它的这种模糊性进一步增加了混乱。

　　② 见 F. Patrick Gardiner（ed.），*Cultural Change*，New York，1928，以及 M. Mandelbaum，"Societal Facts" in Patrick Gardiner（ed.），*Theories of History*，London，1959。社会人类学家采用"文化的……"（cultural）一词作为一个专业术语以描述这些现象，但它很难进入普通用法，因为大多数人会不愿意把食人肉之类的现象包括在"文化"制度之中。

不过有必要记住,直到现代社会理论在 18 世纪出现之前,为了指称人类事务中某些得到服从但又不是设计产物的规则,唯一得到普遍认可的用语是"自然的"(natural)一词。当然,直到 17 世纪对自然法的理性主义解释之前,"自然的"这个词只被用来表示那些不属于自觉的人类意志的产物的秩序或规则。它同"有机体"一起,是普遍被理解为表示与发明或设计结果相对应的自发现象的两个术语。它在这个含义上的用法来自斯多葛学派的哲学,并在 12 世纪重新复活①,正是在这面旗帜下,后期的西班牙经院派学者发展出了遗传学以及自发形成的社会制度之功能的基础理论。②

通过探寻在没有特意的立法行为的干涉的情况下事物会如何发展,人们成功地提出了社会理论,尤其是经济理论的问题。不过在 17 世纪,这种更为古老的自然法传统被另一个非常不同的观点掩盖了,正在兴起的建构论理性主义正是根据这种观点,把"出自自然"的现象解释成了理性设计的产物。③ 作为对这种笛卡尔理性主义的反应,英国 18 世纪的道德哲学家既以自然法学

---

① 特别参见 Sten Gagnér, *Studien zur Ideengeschichte der Gesetzgebung*, Uppsala, 1960, pp. 225–240。

② 尤见 Luis Molina, *De iustitia et iure*, Cologne, 1596–1600, 特别是 tom Ⅱ, disp. 347, No. 3。在一篇很有意义但尚未出版的哈佛大学博士论文(W. S. Joyce, *The Economics of Louis de Molina*, 1948, p. 2 of the Appendix "Molina on Natural Law")中,作者正确地指出,"莫里纳(Molina)解释说,与实体法不同,自然法是'de objecto'——一个无法翻译而又十分艰深的经院派术语,表示'事物处在自然状态之中'——因为正是从事物的自然状态中(ex ipsamet natura rei),为保留美德和避免罪恶,产生出了行为应当得到允许或禁止的认识,因为那是自然法所允许或禁止的。莫里纳又说,'因此,受到允许或禁止的行为,是由事物之自然状态所决定,而不是来自立法者的任意的意志(ex voluntate et libito)'"。

③ 同这一转变有关的理性概念的含义所发生的变化,明确表现在洛克的早期论文 *Essays on the Law of Nature*(ed. by W. von Leyden, Oxford, 1954, p. 111)中的一段话里,他解释说:"不过,所谓理性,我想它在这里并不是指培养思维训练和形成演绎推理的理解力,而是指某些明确的行为原则,所有的优秀品质和养成正确道德观所需要的一切,都是由此而来。"又 p. 149:"这种正确的理性,不过是已被获知的自然法本身。"

说,更以普通法学说为起点,建立起了以未经设计的人的行为的
结果作为中心问题的社会理论,尤其是提供了一种有关市场自发
秩序的全面理论。

　　毫无疑问,在"反理性主义"的反应中,首当其冲的作者当推
曼德维尔。① 不过全面的阐述却要等到孟德斯鸠②,特别是大卫·
休谟③、乔西亚·塔克(Josiah Tucker)、弗格森和亚当·斯密。斯
密的"看不见的手"——人们通过它"促进了并不属于他们意图之
一部分的目的"④——这一说法受到的令人不解的嘲讽,一度埋没

---

　　①　在1705年的原诗的许多段落中,都含有他的基本思想:
　　芸芸众生中的首恶,
　　亦有襄助众益的善举。
　　不过充分阐发的思想仅见于二十多年后他附在《蜜蜂的寓言》(见 ed. by
F. B. Kaye, Oxford, 1924, Vol. Ⅱ,尤其是 pp. 142, 287 - 288。)后面的散文体评论的第二
部分。参见 Chiaki Nishiyama, *The Theory of Self-Love:An Essay in the Methodology of the So-
cial Sciences*, etc. , Chicago Ph. D. thesis, June 1960;请特别注意曼德维尔的学说同门格尔
的关系。
　　②　关于曼德维尔对孟德斯鸠的影响,见 J. Dedieu, *Montesquieu et la Tradition Poli-
tique Anglaise*, Paris, 1909。
　　③　David Hume, *Works*, ed. by T. H. Green and T. H. Grose, Vol. Ⅰ and Ⅱ, *A Treatise
on Human Nature*, Vol. Ⅲ and Ⅳ, *Essays*, *Political*, *and Literary*,尤其是Ⅱ, p. 296:"这对
公众有益,却未必是发明者的本意";Ⅲ, p. 99:"那是否是宪政提供的具体监督和控制
……所达成并不重要,甚至坏人也为公益而行动";以及Ⅱ, p. 289:"我希望为别人效
力,但对他并不怀有真正的善意";Ⅱ, p. 195:"所有这些制度不过是从人类社会的必然
性中产生的"。留意一下休谟在措辞上遇到的困难是很有意思的,因为他反对当时的
自然法信条,他选择了"artifact""artifice"和"artificial"(这三个词都含有"人工制品"
"人为的"等含义——译者)这些词来表示过去的自然法学者称为"自然的"(natural)
现象,参见Ⅱ, p. 258:"一项发明看似明显而必然,但或许也可以说,它像任何未受思想
的干扰而从基本原则中产生的事物一样是自然的。虽然公正原则是人为的,它们却不
是任意的。如果我们把'自然'理解为任何物种共有的因素,或我们把它局限于表示
与物种不可分的因素,那么把它们称为自然法也并无不当。"参见我的文章《大卫·休
谟的法哲学和政治哲学》(此文已收入本书——译者)。Bruno Leoni 教授让我注意到
了一个事实,休谟在这里使用的"artificial"一词,大概是来自 Edward Coke 的法律是一
种"人为理性"的观念,同"artificial"一词的通常含义相比,它当然更接近后来经院派赋
予"自然"的含义。
　　④　Adam Smith, *An Inquiry into the Nature and Cause of the Wealth of Nations*
(1776), Bk. Ⅳ, Ⅱ, ed. E. Cannon, London, 1904, Vol. Ⅰ, p. 421。

了这个有关所有社会理论的对象的深刻见解。直到一个世纪之
后,门格尔才终于以一种至少在社会理论领域本身现已得到广泛
接受①——即又过了 80 年——的方式使它复活。

斯密的说法后来受到反对,大概情有可原,因为他似乎将自
发形成的秩序就是可能存在的最佳秩序这一点过分地视为当然。
可是他的一个未明言的预设,即在一个复杂的社会中,使我们全
都受益的广泛的劳动分工,只能从自发的秩序化力量而非设计中
产生出来,却是很有道理的。无论是斯密还是任何我所了解的可
敬的作者,从来都没有主张存在着某种原始的利益和谐的状态,
它与那些生成的制度无关。他们的主张——斯密的一个同代人
比斯密本人表达得更清楚——是通过清除低效率做法的过程而
发展起来的制度,导致了不同利益之间的和谐。塔克的主张并不
是"自爱这种人性中的普遍动机"总是含有这一趋向,而是"在这

---

① Carl Menger, *Problems of Economics and Sociology*, trans. by F. J. Nock, Urbana,
1963,p. 158. 这一观点最近的复兴似乎是从我的《唯科学主义和社会研究》一文(收入
The Counter-Revolution of Science, Glencoe, Ⅲ. ,1952)开始的,我在该文中说,社会研究的
目的是"解释众多人的无意的或非设计的结果"。此后卡尔·波普尔也采用了这一观
点,见"The Poverty of Historicism", *Economica*, N. S. Ⅸ/3, August 1944, p. 276;他在这里
谈到了"人的行为的未经设计的结果",并在一条注释中补充说,"未经设计的社会制
度可以作为一种理性行为无意间造成的结果出现";另见 *The Open Society and its Ene-
mies*, 4th ed. ,Princeton,1963, Vol. Ⅱ, p. 93,他在这里也谈到了"这些行为(即'自觉的
和有目的的人类行为')之间接的、无意的、往往是未被要求的副产品"(但是我不能同
意他建立在 K. Polanyi 一个建议上的观点,同上, p. 323:"是马克思首先把社会理论理
解为对几乎我们的所有行为的未被要求的结果的研究。亚当·斯密和弗格森早已明
确表达过样的观点,仅仅提一下使马克思毫无疑问受益的这两位作者也就够了)。
Ernest Nagel 也使用过(尽管未采纳)这一概念:"Problems of Concept and Theory of For-
mation in the Social Sciences", in *Science*, *Language and Human Rights* (American Philo-
sophical Association, Eastern Division, Vol. 1) ,Philadelphia, 1952, p. 54;他说,"社会现象
当然不全是个人行为有意造成的结果;然而社会科学的中心任务,就是对作为行为之
意外结果的现象做出解释"。类似但不完全一样的认识还有 K. R. Merton 的"有目的的
社会行为之出乎预料的结果"(见他以此为题的文章,载 *American Sociological Review*,
1936,他的进一步讨论见 *Social Theory and Social Structure*, rev. ed. , Glencoe, Ⅲ. ,1957,
pp. 61-62)。

种情况下(就像在其他所有情况下一样)它可以含有这一趋向,即为了追求自己的目标而采取的努力,会促进公共利益"。①

在这方面,直到门格尔终于做出清楚的解释之前,长期得不到充分理解的一点是,社会制度的起源或形成,与它发挥作用的方式,本质上属于同一个问题:这些制度以一种特有的方式发展,是因为它们所维护的各部分的行为之间的协调,证明比另一些同它竞争并被它所取代的制度更为有效。有关使自发秩序的出现成为可能的传统和习惯的进化过程的理论,过去与有关我们称为有机体的自发秩序的进化论有着密切关系,事实上是它为后者提供了基本观念。②

如果说这些观点在社会科学理论中终于确立了自己的牢固地位,但是一个实际影响更大的知识分支,即法理学,却几乎完全没有受到它的影响。支配着这个领域的哲学是法律实证主义,它仍然固守一种有着拟人化本质的(essentially anthropomorphic)观点,认为所有的法律规则都是特意发明或设计的产物,甚至因为终于摆脱了"形而上学"的"自然法"观念的全部影响而沾沾自喜。然而我们知道,对社会现象的所有理论理解,正是在追求这种观念中产生的。通过一个事实即可说明这一点:现代法理学所反对的自然法观念,是一个受到了理性主义滥用的概念,它把自然法解释成"自然理性"演绎性的建构,而不是一个发展过程的未经设计的产物,在这一过程中,对公正的检验不是根据随便哪个

①　Josiah Tucker, *The Elements of Commerce* (1736),收入 Josiah Tucker, *A Selection from his Economic and Political Writings*, ed. R. L. Schuyler, New York, 1931, p. 59。另参见我的 *Individualism and Economic Order*, London and Chicago, 1948, p. 7。

②　参见 Carl Menger,同上,p. 88:"这种遗传因素对于思想理论科学而言是不可分割的";另见 C. Nishiyama,同上。把这种观点同来自生物学领域的观点做一对比是很有意思的,L. von Bertalanffy 在 *Problems of Life* (New York, 1952, p. 134)中强调说:"所谓结构,是一个长期延续的过程,功能则属于短期延续的快速过程。如果我们说,某种功能,如肌肉的一次收缩,是由一个结构来执行,其意思是说以长期延续的、缓慢进行的过程为前提的一个迅速而短暂的过程。"

人的什么意志,而是根据它与继承而来的、不全是出自人为的整个规则系统是否一致。法学理论担心受到被视为形而上学观念的东西玷污,这反而不但使它深陷于反科学的神话,而且这些神话还使法律失去了与公正的一切联系,然而正是这种与公正的关系,使法律成为一个引发自发秩序的可以理解的工具。

法律仅仅是立法者意志的产物,法律的存在以某个立法者的意志的事先构想为前提——这种观点事实上是错误的,并且根本不能始终如一地付诸实践。法律不但比立法行为或有组织的国家古老得多,甚至立法者和国家的权力都是来自已经存在的公正观,任何人为的法律,除非它是处在一个普遍得到承认但常常不是人为的公正规则的体系之内,都是无法得到实施的。从未存在过,也不可能存在“完备无缺的”(lückenlos)成文的规则体系。不但一切制定的法律都是以公正为目的,而不是创造公正;不但从来没有制定的法律成功地取代过所有已得到公认的公正规则,或者它根本不参考这种非人为的公正观,而且,如果我们无视这种非人为的规则体系,那么法律的全部发展、变化和相互作用的过程,甚至会成为完全不可思议的事情,因为设计出来的法律的意义即来源于它。① 这种实证主义的法律观,实际上完全来自一种错误的解释,即把生成的制度说成是设计的产物,我们将此归咎于建构论的理性主义。

这种观点占据支配地位造成的最严重后果是,这必然导致公正——它可以发现的,而不是仅仅由立法者的意志指定的——信念遭到彻底破坏。如果法律完全是有意设计的产物,设计者指定的无论什么法律肯定是公正的法律,不公正的法律便成了一种自

---

① 参见 H. Kantorowicz, *The Definition of Law*, ed. A. H. Campbell, London, 1958, p. 35:“如果把法律视为某个最高权力的一套命令,那么法律科学的全部历史,尤其是那些意大利注释家和德国的罗马法编纂学派学家(Pandektist)的著作,都会变得不可思议。”

相矛盾的说法。① 这样一来,得到正当授权的立法者的意志便摆脱了任何束缚,仅受其具体的利益的指导。正如当代最严谨的法律实证主义代表人物所言:"从理性认知的观点看,只存在人类的利益,因此也只存在利益的冲突。解决这些冲突的办法,或通过满足一种利益而牺牲另一种利益,或是通过相互冲突的利益之间的妥协。"②

然而,这种论点不过是证明了,沿着理性主义建构论的道路,根本无法得出任何公正标准。如果我们认识到,法律绝对不完全是设计的产物,而是应在公正规则的架构内得到评价和检验,并且这一架构不是任何人发明的,甚至在这些规则以文字表达出来之前,它们就指导着人们的思想和行动,我们就会获得一个判断公正的标准,它即或不是一个肯定性的标准,至少是个否定性的标准,使我们能够通过不断清除所有与整个体系不一致的规则③,逐渐接近(尽管有可能从来没有达到)绝对的公正。④ 这意味着,那些努力发现"自然而然"(即未经设计)产生的事情的人更为接近真理,因此也比坚持认为所有法律是由人的意志所制定("设立")的人更为"科学"。但是,在实证主义的支配地位几乎完全消灭了这个方向已经取得的成就的一百年之后,把社会理论的见

---

① 参见 T. Hobbes, *Leviathan*, Ch. 30, ed. M. Oakeshott, London, 1946, p. 227: "没有任何法律是不公正的。"

② Hans Kelsen, *What is Justice*? University of California Press, 1960, pp. 21–22.

③ 关于以若干规则是否相互协调作为检验标准的问题,现在可参见尤尔根·冯·凯宾斯基(Jürgen von Kempski)很有意义的研究,收在其 *Recht und Politik*(Stuttgart, 1965)一书中,以及他的论文 "Grundlegung zu einer Strukturtheorie des Rechts", *Abbandlungen der Geists- und Sozialwissenschaftlichen Klasse der Akademie der Wissenschaften und der Literatur*, in Mainz, Jg. 1961, No. 2。

④ 对法律规则的公正(基本上是康德法哲学所针对的公正)做否定性检验的观念,使我们能够通过从整个规则体系中消除一切不一致或不协调,不断地接近公正;而这个体系的大部分内容,无论什么时候,总是一个既定文明中的成员共同拥有的、没有争议的财富——这是我目前正在撰写的一部著作的中心论点(译按:哈耶克所说的这部著作是指他三卷本的《法律、立法与自由》一书)。

解用于理解法律的任务仍然有待于完成。

由于在一段时期内,社会理论的见解曾一度开始影响到法学领域;萨维尼及其更古老的历史学派,主要是以 18 世纪苏格兰哲学家所构想出的成长的秩序观为基础,继续从事着我们现在称为社会人类学的工作,这似乎成了那些思想到达门格尔的主要渠道,并且使他们的认识得到复兴成为可能。① 在这个方面,萨维尼把论证的矛头直指 17 世纪和 18 世纪理性主义的自然法理论,这反映出他继承或恢复了更古老的自然法学者的目标。他的这些努力有助于使那种自然法观念信誉扫地,不过他的工作完全放在了发现法律是如何不经设计而产生的,他甚至希望证明,想用正确的设计去代替这种自然成长的产物是不可能的。他所反对的自然法,并不是有待发现的自然法,而是那种从自然理性中演绎出来的自然法。

如果说,对于这个更为久远的历史学派来说,他们虽然摈弃

---

① 关于柏克(Burke)的思想(以及由柏克传播的大卫·休谟的思想)到达萨维尼(Savigny)的过程,见 H. Ahrens, *Die Rechtsphilosophie oder das Naturrecht*, 4th ed. , Wien, 1854, p. 64。该书大概也是门格尔最初的信息来源之一。关于萨维尼及其学派,另可参见 E. Ehrlich, *Juristische Logik* (Tübingen, 1918, p. 84)的深刻观察:"柏克、萨维尼和普切塔(Puchta)知道,人们总是认识不到,在人民或各民族之中,那些我们今天作为国家的对立物称为社会的东西,都是在民族的范围内形成的。"以及 Sir Friederick Pollock, *Oxford Lectures and other Discourses* (London, 1890, pp. 41-42):"所谓进化的学说,不过是这种用于自然事实的历史方法,而所谓历史方法,也不过是应用于人类社会和制度的进化学说。当达尔文创立自然史哲学时……他的研究所遵循的精神以及他要达到的目的,与那些伟大的政治家是一样的,他们没有留意他的研究领域,恰如他没有留意他们的领域一样,却在对历史事实的耐心研究中为一种牢固而合理的政治和法律哲学打下了基础。萨维尼,这个我们至今没有给予足够的了解和尊重的人,或者柏克,这个我们既了解又尊重,再怎样尊重也不算过分的人,都是达尔文之前的达尔文主义者。伟大的法国人孟德斯鸠在一定程度上也是这样的人,但是他的独特而光芒四射的天才,却在一代形式主义者中间消失了。"不过,"达尔文之前的达尔文主义者"这一说法,最初是由语言学家们提出的(见 August Schleicher, *Die Darwinsche Theorie und die Sprachwissenschaft*, Weimar, 1869,以及 Max Müller, "Lectures on Mr. Darwin's Philosophy of Language", *Frazer's Magazine*, Vol. Ⅷ, 1893, p. 662),波洛克(Pollock)大概就是从他们那里借用了这一说法。

了"自然"一词,法律和公正却仍然是有待人们发现和解释的客体,但是法律实证主义却彻底放弃了法律是客观存在的事物这种思想,根据这种学说,法律完全是立法者特意设计的产物。这些实证主义者再也无法理解,有些事情虽然不是物质的自然界之一部分,而是人的行为的结果,但它仍然是客观既定的;法律当然可以成为科学研究的对象,但这只能是因为至少它的一部分内容是既定的,独立于任何具体的人类意志。这导致一门科学的困境:它否认自己有明确的客观研究对象。① 这是因为,如果"没有立法者的行动便没有法律"②,则只能提出心理学或社会学的问题,而不是法律的问题。

这种态度反映在支配着整个实证主义时期的一句口号之中:"凡是人所造成的(made),他也可以加以改变以符合自己的愿望。"但是,如果把这里的"造成"理解成也包括那些人类未经设计的行为结果,那么这句口号便是一种彻头彻尾的臆断。这种信念——法律实证主义不过是它的具体表现形式之一——完全是笛卡尔建构主义的产物,它必须否认存在着有待发现的公正规则,因为它没有为"人的行为的结果,但不是人为设计的结果"留下立足之地,从而使得社会理论也无存身之地。大体而言,我们现在已经成功地从理论社会科学中消除了这种影响——为了使这种理论成为可能,也必须消除这种影响;但是今天支配着法学理论和立法机构的观念,却仍然几乎完全是这种前科学的态度。虽然法国社会科学家比别人更早地清楚意识到,从笛卡尔著名的《方法论》一书,"il etait sorti autant de deraison sociale et d'aberations metaphysiques, d'abstractions et d'upopies, que de donnees positives, que s'il menait a Comte il avait aussi mene a Rous-

---

① 参见 Leonard Nelson, *Rechtswissenschaft ohne Recht*, Leipzig, 1917。
② John Austin, *Jurisprudence*, third edition, London, 1872, p. 555.

seau"("如人们明确所知,正是从这种社会无理性、这种形而上学谬论、这种玄谈和乌托邦中,产生出了孔德,正像它也产生过卢梭一样")①,不过至少在局外人看来,法律处在它的影响之下,仍然是以法国为甚。

附　记

1. 斯滕·加格纳(Sten Gagner)在 *Studien zur Ideengeschichte der Gesetzgebung*(Uppsala, 1960, p. 208, 242)中指出,"自然法"(natural law)和"实体法"(positive law)这些概念的来源,是格利乌斯在公元 2 世纪引入的拉丁语形容词 naturalis 和 positivus,他用它们来表示希腊语中 physis 和 thesis 这两个名词的含义。这说明,法律实证主义与自然法理论的论战中所包含的混乱,可直接追溯到这里所讨论的这种错误的二分法,因为十分明显,法律规则的体系(因此也包括那些只有在这个体系中才具有意义的个人规则)全都属于这样的文化现象,它们是"人的行为的结果,但不是人为设计的结果"。关于这个问题,可参见《关于行为规则体系发展的笔记》一文。

2. 克里斯多夫·欧肯(Christoph Eucken)先生让我注意到了一个事实,希罗多德《历史》开篇第一句话,就对人们行为的产物(ta genomena ex anthropon)和他们伟大的惊人之作(erga megala kai thomasta)进行了对比,这说明他比许多后来的古希腊人更为清楚这里所做出的区分。

---

① Albert Sorel, "Comment j'ai lu la ' Reforme Sociale' ", *Reforme Sociale*, 1st November, 1906, p. 614, 转引自 A. Schatz, *L'individualisme economique et sociale*, Paris, 1907, p. 41;大概此书和 H. Michel 的 *L'idee de l'Etate*(3rd ed., Paris, 1898)一起,是说明笛卡尔主义对社会思想的影响最有教益的两本书。

曼德维尔大夫①

一

伯纳德·曼德维尔（Bernard Mandeville）的大多数同代人如果听到，今天他被作为一位思想大师介绍给这个威严的机构，他们很可能会在墓穴中辗转难眠；不仅如此，即使现在，大概仍会有人对这种做法是否恰当表示怀疑——这两种情况都令我感到不安。这位250年前臭名昭彰的作者，如今依然不是一个多么可敬的人物。他的著作②无疑流传甚广，它促使许多人思考一些重要问题，然而他对我们的理解力到底有何贡献，却不是件容易说清楚的事情。

为了消除本能的担忧，我要立刻说明，我并不想把他说成一位伟大的经济学家。虽然我们应把"劳动分工"一词，以及对这种

---

① 1966年3月23日向英国学术院做的"思想大师演讲"，原载 *Proceedings of the British Academy*，Vol. LⅡ，London，1967。

② 今天，任何一个严肃看待曼德维尔著作的人，都应对晚年的凯伊（F. B. Kaye）教授在1924年交由牛津大学出版社出版的那一版《蜜蜂的寓言》（Bernard Mandeville，*The Fable of the Bees*，Oxford University Press，1924）深表感谢。本演讲使用的全部有关曼德维尔的材料以及他的著作，全都出自这个版本，"i"和"ii"分别指它的第一卷和第二卷。虽然我对曼德维尔的重要地位的看法，是基于早先我对他的大多数著作的了解，不过在写这篇讲稿时，我只利用了《蜜蜂的寓言》的这个版本和《致迪翁的信》（*Letter to Dion*）的重印本；所有来自其他著作的引语，都取自凯伊为他那个版本所写的序言和注释。至少曼德维尔的《荣誉的起源》（*Origin of Honour*，1732）和他的《宗教随想录》（*Free Thoughts on Religion*，1720），都应当更易于得到才对。如能说服牛津大学把《蜜蜂的寓言》这一辉煌制作扩大为一部曼德维尔著作集，那真是件可喜可贺的事。

现象更清晰的认识,归功于他,虽然像凯恩斯爵士这样的大权威,也曾对他的另一些经济学著作大加赞扬,然而我认为他卓越非凡,却不是以这些事情为据。在我看来,除了我刚才提到的那个例外——一个了不起的例外——曼德维尔说过的那些有关专业经济学的话,平庸而了无新意——那都是些当时广泛流行的观念,他不过是利用它们说明了一些影响更为广泛的想法而已。

我甚至更不想强调曼德维尔对伦理学的贡献,尽管在这门学问的历史中,他有着牢固的地位。使我们理解了道德规则的生成过程是他的成就之一,不过在我看来,他首先被当作一名伦理学家的事实,已经成了对他的主要成就做出恰当评价的障碍。

我非常乐意把他作为一名真正伟大的心理学家①加以称赞,尽管这个名称可能不足以用来称呼一位伟大的人性研究者。不过,这虽然很接近我的看法,却不是我的主要目的。这位荷兰医生大约在 1696 年将近而立之年时,开始在伦敦作为一名神经和肠胃病专家、精神病学家开展工作②,并一直持续了 37 年之久。在这段时间里,他对人的精神机理提出了一种透彻的见解,它非常出色,有时甚至有着令人惊异的现代性。这种对人性的理解,比任何其他事情都更使他感到自豪。我们不知道自己为何做我们所做的事情;我们的决定所造成的结果往往同我们想象的结果非常不同——这两种现象,是他对理性主义时代的自负加以嘲讽——这也正是他的本来目的——的根据。

关于曼德维尔,我想要说的是,那些 jeu d'esprit(妙语)引导他

---

① 凯伊(Kaye)教授充分注意到了曼德维尔更为出色的心理学见解,尤其是他有关对受情绪引导的行为事后加以合理化的现代观念(见 i, p. lxxvii,另参见 pp. lxiii—lxiv),对此我还想补充指出,他对出生时失明后来又获得视力的人学会判断距离的方式所做的观察,以及他有关大脑结构和功能的令人感兴趣的见解(ii, p. 165)。

② 曼德维尔论述精神病学的著作似乎颇具声望。他在 1711 年发表的 *A Treatise on Hypochondriac and Hysteric Passions*(《论忧郁情绪和歇斯底里情绪》)同年便必须重印一次,1730 年又出了增补版,书名中"情绪"一词被"疾病"取代。

做出的思考,标志着秩序的进化及自发形成这两个孪生观念在近代的一次明确突破。它们很久以来便呼之欲出,往往已有触手可及之势,然而当时却缺少强有力的声张,因为17世纪的理性主义大大埋没了早期在这个方向取得的进步。在回答社会和经济理论的具体问题方面,曼德维尔或许贡献甚微,但是由于他提出了正确的问题,他的确揭示出了在这个领域存在着一个理论目标。他大概还谈不上已准确揭示出一种秩序如何无须设计而自发地形成,但是他已非常清楚地说明,它确实形成了,从而提出了首先由社会科学、后来由生物学的理论分析加以说明的问题。①

二

对于曼德维尔的主要观点之一,他本人大概就是一个很好的注解,因为他很可能从未充分意识到自己的主要发现所在。他以嘲笑同代人的弱点和自负作为起点,用讽刺文体写成并于1705年发表的诗篇《发牢骚的蜜蜂,或弃恶从善的无赖》,大概不过是运用他刚开始喜欢的新式文体的一篇习作,并且他很快便娴熟地掌握了这种文体。虽然大多数人对他的了解仅限于这首诗,它却没有透露出多少他的重要思想。最初它在严肃的人中间似乎也未引起多大注意。像如下这样的想法不过是萌发他后来思想的种子:

> 芸芸众生中的首恶,
> 亦有襄助公益的善举。

---

① 参见 Leslie Stephen, *History of English Thought in the 18th Century*, 2nd ed., London, 1881, i, p. 40:"从许多方面看,曼德维尔都预示着现代哲学家的一些观点。他提出了一种历史推测,认为人类通过生存斗争,逐渐使自己超越了野蛮的动物,通过相互保护而形成了社会。"

直到九年之后，当他附上详尽而极为严肃的散文体评论，重新发表原诗时，他的思想倾向才变得较为清晰可辨。又过了九年，随着《蜜蜂的寓言，或私恶与公益》——一本比原诗长了大约二十倍的书——第二版的出现，他的思想突然引起广泛的注意，并成了一个大众丑闻。最后，的确是又花了六年时间，在他年届58岁的1728年，他为此书增加了第二卷，他的思想含义才变得非常明确。不过这时他已经成了一个恶魔般的人物、一个令谦诚可敬之士感到惊恐的名字、一个这样的作家：人们有可能私下阅读他的书，以享奇谈怪论之乐，但是谁都知道他是个道德怪物，万万不可被他的思想所感染。

然而，他的书几乎无人不读①，且鲜有人能免受感染。虽然正如现代编者所言②，这本书的标题很可能"让许多善良的人们陷入一种哲学歇斯底里的状态，使他们难以发现他所指明的内容"，然而斥责之声越盛，年轻人越是读它。既然哈金森博士不攻击《蜜蜂的寓言》连课都讲不下去，那么我们当可相信，他的学生亚当·斯密很快也会展卷捧读。甚至半个世纪之后，据称萨缪尔·约翰逊（Samuel Johnson）博士仍然说，它是每个年轻人书架上的必备，不过他却错误地认为它是一本坏书。③ 可是那时它已大功告成，它的主要贡献已经成为大卫·休谟及其后继者的社会哲学的基础。

---

① 大概没有任何其他著作能够像这本书那样，是可以确信当时所有这个领域的作家人尽皆知的一部著作，无论他们是否明确提到过它。参见 Alfred Espinas, "La Troisieme phase de la dissolution du mercantilisme", *Revue internationale de sociologie*, 1902, p. 162。

② 见 Kaye, i, p. xxxix。

③ 这个说法我找不到出处，它转引自 Joan Robinson, *Economic Philosophy*, London, 1962, p. 15。

三

　　那么,由曼德维尔所推动的思想,现代读者已经十分理解了吗? 曼德维尔本人又知道多少呢? 他的主要见解是逐渐而间接地产生的,是在他捍卫自己最初那种私心之恶常有公益之果的奇谈怪论时,无意之间产生的副产品。通过把一切出于私心而做的事情视为罪恶,并认为只有让行为恪守纲常才是美德,他不难证明,我们应当把大多数社会利益归因于据此标准只能称为恶的事情。这并不是什么新发现,而是像有关这个问题的任何思考一样古老。托马斯·冯·阿奎(Thomas von Aquin)不是也同意这样的说法吗? ——multae ulilitates impedirentur si omnia peccata districte prohiberentur(禁绝罪恶,有益之事亦将受阻)。[1] 这种见解常见于过去一个世纪的文献,尤其是通过拉罗什富科(La Rochefoucauld)和培尔(Bayle)的著作,一个少年时代就受伊拉斯谟和蒙田思想的濡染、机智而有点玩世不恭的头脑,不难把这样的见解发展成一种社交。随着曼德维尔在后来的散文作品中对他最初的奇谈怪论进行捍卫和发挥,有一点逐渐变得明确起来:奇谈。然而,当曼德维尔开始把自私的动机同它所产生的行为给别人带来的利益做道德上的比较时,他便让自己陷入了一场无论是他本人还是至今为止的后来人,都未能完全从中挣脱出来的噩梦。

　　但是,这种现象仅仅是某个非常普遍的原则的一个实例,他那种激起所有道德义愤的特殊对比,同这个原则几乎毫不相干。他的主要主张变得十分简单,在复杂的社会秩序中,人们的行为结果同他们所设想的非常不同,个人在追求自己的目标时,无论是出于自私还是利他,会产生一些他们并未预料甚至一无所知的

---

[1]　*Summa Theologia*,Ⅱ,p. 78 i.

对他人有用的结果;最后的结论是,整个社会秩序,甚至我们称之为文化的全部现象,都是并不以这种文化为目的的个人努力的结果,而这种结果,又通过并非被有意发明,而是因成功的生存而发展起来的各种制度、习惯做法和规则服务于个人的目的。

正是在构想这个更具普遍性的论点时,曼德维尔第一次完整地提出了有序的社会结构——法律和道德,语言、市场、货币以及技术知识的发展——自发生长的经典模式。要想理解它的重要意义,就必须了解在过去两千年里很难将这些现象纳入其中的那个概念框架。

四

当然,古希腊人并非不知道因这种现象的存在而出现的问题,但是他们试图用一种二分法来解决这个问题,它因为缺乏明晰性而引起无穷混乱,变成了一个起着束缚作用的牢固传统,而曼德维尔终于展示了一条解脱之路。

古希腊人这种在漫长的时间里一直支配着人类思想、至今仍然余威犹存的二分法,是对所谓的自然现象(physei)和人为或习惯现象(thesei or nomo)①的区分。显然,自然秩序,即 kosmos,是既定的,它独立于人的意志和行为,然而还存在着另一种秩序(他们也为它起了个特别的名称:taxis,我们会为此而妒忌他们),它是人类有意安排的结果。但是,如果所有明显独立于人的意志和行为的事物,从这个意义上说都是明显的"自然现象",而所有人的行为有意造成的事情都是"人为现象",那些作为人的行为的结果但不是人为设计结果的现象,便没有容身之地了。人们经常发

---

① 参见 F. Heinimann, *Nomos und Physis*, Basel, 1945, 以及我的《人的行为的结果,但不是人为设计的结果》一文(已收进本书——译者)。

现,在社会现象中存在着这种自发的秩序。但是由于他们不了解这种牢固的自然/人为用语的歧义性,他们便竭力想用这种术语去表达自己看到的事情,于是造成了不可避免的混乱:他们会把某种社会制度说成是"自然的",因为它从来不是有意设计的,同时又会把这同一个制度说成是"人为的",因为它由人的行为造成的。

　　然而,有些古代思想家已十分接近于认识到产生社会制度的进化过程。在所有的自由国家里,似乎都存在着一种信念,认为有一种照看着他们的事务的特殊天道,把他们杂乱无章的努力变得对他们有利。当阿里斯托芬提到下面的寓言时,他指的就是这种信念:①

> 　　　古时有个寓言说,
> 　　　吾辈愚蠢的算计与虚妄,
> 　　　皆被迫为公益效力。

　　这是一种那个国家并不陌生的感觉。至少古典时代的罗马法学家十分清楚,罗马的法律秩序优于别国,正是因为据说加图谈到过的那个理由②,它的基础不是哪个人的天赋,而是许多人的天赋;它的确立不是用了一代人的时间,而是用了数百年和许多代人的漫长岁月。他说,因为从来没有人能够拥有如此大的天赋,可以做到无所不知,某个时代的许多人,若是没有时间的帮助,也不可能为未来做好充分准备。

---

① *Ecclesiazusae*,473;英译文取自 B. B. Roger,见 Loeb edition,iii,p. 289。

② 参见 M. Tullius Cicero, *De re publica*,ii,1,2,Loeb ed. by C. W. Keyes,p. 113。另参见雅典派雄辩家 Antiphon, *On the Choreules*, par. 2(in *Minor Attic Orator*, Loeb ed. by K. J. Maidment,p. 247),他在此文中说,法律"在这个国家以最古老者为优……此乃良好律法之最可靠的标志,因为岁月和经验会使缺陷显露"。

　　这一传统主要是通过自然法学说而被继承下来;更早的自然法学者,在他们被17世纪全然不同的理性主义自然法学派取代之前,尽管有"自然"一词造成的障碍,还是窥测到了社会秩序自发衍生的秘密。逐渐地,甚至这个不利的字眼也几乎变成了一个专业名词,用来指绝不是因为人的发明或设计,而是由环境力量形成的人类制度。尤其是在最后一批经院派学者、16世纪西班牙耶稣会士的著作中,对于假如事物的秩序没有经过政府的刻意安排,那么它如何能够自发地形成,做了系统的探究。他们由此产生的想法,我乐意称之为第一个近代社会理论,然而,他们的教导却被随后那个世纪的理性主义潮流淹没了。[①]

五

　　笛卡尔之流、霍布斯之流和莱布尼茨(Leibniz)之流,无论他们的工作在其他领域有多么伟大的进展,对于理解社会的成长过程却是灾难性的。在笛卡尔看来,斯巴达(Sparta)似乎堪称希腊各国之翘楚,因为它的法律是设计的产物,"源自一个人,只为一个目的"[②],这就是得势的建构论理性主义的特征。它认为,不但所有的文化制度是精心建构的产物,而且如此设计出来的一切事物,必然优越于所有那些单纯自发的事物。在它的影响下,传统的自然法观念,从通过逐渐适应"事物之自然属性"而自我形成之物这种观念,变成了人因为具备天赋自然理性而能够设计出来之事物的观念。

　　我不知道经历了这场知识骚乱之后,那个更古老的传统还有

---

　　①　关于莫林那(Luis Molina)——从这个角度看,他是16世纪西班牙耶稣会士中最重要的人物——和他的一些前辈,见我的《人的行为的结果,但不是人为设计的结果》一文。

　　②　R. Descartes, *A Discourse on Method*, part Ⅱ, Everyman ed., London, 1926, p. 11.

多少被保留下来,尤其是还有多少能够传给曼德维尔。这需要从内部去了解 17 世纪的荷兰关于法律和社会问题的讨论,而对于一个读不了荷兰文的人来说,这是难以办到的。这一时期的荷兰思想,对那个世纪末和下个世纪初英国思想的发展,很可能有着重要的影响,因此我长期以来就认为,对它进行彻底的研究乃是思想史非常迫切的工作之一。在这一空白得到填补之前,就我所关心的具体问题而言,我只能推测,更为严密的研究很可能会表明,在曼德维尔和晚期经院派团体,尤其是它的弗兰德成员、卢万的列修斯之间,存在着某种联系。①

除了同更早的大陆自然法学者这种可能的联系之外,曼德维尔的另一个可能的灵感来源,是英国的普通法学者,特别是哈勒爵士。他们的著作在某些方面保留了自然法学者所持有的观念,在另一些方面又使这种观念在英国变得没有必要。从哈勒的著作中,曼德维尔能够发现许多有助于他思考文化制度成长问题——这日益成为他的中心问题——的内容。②

然而,所有这一切不过是一个受到当时建构论理性主义破坏的更古老传统的残留物,而这种理性主义在社会领域最强大的诠释者霍布斯,正是哈勒(Hale)从事论战的主要目标。在这种迎合人类思想的强大哲学的影响下,同人类思维喜欢以拟人化方式解释一切这种根深蒂固的习性相一致,人们是多么愿意回到那种人类制度出自设计的幼稚学说——若想对此有更好的理解,我们只需回想一下,那些文艺复兴时期的杰出学者们,还一直在想当然

---

① Leonard Lessius, *De justitia et jure*, 1606.

② 关于哈勒爵士,现在尤其可参见 J. G. A. Pocock, *The Ancient Constitution and the Feudal Law*, Cambridge, 1957, esp. p. 171 et seq。由于疏忽大意,我在 1960 年发表的《自由秩序原理》一书中没有提到这部杰作,这里我要做出更正;在该书最后的修订版中,我从波考克先生的著作中受益颇多。

地为一切文化制度寻找发明人。① 把政治秩序归因于某种有意图的行为、某种协议或契约,这种一再出现的企图,同早先就它的演化所做的更为繁复的说明相比,与这种观点更为意气相投。

六

在当时的人看来,"曼德维尔把一切行为全都贬低成或是公开,或是经过伪装的自私"②,好像他同霍布斯没有什么两样,但是这却掩盖了由此会导致完全不同的结论这一事实。他最初对自私的强调,仍包含着人的行为受完全理性的考虑指引这种暗示,但是他的论证逐渐朝着这样的方向改变:不是人们的见识,而是各种社会制度和传统对人施加的限制,使他们的行为看上去是理性的。尽管他似乎仍然醉心于揭示,决定着人的行为的只有自骄(或"自爱"③),然而事实上他开始变得更为关心某些行为规则的起源,人的自骄使他们服从这些规则,但他们并不了解它们的起源和理由。在他使自己确信,让人们服从规则的原因非常不同于使这些规则得到确立的原因之后,他越来越着迷于这些规则的起源,它们对于有序的社会过程的重要性,同促使个人服从它们的动机并无多大关系。

这个起点在对诗作的散文体评论以及构成《蜜蜂的寓言》第

---

① 参见 Pocock 前引书,p. 19:"正是在这个时期,波莱多尔·维吉尔(Polydore Vergil)写下了他的《论发明》,认为所有发明都可追溯至某个发现者;在法律史领域,马基雅维里(Macchiavelli)以罕见的天真写道,那个人'左右着'像法国的君主制这种如此复杂的历史产物。"见脚注中所引 Denys Hay, *Polydore Vergil*, Oxford, 1953, chapter Ⅲ; Niccoló Macchiavelli, *Discorsi*, Ⅰ, xvi; Pierre Mesnard, *L'Essordela philosophie politique au XVIe siècle*, Paris, 1951, p. 83。

② F. B. Kaye, i. p. lxiii.

③ 见 Chiaki Nishiyama, *The Theory of Self-love: an Essay in the Methodology of the Social Sciences, and Especially of Economics, with Special Reference to Bernard Mandeville*, University of Chicago Ph. D. thesis(mimeographed), 1960。

一卷的文章中已经表现出来,然而只是在第二卷里它才得以全面展开。在第一卷里,曼德维尔的实例主要取自经济事务,因为他认为,"人的社会性源于两点,即他的欲望的多样性和他在尽力满足这些欲望时会遇到不断的反对"①。不过,这只会使他想到重商主义那种令凯恩斯爵士大感兴趣的、有关奢侈之有益作用的观点上去。我们在这里也看到对制造一块红布的遍布全球的所有行为的生动描述②,它对亚当·斯密显然起到了启发作用,并成为第二卷中准确介绍劳动分工的基础。③ 在这种讨论的背后,显然已经有了一种对市场产生自发秩序的意识。

七

曼德维尔是亚当·斯密经济自由观点的先驱,这使他长期以来得到公认的地位,若不是瓦伊纳教授最近对这一事实提出了挑战④,我本不想在这件事上多费口舌,因为在这个问题上没有人比他更具权威性。在我看来,在所有相关的方面,瓦伊纳教授都受到了曼德维尔反复使用的一句话的误导,即他提到"手段高明的政治家利用巧妙的管理,可以把私心之恶转为公益"⑤。瓦伊纳教授把这句话的意思解释成曼德维尔赞成我们现在称为政府干预的行为,即政府对人们的经济活动进行具体的领导。

---

① i,p. 344.

② i,p. 356. 杜家尔德·斯特沃特(Dugald Stewart)在其 *Lectures on Political Economy* (*Collected Works*,vii,p. 323)一书中指出,曼德维尔的这段话"清楚地预示着亚当·斯密《国富论》中最精彩的段落之一"。

③ ii,284.

④ 见 Bernard Mandeville,*A Letter to Dion* (1732)(edited for The Augustan Reprint Society,Los Angeles,University of California,1953)一书的序言,重印于 Viner,*The Long View and Short*,Chicago,1958,pp. 332－342。主流的、我认为也是更真实的看法,见 Albert Schatz,*L'Individualisme économique et social*,Paris,1907,p. 62。

⑤ i,pp. 51,369,ii,p. 319;另见 *Letter to Dion*,p. 36。

　　然而这肯定不是曼德维尔的意思。在 1714 年第二次印刷的
《蜜蜂的寓言》中，一个很少受人注意的小标题，十分可靠地表明
了曼德维尔的目的。这个标题称，该书包含着"若干论述，要证明
人类的弱点……也可以变成公民社会的优点，并可得到改造以为
美德提供安身之地"①。我认为，他这里想要表达的意思，显然也
就是塔克在 40 年后更明确表达出来的意思，他写道："在这种情
况下（就像在所有其他情况下一样），人性之中的普遍动机——自
爱，可以获得这样一种取向，它追求个人利益的努力，也会促进公
众的利益。"②然而根据曼德维尔和塔克的意见，赋予个人的努力
以这样一种取向的方法，并不是指任何政府的具体命令，而是指
各种制度，尤其是公正行为的一般性规则。我以为罗森伯格先生
是完全正确的，他在回答瓦伊纳教授时论证说，曼德维尔就像亚
当·斯密一样，在他看来，政府的适当职能"就是通过创设聪明的
法律架构，建立游戏规则"，曼德维尔是要寻求一种"使政府权力
的任意行使最小化"的制度。③ 曼德维尔在《蜜蜂的寓言》的第一
卷里就曾主张，"每个行业的成员都会发现这种和谐，在没有任何
人对它插手干预时，它才会得到最好的维护"④；在第二卷的结尾
处，他又谈到了"那些剥夺了我们幸福的人，可能有着良好的愿
望，但他们又是多么眼光短浅。这样的幸福，如果没有人改变或

---

　　①　参见 ii, p. 393 的标题页复制件。"第二版"没有被用来称呼这个版本，而是保
留给了 1723 年的版本。

　　②　Josiah Tucker, *The Elements of Commerce and Theory of Taxes*（1755）, in
R. L. Schuyler, *Josiah Tucker, a Selection from his Economic and Political Writings*, New
York, 1931, p. 92.

　　③　Nathan Rosenberg, "Mandeville and laissez faire", *Journal of the History of Ideas*,
xxiv, 1963, pp. 190, 193。另参见 ii, p. 335, 曼德维尔在那里说，使好人握有全部权力尽
管是可取的，然而"最佳状态若是做不到，我们也可退而求其次，这时我们就会发现，在
可保国家长治久安的所有方法中，无论它们看重什么，最好的办法就是用聪明的法律
保护和巩固宪政，并建立起这样的行政机构，当大臣们的能力和诚实与我们的希望相
比有所欠缺时，国民的利益也不至于因为他们缺少正直或求知欲而受到重大伤害"。

　　④　i, pp. 299-300.

中止其活动,是会从每一个大社会的本性中自动产生的"①。一个能够说出这些话的作者,在鼓吹自由放任上显然不会与亚当·斯密有什么两样,或很不一样。②

如果与这个问题有关的"自然现象"和"人为现象"的旧式二分法造成的恶果没有再次出现,我本不想把它看得多么重要,在脚注里提一下即可。哈列维(Elie Halévy)最早认为,曼德维尔和亚当·斯密将他们的论证建立在"各种利益的天然和谐"上,而爱尔维修(Helvetius)(毫无疑问他从曼德维尔和休谟那儿获益不少)以及他的后继者边沁,都有一种"各种利益人为和谐"的想法③;瓦伊纳教授认为,爱尔维修是从曼德维尔那里得到了这种各种利益人为和谐的观念。④ 在我看来,这恐怕是由"自然/人为"的二分法导致的一种和稀泥的做法。曼德维尔关心的是并非由人有意建立的制度——虽然立法者有改进它们的责任——以便协调不同的个人利益。利益的一致既不是"自然的",因为它并未摆脱人的行为所形成的制度;也不是"人为的",因为它并不是因有意的安排而产生的,而是自发生成的制度结果,这些制度之所以得到发展,是由于它们为碰巧找到了它们的社会带来了繁荣。

八

无须奇怪,沿着这一思路,曼德维尔的兴趣日益转向了使人们的不同利益相互协调的制度如何生成这个问题。这种有关法律不是由某个聪明的立法者设计,而是在漫长的试错过程中成长

---

① ii,p. 353.

② 参见 J. Viner,"Adam Smith and laissez faire",*Journal of Political Economy*, XXXV,1927。

③ Elie Halévy,*The Growth of Philosophical Radicalism*,London,1928,pp. 15–17.

④ *The Long View and Short*,p. 342.

的理论,大概是他对制度进化的描述中最引人注目的内容,它们包含在《蜜蜂的寓言》第二卷他对社会起源的研究之中,使这本书堪称一部杰作。他的中心论点变成了:①

> 我们常把一些事情归功于人类非凡的天赋和深邃的洞察力,而实际上那是因为漫长的岁月和世代累积的经验,他们在天性和智慧上彼此并无多大差别。

他又以法律为例做了发挥:②

> 某个人或某代人的成果非常之少,它们中的绝大多数内容,都是若干代人共同劳作的产物……我这里所说的智慧,并非来自精妙的理解力或紧张的思考,而是出自从长期的实践经验和丰富的观察中获得的可靠而周密的判断力。从这种智慧和漫长的岁月中产生的法律,使得治理大国易如织袜(请宽恕我这个粗俗的比喻)。

在这个过程中,法律"以技艺和人类智慧所能做到的近乎完美的程度产生出来,整个这架机器可以做到运转自如,所需技巧不比给钟表上弦更多"。③

当然,曼德维尔并不十分清楚,不同制度的发展需要多长时间,或他需要多长时间才能对此做出说明。他经常倾向于把这个适应过程同环境一并讨论④,而不愿像后来的休谟那样,让自己做明确的说明。休谟曾在一个类似的背景下说:"我这里仅仅假设,

---

① ii,p. 142.
② ii,p. 322.
③ ii,p. 323.
④ N. Rosenberg,上引书,p. 194。

那些思考是一下子形成的,而事实上它们是在无意间逐渐出现的。"①曼德维尔仍然在当时得势的专断的理性主义观点和他本人新的生成论或进化论观点之间徘徊不定。② 但是,同马修·哈勒(Mathew Hale)或约翰·劳(John Law)③——他们在其具体领域中对这一观点的应用大概更为出色——相比,他的工作之所以更具意义,是因为他把它应用于整个社会,使它进入了一些新的主题。他仍需尽力使自己摆脱建构主义的先入之见。他的论证的要点始终是,社会的大多数制度既然都不是设计的结果,那么"一个最精巧的上层结构,又是如何在脆弱而腐败的基础——即人们各自追求私利——上形成的"④,"秩序、经济以及市民社会的存在,如何能够完全建立在我们的各种欲望之上……使人们之间的相互服务形成了这个上层结构"⑤。

九

让一篇演讲充满了脱离上下文的引语,听众又很难明白那些只有靠阅读原书才能领会的含义,这样做实非明智之举。因此我只想简单谈谈曼德维尔进一步应用这些思想的主要实例。他首先观察到,在游戏技巧中,包含着一些行为者不解其意的动作,手

---

① David Hume, *A Treatise on Human Nature*, ed. T. H. Green and T. H. Grose, ii, p. 274.

② 参见 Paul Sakmann, *Bernard de Mandeville und die Bienenfabel - Controverse*, Freiburg i. B. ,1897,p. 141。凯伊的版本虽然部分地胜过此书,但它仍然是研究曼德维尔最全面的专著。

③ 在大约与曼德维尔诗作的初稿同时出现的《论货币和贸易》(*Money and Trade Considered with a Proposal for Supplying the Nation with Money*,Edingburgh,1705)一书中,约翰·劳对货币的发展——如门格尔所说——第一次做出了恰当的说明。没有理由认为曼德维尔知道这种说明,然而这种日期的相同却是很有意义的,它表明了进化的观念已多少"形成了一种气氛"。

④ ii,p. 64.

⑤ ii,p. 349.

艺和生意技巧变得"十分高超……是因为不断的劳作和世代积累的经验,才使能力平平的人也能够掌握它们"。因此他认为,说话、写作和支配行为的方式,得到我们所谓的"理性动物"的普遍服从,但他们"既不思考也不知道这些方式的含义"。① 最出色的应用实例是语言的进化,在这一点上曼德维尔真正前无古人。他认为,语言"像所有其他的技艺和学问一样,是逐渐"来到这个世界的。② 如果我们记得,就是不久之前,洛克还认为词语是被随意"发明"出来的③,则似乎可以说,我们在 18 世纪下半叶才发现的那些对语言发展的丰富思考,曼德维尔是它的一个重要来源。

所有这一切,是他对我们现在称为文化传递的那个过程的日益增长的兴趣之一部分。他把"后天的、通过文化获得的"东西④同先天的东西做了明确的区分,在第二卷的对话中,他让自己的代言人强调,"阁下所谓自然之物,其实是出自人为,是因教化而来"。⑤ 这使他最终认为,"这适用于我们的思想,恰如它适用于我们的语言"⑥,并且⑦

> 人的智慧乃时间之子。确定一个令理性动物对它保持敬畏的观念,建立一个供自己顶礼膜拜的偶像,既非出自哪个人的发明,亦非数载所能办到。

在这里,反理性主义表现得最为明显——我们姑且用一下"反理性主义"这个被广泛用来指称曼德维尔和休谟的字眼,其实

---

① ii,pp. 140–141.
② ii,p. 287.
③ John Locke, *Essay Concerning Human Understanding*, Ⅲ, ii, 1.
④ ii,p. 89.
⑤ ii,p. 270.
⑥ ii,p. 269.
⑦ *The Origin of Honour* (1732), i, p. 47, n.

现在我们已经幸运地有了卡尔·波普尔的"批判理性主义"一词。在我看来,曼德维尔由此提供了使休谟有所建树的基础。在《蜜蜂的寓言》第二卷里,我们越来越频繁地看到一些休谟让我们熟悉的词语,例如他谈到了"人类知识的狭窄疆域"①,并且说,

> 我们坚信人之理解力是有限的。我们稍加思考即可断定,它疆域狭窄,受着很大的限制。正是这一点,这个唯一的原因,阻止着我们洞察自己的来源。②

当《荣誉的起源》问世时,休谟 21 岁,据他本人说,他"正在酝酿"《人性论》,但尚未"动笔"。③ 我们在这本书里看到了完全是休谟式的段落:④

> 人都是摇摆不定的,完全受着情绪的左右,无论我们有什么精妙的观念可以让自己沾沾自喜。即或那些行为合于学识、恪守理性指引的人,亦会受一时心血来潮的驱使,他的所作所为,同那些蔑视和对抗学识与理性,我们称为受情绪役使的人相比,并没有什么两样。

十

我不想对曼德维尔做过高的评价,我只想说,是他使休谟成

---

① ii, p. 104. 参见 David Hume, " Enquiry", in *Essays*, ed. T. H. Green and T. H. Grose, ii, p. 6:"人是一理性的存在,因此他利用科学而获得充足的食品和教养。然而人类理解力的疆域是如此狭窄,他的学识的范围和可靠性,都使人只能有望得到稍许的满足。"

② ii, p. 315.

③ 参见 E. C. Mossner, *The Life of David Hume*, London, 1954, p. 74。

④ *The Origin of Honour* (1732), i, p. lxxix.

为可能。① 我对休谟的评价是,在近代所有研究精神与社会的人中间,他大概是最伟大的一位。这使曼德维尔在我看来非常重要。只是在休谟的著作里,曼德维尔努力的意义才完全得以彰显,而且正是通过休谟,他才产生了持久的影响。然而在我看来,把自己的一些主要观念传给休谟②,已足以使曼德维尔无愧于思想大师这一称号。

要想知道曼德维尔做出了多大的贡献,我们只需看看那些观念的进一步发展即可,休谟是接过它们并认真加以思考的第一人,也是最伟大的一人。这一发展当然包括 18 世纪下半叶苏格兰那些伟大的道德哲学家,尤其是亚当·斯密和弗格森,后者以"人的行为的结果,但不是人为设计的结果"③这句话,不但对曼德维尔的中心论题做了最出色的概括,而且为所有社会理论的任务提供了一个最好的定义。我不想因为对曼德维尔有所偏爱,便说他的著作也经由赫尔维特,导致了边沁的那种偏执的功利主义,这种说法虽然相当正确,却是一种向建构论理性主义的倒退,而曼德维尔的主要贡献,就是对这种理论的克服。不过,曼德维尔所开启的传统中也包括了艾德蒙·伯克,主要是通过他,所有的

---

① 参见 Simon N. Patten, *The Development of English Thought*, New York, 1910, pp. 212-213:"曼德维尔的直接继承者是休谟……如果我的解释是正确的,休谟的发展起点就是曼德维尔的作品。"另见 O. Bobertag, *Mandeville's Bienenfabel*, Munich, 1914, p. xxv。

② 对孟德斯鸠(Montesquieu)同样可以这样说。参见 Joseph Dedieu, *Montesquieu et la tradition politique anglaise*, Paris, 1909, pp. 260-261, 307, n。

③ Adam Ferguson, *An Essay on the History of Civil Society*, Edinburg, 1767, p. 187:"芸芸众生的每一个步骤和每一个行动,即使在我们所谓的启蒙时代,都是在对未来茫然无知的情况下做出的。各国摸索出一些典章制度,那固然是人的行为的结果,却不是因为实施了任何人为的设计。如果克罗姆维尔(Cromwell)说:当一个人不知道自己要去哪儿时,他绝不可能达到更高的境界;但是更有理由用那些社会来证实:它们赞同最伟大的革命,但其中没有任何变化是它们意料到的;即或最老练的政治家也并不总是清楚,他们按照自己的计划会把国家引向何处。"

"历史学派"——在欧洲大陆则主要是通过赫尔德尔①和萨维尼②等人——使这种进化观在达尔文之前很久,便成为 19 世纪社会科学中的常识。"达尔文之前的达尔文派",很久以来便从更有效的习俗和习惯做法之取得优势这个角度思考问题,正是在社会研究的进化论思想气氛中,达尔文终于将这一思想系统地应用于生物有机体。③ 当然,我的意思不是说,曼德维尔对达尔文有任何直接的影响(尽管休谟可能有这样的影响)。不过在我看来,从许多方面看,达尔文是由曼德维尔启动的一项发展的顶点。

曼德维尔和达尔文有一点是一样的:他们所引起的丑闻起因相同,就此而言,达尔文完成了由曼德维尔开始的事业。现在已很难想象,那些接受了现在占上风的宗教形式的人就更难以想象,就在不久以前,宗教还同"出自设计的论证"有着多么密切的关系。发现有一种未经任何人设计的惊人的秩序,对于大多数人来说,是存在一个人格化造物主的主要证据。在道德和政治领域,曼德维尔和休谟揭示出,其中的秩序赖以存在的公正意识和正直的品德,并不是一开始就被植入了人的大脑,而是像大脑自身一样,是从一个逐渐的进化过程中成长起来的,对于这个过程,至少从原则上说我们可以学会去理解它。对这种观点的厌恶情

---

① 应当指出,使曼德维尔的影响同 G. 维科(G. Vico) 的类似思想结合在一起,J. G. 赫尔德尔(J. G. Herder) 似乎是一个最早的例子。

② 曼德维尔和休谟的思想能够最后到达门格尔,从而再度进入经济学,萨维尼似乎是一条重要线索。在《经济学和社会学问题》(Carl Menger, *Problems of Economics and Sociology*, ed. Louis Schneider, Urbana, Ⅲ., 1963) 一书的社会学部分,门格尔不但以一种我相信休谟之后便无人再做尝试的方式,重申了法律、道德、货币和市场形成的一般理论,并且说出了一个重要的见解(p. 94):"这种生成观同理论科学的思想是不可分的。"或许还应当指出一件并非广为人知的事情,门格尔经由他的学生理查德·图尔恩瓦尔特(Richard Thurnwald),也对现代人类学的兴起有过一定影响,而今天这个学科比任何其他学科都更专注于曼德维尔—休谟—斯密—弗格森这个传统中的中心问题。参见 J. S. Slotkin(ed.), *Readings in Early Anthropology*, London, 1965。

③ 有关社会理论的观念对达尔文的影响,见 E. Radl, *Geschichte der biologischen Theorie*, ii, Leipzig, 1909, especially p. 121。

绪之大,同一个世纪后在证明了有机体之精巧程度已不容再把它当作专门设计的证据时所引起的厌恶是一样的。大概我应当说,这个过程是同开普勒和牛顿一起开始的。但是,如果它自始至终都伴随着一种对决定着自然秩序的原因的逐渐深入的见识,那么,因为发现道德和政治秩序也是一个进化过程而非设计结果而引起的震惊,对我们所谓现代思想的产生也有着同样大的贡献。

关于行为规则体系的发展的笔记
(个人行为规则同行为的社会秩序
之间的相互作用)①

一

这些说明的目的是澄清我们描述事实的概念工具,而不是提供新的事实。更具体地说,它们的目的,是要明确两种体系之间的重要差别,一方是以支配群体中个人成员(或任何秩序中的成分)之行为的规则体系,另一方是该群体作为一个整体所表现的行为之社会秩序或模式。② 至于组成群体的个体是动物还是人③,或行为规则是内生的(遗传传递)还是习得的(文化传递),与这一目的无关。我们知道,通过学习而产生的文化传递,至少出现在某些高级动物中间,并且毫无疑问,人类也遵守某些内生的行为规则。因此,这两种规则常常是交织在一起的。应当清楚地理解,"规则"一词是用于这样一个命题,利用这个命题可以对个体

① 选自 F. A. Hayek, *Studies in Philosophy*, *Politics and Economics*, London, Chicago and Toronto, 1967, pp. 66-81;约翰·勒普克(Jochen Röpke)翻译。

② 我将交替使用"(社会)秩序"和"(社会)模式"去描述一个群体中全体成员的行为结构,但避免使用"社会组织"一词,因为"组织"有一种目的论的(拟人的)含义,因此最好把它保留给那些被设计出来的制度。同样,我们有时交替使用"秩序及其成分"和"群体与个体"这一对概念,尽管前者属于一个更一般的概念,而群体和个体的关系仅仅是它的一个具体实例。

③ 它们甚至既可以是有生命的有机体,也可以是某种复杂的机械结构。参见 L. S. Penrose, "Self-Reproducing Machines", *Scientific American*, June 1959.

行为的常规做出描述,而不管这些规则是否为个体所知,只要它们的行动通常都遵循这些规则即可。这里我们暂不考虑一个有趣的问题:在个体尚不能用语言表述这些规则,从而也不能明确地传授它们之前很久,它们为何能够在文化中传递,或它们是如何从具体事例中"通过模仿"而学会了抽象规则。

个体行为的规则体系与从遵循这些规则采取行动的个体中产生的行为秩序,虽然经常被混为一谈(当法学家拿"法律秩序"一词指这两种事物时,特别易于造成这种混淆),但它们并不是一回事,只要稍作说明,这一点立刻会变得十分明显。并不是所有的个体行为规则体系都能产生一种全面的群体行为秩序;个体行为的规则体系能否产生一种行为秩序,以及它是一种什么样的秩序,取决于个体行动的环境。热动力学中的第二定理,即熵原理,是成分的行为常规造成"完全无序化"的典型例子。显然,在一个生物群体中,许多可能的个体行为规则都有可能仅仅产生无序,或使该群体本身的生存变得不可能。一个由动物或人组成的社会,永远是指一些遵守这种共同的行为规则,从而在其生活环境中产生出一种行为秩序的个体。

为了理解动物和人类社会,以上区分尤其重要,因为个体行为规则的遗传传递(在很大程度上也包括文化传递)是发生在个体与个体之间,而所谓对规则的自然选择,是根据所产生的群体秩序的有效性之大小进行的。[①] 基于这里的讨论日的,我们将根据构成群体的成员所遵守的行为规则,将其划分出不同的种类,把这些个体行为规则中可传递的"突变"的出现,视为新要素的出现,或视为群体中所有成员之特征的逐渐演变。

---

① 参见 Alexander Carr Saunders, *The Population Problem*, London, 1922, p. 223: "采取最有利的习惯的群体,在同相邻群体的不断斗争中会处于有利地位。"

二

对群体行为秩序和个体行为规则加以区分的必要性,可由以下考虑得到进一步支持:

(1)对于一种特定的行为秩序,即使不了解使它产生的那些个体行为规则,也可以进行观察和描述;至少可以设想,不同的个体行为规则,可以产生出相同的全面行为秩序。

(2)同样的个体行为规则,在某种环境下可以导致某种行为秩序,而在另一种外部环境下则不会导致这种行为秩序。

(3)对于群体的维持来说,重要的是产生全面的行为秩序,而不是互无联系的个体自身的行为常规。无论产生全面的秩序的个体行为规则是什么,这种秩序可以用同样的方式对群体成员的生存做出贡献。

(4)进化过程对不同的个体行为规则所做的选择,是根据它为秩序带来的生存能力。任何个体行为规则,可以作为一组规则的一部分,或在某种外部环境中,发挥有益的作用,也可以作为另一组规则的一部分,或在另一种外部环境中,发挥有害的作用。

(5)在适当的环境中产生的这种全面的行为秩序,是受某些规则支配的许多个体行为共同造成的,然而这种行为秩序的产生,却不是个体行为自觉的目的,因为个体全然不知道这种全面的秩序,从而除了指导个体行为的抽象规则之外,它并不知道在某个特定时刻需要保留或恢复这种全面的秩序。

(6)具体的个体行为,总是由如饥饿之类的内部刺激以及对个人产生影响的特定外部事件(包括群体中其他成员的行为)共同造成的,与环境相适应的规则就是这样确定下来的。因此,群体中不同的个体据以行动的规则,也可以是不同的,这或是因为对他们产生影响的动机或外部环境造成了不同的适用性规则,或是因为根据年龄、性别、地位或每个个体在特定时刻所处的具体状态,使不同的规则适用于不同的个体。

(7)永远有必要记住:行为规则本身从来不是行为的充分原因,某种行为的诱因总是会来自某些外部刺激或内部动机(通常是两者的结合),行为规则的作用不过是对由另一些原因引起的行动起限制。

(8)行为体系的有序性,一般表现在如下事实中:不同的个体的行为会进行相互协调或相互调整,使其行为结果消除一些刺激因素,或是将已经成为其行动原因的指令变成动机。

(9)整体的有序性之不同于其个体的行为常规,也表现在这样的事实中:即使个体成员没有表现出任何常规,整体仍然可以是有序的。例如,当整体秩序的产生是由于某个权威支配着所有的具体行为,并选出一些个体——比如通过掷骰子——在随便哪个时刻采取某种行动时,情况就是如此。从总有人承担某些角色这个意义上说,这种群体中也可以存在着明显的秩序;然而它不可能形成任何指导任何个体行为的规则(发布命令的权威除外)。在这里,任何个体采取的行动,不能利用规则,从它的任何属性或对它起影响作用的环境中推导出来(组织者的命令除外)。

三

个体行为规则所产生的全面秩序,最容易观察到的事例,是那些由某种空间模式组成的秩序,比如出现在队列行军、防御战、一群动物或人的狩猎中的秩序。迁徙的野鹅形成的箭形队列,野牛的防御圈,或狮群把猎物向雄狮驱赶以将其杀死,便是这样一些简单的事例。在这些情况下,个体很可能对整个模式一无所知,然而它知道一些针对眼前的环境如何做出反应的规则,是它们在协调着个体的行为。

更有说服力的例子,是建立在劳动分工基础上的抽象的、更为复杂的秩序,我们可以在蜜蜂、蚂蚁和白蚁这类昆虫社会中看到这种秩序。在这些例子中,大概不会有人认为,应当把个体的行为变化归因于来自某个中心的命令,或者是因为个体"认识"到了整体在某一时刻的需要。几乎无可置疑的是,工蜂在因为环境需要而变化的间歇期,它在一生中的不同阶段相继从事的工作[1](在蜂巢需要时,甚至重新返回过去的阶段),肯定不能用比较简单的个体行为规则加以解释,更何况我们所能知道的只有这些规则。同样,埃默森的遗传学所揭示的[2]由白蚁建立起来的精密构造,归根到底要用我们所知甚少的个体行为的内在规则加以解释。

另外,当我们谈到原始的人类社会时,我们比较容易确定的是个体的行为规则,而不是由此产生的全面且往往高度复杂的抽象秩序。个人常常能够亲自告诉我们在不同的环境中什么行为恰当,他们在特定的情况能够这样做,然而他们无法对自己据以行动的规则做出明确的表述[3];但是,只有当我们复制出据此规则采取行动而产生的全面秩序之后,才能发现这些规则所发挥的"功能"。个人有可能丝毫意识不到因为他服从崇拜、通婚或财产继承之类的规则而产生的全面秩序,或这种全面的秩序有何功能。但是现存种群中的所有个体会以这样的方式行动,因为由这样行动的个体所组成的群体,已经取代了那些不这样

---

① 见 K. von Frisch, *Dancing Bees*, New York, 1955。

② A. E. Emerson, "Termite Notes – A Study of Phylogeny of Behavior", *Ecological Monograph*, Ⅷ, 1938.

③ 参见 Edward Sapir, *Selected Writings*, ed. D. G. Mandelbaum, University of Chicago Press, 1949, p. 548。

行动的群体。①

四

一个群体中的全面的行为秩序,从两方面说要大于个体行为常规的总和,因而不能被完全分解成这些常规。不仅从整体大于总和这一老生常谈的意义上说是如此,并且其前提是成员要以特定的方式相互联系在一起。② 更是因为要想全面地说明这种对整体生存至关重要的关系,不但得借助各部分之间的相互作用,还要借助个体和整体双方同外部世界的相互作用。如果存在某种一再出现的、具有持续性的结构(即显示出某种秩序),这应归因于对外部影响做出反应的成员,它们倾向于以一种维持或恢复秩序的方式做出反应;反过来说,个体维持自身的机会,也取决于这种秩序。

成员的任何行为规则,只有在某种环境下才会形成稳定的结构(表现出"自我平衡的"控制力),在这种环境下,适用于上述行为规则的环境类型汇合在一起变得大有可能。环境的变化可能要求——如果整体想继续存在的话——群体中的秩序做出改变,从而也要求个体行为规则做出变化;个体行为规则自发的变化,以及随之出现的秩序变化,可以使群体在它不做出这种改变就会灭亡的环境中继续生存下去。

以上所论主要是想指出,行为规则体系是作为一个整体而发展的,或者说,进化的选择过程是在整个秩序的基础上进行的。

---

① 本节简单描述的这种秩序,进一步的说明见 V. C. Wynne-Edwards, *Animal Dispersion in Relation to Social Behaviour*, Edinburgh, 1962; Anne Roe and G. G. Simpson, *Behaviour and Evolution*, Yale University Press, 1958; Robert Ardrey, *The Territorial Imperative*, New York, 1966。

② 参见 K. R. Popper, *Poverty of Historicism*, London, 1957, section 7; Ernest Nagel, *The Structure of Science*, New York, 1961, pp. 380-397。

新的规则同群体中的其他规则相结合,在它特定的生存环境中会增进还是削弱整个群体的能力,取决于这些个体行为导致的秩序。由此得出的一个结论是,一条新的个体行为规则,在某种情况下可以有害,在另一种情况下可以有利。另一个结论是,一条规则的变化可以使其他过去有害的变化——无论是行为的还是身体的——变为有利。因此,甚至通过文化传递的个人行为模式(或由此产生的群体行为模式),也有可能对行为或身体之遗传变化的选择起着决定作用。①

显然,这种形成全面秩序的个体行为规则同其他个体和外部环境的相互作用,可能是一种高度复杂的现象。社会理论的全部任务,不过是努力揭示这样形成的全面秩序,社会理论所提出的具体概念架构之必要性是基于什么样的理由,是这一任务的关键所在。还应清楚,这种独特的社会结构理论,只能对不同类型的结构中某些一般性的和高度抽象的特征(或仅仅是它的“数量方面”)做出解释,因为某种类型的结构所共同具有的,仅仅是这些抽象的特征,因而也是它们的唯一能够加以预测或对行为提供有用指导的因素。

在这些理论中,经济学理论,即关于自由的人类社会的市场理论,是迄今为止在一个漫长的时间过程中唯一被系统发展出来的理论,并且大概像语言学一样,是极少数因其研究对象特别复杂而需要这种深入思考的理论之一。但是,尽管可以把全部经济学理论(我相信还有语言学理论)视为仅仅是致力于从个人行为常规中再现由此产生的秩序的特征,却很难说经济学家知道这就是他们所从事的工作。不同的个人行为规则(有一些受到自愿甚至是无意识的服从,有些则是被迫服从)是形成全面秩序的前提,

---

① 参见 Sir Alister Hardy, *The Living Stream*, London, 1966;尤见该书第二讲。

这种规则的性质经常被含糊其词地置之不理。① 在这些个人行为规则中,哪一些能够被有意识地加以有利的改变,哪一些可以利用(或不能利用)涉及立法行为的专门的集体决定以使其逐渐演化,对这个重要问题很少有人做系统的思考。

<h2 align="center">五</h2>

关于群体行为秩序的存在和维持,尽管只能从个人服从的行为规则方面加以说明,但是这些个人行为规则的发展,却是因为个人生活在群体之中,而它的结构是在逐渐变化的。换言之,对群体的存在和维持十分重要,从而也对个体自身的存在和维持十分重要的个体的性质,是通过生活于群体中的一些个体得到选择而形成的,在该群体演化的每一个阶段,它们都倾向于遵守这些规则,因而使该群体变得更有效率。

因此,要想对任何特定时刻的社会秩序做出解释,必须假定个人行为规则是既定的。这些规则之所以得到甄选并形成,是因为它们对社会秩序所起的作用。就心理学不会满足于描述个人实际遵守的规则,还要解释他们为何遵守这些规则而言,至少它的大部分内容会变成进化论的社会心理学。或者换句话说,虽然社会理论在建构社会秩序时,是根据在任何时刻都被假定为既定的行为规则,不过这些行为规则本身却是作为一个更大整体的一部分发展起来的,在这种发展的每一个阶段,个人行为规则的任何变化会产生什么作用,是由当时存在的全面秩序决定的。

这里我们无法进一步讨论心理学与社会理论的关系,不过若是对以下两种秩序的不同稍作说明,会对本文的主要目的有所帮

---

① 比如有关经济学理论所假定的"理性"程度的讨论中反映出的状况。顺便说一句,此处所言也意味着社会理论严格地讲不是行为科学,将它视为"行为科学"的一部分是错误的。

助:一种是因中枢器官——譬如大脑——的命令而形成的秩序,另一种是受结构内成员相互作用的常规所决定而形成的秩序。博兰尼曾对此做过十分有益的区分,他称之为单一中心秩序和多中心秩序的区分。① 这里应当予以重视的第一点是,作为有机体指令中心的大脑,其自身也是一个多中心秩序,也就是说,它的运行是由它所包含的各成分之间的关系和相互调整决定的。

由于我们都倾向于认为,凡是我们能发现一种秩序的地方,它必定受一个中枢组织的支配,如果我们把这种看法应用于大脑,这个组织显然会无限地缩小,因此简略地谈谈一个事实带来的好处是有益的。这个事实是,这样一个多中心秩序是存在于整体的单独一部分之内,支配着其他成分的行为。这种观点的好处是,可以按照某个模式,对不同行为的可选组合事先加以尝试,因此可以在整个组织采取行动之前,从中找出最有前途的方案。没有理由认为,这些复杂的行为模式尚未在其他中心内形成并受其指导之前,为何不可以通过各部分之间的直接相互作用而得到确定。大脑的独特性在于,它能形成一种有代表性的模式,使各种可选行为及其结果能够事先得到尝试。受大脑指挥的结构,可能拥有一份包括各种可能行为模式的清单,其数量同大脑所能执行的数量一样多,但是,如果一种行为尚未在某种模式中尝试它就实际采取这种行为,它有可能发现它是有害的,但那会为时已晚,结果是它有可能因此而遭到毁灭。另外,如果这样的行为事先在为此目的而分开的整体之单独一部分得到尝试,由此出现的将不是真正的结果,而只是这一结果的局部呈现,它可以成为不可采取某种具体行为的信号。

因此没有理由认为,在每一个成分都仅受规则指导而不是受单一中心命令的多中心秩序中,为什么不可以像单独的部分通过

① M. Polanyi,*The Logic of Liberty*,London,1951,尤见第 8 章、第 9 章。

模仿或根据模式执行命令(在更大的结构未执行这一命令之前)
的系统那样,形成一种复杂的、有着明显"意图"的对环境的适应
力。虽然作为整体的结构的自组织力量,一下子就能形成正确的
(或在未造成多大损害之前能够予以撤销的)行为类型,但这种单
一层次的秩序(single-stage order)未必不如多层次的秩序,后者
的整体仅仅采取那些先在部分中尝试过的行为。这种无层次的
(non-hierarchic)秩序不必首先将所有信息传递给为一个共同的
中心服务的各部分,因此不难理解,同传递给一个中心并由其加
以处理的情况相比,它能够把更多的信息利用起来。

　　这种自发的秩序就像社会秩序一样,虽然经常产生出一些同
大脑引起的结果相似的结果,但它的组织原理,与大脑同受其指
挥的组织之间关系的支配原理却有所不同。虽然大脑也可以根
据类似于社会组织的原理加以组织,然而社会并不是大脑,更不
能把它形容成一个超级大脑,因为它的行动的各部分,与决定着
结构的关系建立于其上的部分是相同的,形成秩序的任务并没有
委派给任何执行模式的部分。

六

　　这种有序结构的存在,如星系、太阳系、有机体和情况十分繁
杂的社会秩序,表现出某些共同的特点,并作为一个整体服从着
某些不能完全被化约为局部规律的规律,因为这种规律还取决于
整体与为使部分保持对整体的具体行为而言的必要秩序的环境
之间的相互作用,这就为目的在于发现"普遍的自然规律"的科学
方法论造成了若干困难。虽然有理由认为,在可以划定的环境
里,这种结构总会那样行动,然而事实上这种结构的存在不仅受
制于该环境,而且受制于过去存在过的许多其他环境,当然也受
制于这些环境的明确后果——在宇宙的历史中,它们仅仅在这个

秩序里成功过一次。因此,这种涉及复杂结构的理论所研究的对象,其存在本身就应归因于这些环境(和一个由其决定的过程),原则上说它们虽然是可重复的,事实上却是独一无二的,根本不会再次出现。因此,支配着这些复杂现象的规律,尽管"从原则上说是普遍有效的"(无论其含义是什么),事实上却仅仅适用于出现于宇宙的特定时空区域内的结构。

正如地球上的生命要归因于某些事件,而只有在其历史的早期阶段存在的特殊条件下,这些事件才能出现,同样,我们这种社会类型的存在,甚至我们所进行的人类思维的存在,都要归因于我们这个物种进化过程中的某些阶段,没有它们,无论目前的秩序还是现存的个别头脑类型,都不可能出现。我们根本不可能完全摆脱它的遗产。我们只能在一个意见和价值框架里,评判并修改我们的观点和信念,这个框架虽然会逐渐变化,但对于我们来说,却是那个进化过程的既定结果。

不过,这种结构的形成仍然是个理论问题而非历史问题,因为这里所涉及的,是一系列原则上说可重复的事件中的因素,尽管事实上它们可能只出现一次。我们可以把对这个问题的回答称为"猜测史学"(conjectural history)(现代社会理论的许多内容,就是从18世纪思想家的所谓"猜测史学"那儿得到的),只要我们仍然清楚,这种"猜测史学"的目的不是去说明某个独特事件的所有具体属性,而是仅仅想说明在可重复条件下,那些能够以相同的组合方式再现的事情。从这个意义上说,猜测史学是对一个假定性过程的再现,人们可能绝不会看到这个过程,但是只要它出现,它便会产生我们所观察到的现象。如想对出现这一过程的假设进行检验,可以通过寻找会随它而产生但至今尚未被观察到的结果,以及通过探寻我们所发现的所有这种正常结构是否可由该假设得到解释。

门格尔曾清楚地认识到,在复杂现象的领域,"这种生成因素与理论科学的观念是分不开的"[1]。或换句话说,复杂现象理论所研究的结构的存在,要想使它成为可认知的,只能利用物理学家所谓的宇宙生成论,即研究其进化的理论。[2] 星系或太阳系是如何形成的,以及它们产生了什么样的结构,这种问题更类似于社会科学所面对的问题,而不像机械学的问题;因此,为了理解社会科学的方法论问题,研究一下地质学或生物学问题,会比研究物理学问题更有教益。在这些领域,它们所研究的结构或稳定状态,它们所思考的客体,虽然在特定时空范围内可以出现千百万个实例,但要想对它们做出充分的说明,还必须考虑到一些条件,它们不属于结构本身的属性,而是在该结构发展和存在的环境中的事实。

七

社会不同于较简单的结构,乃是因为其构成要素本身就是复杂结构,它们维持生存的机会,取决于它们是一个更广泛的结构之一部分(或至少会受到该结构的改善)。在这个领域里,我们必须至少在两个不同的层面考虑整合(integration)问题:[3]一方面,范围更大的秩序有助于维护较低层次的有序结构;另方面,在较低层次决定着个体的行为常规的秩序,只有通过它对社会整体

---

① Carl Menger, *Untersuchungen über die Methode der Socialwissenschaften und der Politischen Oekonomie insbesondere*, Leipzig, 1883, p. 88; English translation by F. J. Nock, ed. by Louis Schneider under the title *Problems of Economics and Sociology*, Urbana, Ⅲ, 1963, p. 94.

② 我想这里无须强调,进化论不必意味着特定形式或阶段的必然结果这种意义上的"进化规律",这是将遗传现象作为历史问题加以解释的人经常犯的错误。遗传理论描述的是某种有可能产生无限多样性结果的机制。

③ 参见 R. Redfield(ed.), *Levels of Integration in Biological and Social Systems*(*Biological Symposia*, Ed. J. Catell, Vol. Ⅷ), Lancaster, Penn., 1941。在这里,"整合"当然仅仅意味着秩序的形成,或在已经存在的秩序中的合作。

结构的作用,才有助于个体的生存前景。这意味着,具有特定结构和行为的个体,它的存在形态取决于有着特定结构的社会,因为只有在这样的社会里,发展它的某些特征才是有利的,反过来说,社会秩序又是个人在社会中发展出来的这些行为常规的结果。

这意味着一种因果关系的转换,即具备某种秩序的结构之所以存在,是因为其成分做出了为保证该秩序的生存所必需的事情。"最终原因"或"目的",即部分对整体需要的适应,成为解释这种结构为何存在不可缺少的一部分:对于成员以某种方式行动的事实,我们必须利用使该行为最有可能维持整体的环境来加以解释——维持个体有赖于维持整体,因此,它们如果不以那种方式行动,它们就无法生存。就此而言,目的论的解释完全是必要的,只要它的意思不是指某个创造者的设计,而是仅仅承认,如果该结构不以某种方式采取可能产生一定结果的行动,它便无法使自己长期生存下去①,它是通过它在每一个阶段所采取的主导方式而演化的。

我们不太愿意把这种行为称为有目的的行为,因为由这些行为形成的秩序,从任何意义上说都不是行动的个人之动机或"目的的一部分"。直接的原因,促使他们采取行动的诱因,是一些只对他们产生影响的事情;这仅仅是因为在采取行动时,他们是受整个秩序所产生的规则的限制,而服从这些规则造成的后果,完全超出了他们的知识或意图范围。用亚当·斯密的经典语言说,人"被引导着促进一种目的,而该目的并不是他的意图的一部

---

① 参见 David Hume, *Dialogues Concerning Natural Religion* (1779), in *A Treatise of Human Nature*, ed. T. H. Green and T. H. Grose, new ed., London, 1890, Vol. Ⅱ, pp. 428-429; "我将乐于知道,一个动物,除非它的各部分进行这样的调整,怎么能够生存?……任何形态都不能存在,除非它拥有它的生存所必需的能力和官能:必须不间断地尝试某些新的生存秩序,直到有些能够支持和维护它自身的秩序得到落实。"

分"①,这正像动物捍卫它的领地,但并没有意识到这样做会有助于调节其种群的数量一样。② 这当然也就是我过去所说的进化和自发的秩序这两个孪生观念——曼德维尔和休谟、弗格森和亚当·斯密的伟大贡献,它同时为生物学和社会理论提供了理解成员行为常规和由此产生的结构规则之间相互作用的方法。他们没有明白,后来社会理论的发展也未能有效澄清的是,成员行为中的常规在与环境的相互作用中,有可能产生完全不同的整体行为的常规。

在近代法理学中,留下了寻求这种理解的早期努力的印记。它所采用的语言是个人行为规则符合 natura rei(事物本质)的语言。其含义是,任何个人行为规则的变化,都会对全面的秩序产生影响——其结论是,在对任何一条规则中这种变化的作用进行评价时,只能根据对决定着这一全面秩序的所有因素的理解。其中真正的要点是,正规的规则常常让行为适应作为事实而存在的秩序。在任何个人行为常规之外总是存在着这样的秩序,它是那些具体规则的"目的"、任何新规则都必须加以适应的秩序——唯有关于全面秩序形成的理论,才能提出这样的见解。

八

最后,还应就社会秩序的某些特性说几句话,这秩序除了依靠内在(遗传)规则外,还依靠习得的(文化传递的)规则。可以设想,这些规则并不是十分严格地得到了遵守,它需要一些不断的外部压力,以保证使个人不断遵守它们。如果遵守规则的行

---

① Adam Smith, *Wealth of Nations*, ed. Cannan, Ⅰ, p. 421.
② 见 V. C. Wynne-Edwards,前引书。

为有着该群体成员辨别标志的作用,便可以说它已达到了这一效果。如果反常行为不被群体中的其他成员所接受,遵守规则是他们之间成功合作的条件,维护一套既定规则的压力便会得到有效的维持。驱逐出群体,大概是维护一致性的最早的和最有效的"惩罚",最初仅仅是把不服从的个人从群体中清除,后来,当知识发展到了更高的阶段,对驱逐的恐惧也可以起到限制作用。

这种习得的规则系统,自然会比内在的规则系统更为灵活,因此有必要谈几句它们的变化过程。这个过程同个人模仿如何服从抽象规则的学习过程有着密切的联系;而对于这后一个过程我们所知甚少。一个对它有影响的因素,是群体内部支配个人的规则。一方面,对仍处在学习过程中,被接纳为群体成员的年轻人有较大的宽容尺度,这并不是因为他们已学会了该群体特有的全部规则,而是因为他们作为子孙依附于群体中的成年人。另一方面,处在支配地位的年长的成员,他们恪守自己的行为方式,不喜欢改变自己的习惯,然而他们又是处在这样的地位上:假如他们确实采取了新的做法,他们更有可能得到别人的模仿,而不是被驱逐出群体。由此可见,在什么样的选择会得到宽容或推广这个问题上,等级秩序是个重要的决定因素,尽管从发起变革的未必来自高层这个意义上说,那不一定是一种必然现象。①

然而,一个应当给予更多关注的问题是,选择服从既定规则的行为,担心违反规则造成的后果,同将这些规则归因于某个人、某个超自然力量,或归因于对这个力量可能施以惩罚的惧怕

①　例如,在猴群中可以看到,年少者更有可能采取吃新食物的习惯,然后再传播给群体中的年长者。见 S. Kawamura, "The Process of Sub‐Cultural Propagation among Japanese Macaques", in Charles H. Southwick(ed.) , *Primate Social Behavior*, Princeton, 1963, p. 85。

的做法相比,很可能更为久远、更为基本。部分地意识到一种世界规则,意识到在环境中发生的事件里,有已知的、可预测的因素和未知的、不可预测的因素之别,必然造成对可预测结果的行为的偏爱和对结果不可预测的行为的惧怕。虽然在一个可由生机论加以解释的世界里,这种惧怕有可能变成对某种不知其意志的力量所施加的惩罚的惧怕,然而这种对未知的和反常行为的惧怕,肯定很久以前就已经在使个人去维护已经尝试过的办法。认识到环境中的某些常规,会使人选择那些可以确信其结果的行为,而不愿做那些不熟悉的事情,并且在做这种事情时心生畏惧。由此,对客观世界存在着规则的知识与不愿偏离共同遵守的规则之间,便建立起了某种关系,从而也在事物遵守着规则的信念与人们"应当"在行动中服从规则之间建立起了某种关系。

　　我们有关事实的知识(尤其是有关复杂的社会秩序的知识——我们在这种秩序中活动,恰如我们也在自然秩序中活动一样),主要是告诉我们在一定环境之中我们的某些行为会产生什么结果。这虽然有助于我们在希望得到某个特定结果或受到某种诱因驱动时,决定需要做些什么,但是在一个我们所知甚少的世界里,还需要一些原则的帮助,它们禁止我们的内在欲望有可能驱使我们去做与环境不协调的行为。人们所知道的这些有关事实的规则,只有当他本人按照这种规则参与游戏,即不超越结果尚可预见的行动范围之内时,才是可靠的。因此,服从规范,也就是对事实上存在的常规的适应,我们依靠这些常规,但对它们只有部分的了解,并且只有通过服从该规范才能有所了解。如果我知道,不服从自己那个群体中的规则,我不但不会被该群体所接纳,从而也不能做大多数我想做和为维持生存必须要做的事情,而且假如我不服从规则,我甚至会干出一些最可怕的事情,使我坠入一个我再也无法自己选择方向的世界,那么可以说,这些规则同告诉我们环境中的客体如何运动的规则一样，都是导向成功的行为所必需的。实际相信只有如此这般才能产生某种结果，同从规范角度相信它是寻求这种结果唯一应当采取的方式，常常是紧密联系在一起的。个体会感到违反规则将使他遇到危险，即使没有人想惩罚他，这种恐惧甚至会使动物遵守常规。然而，一旦这些规则被细心地传授，并且是以生机论的语言加以传授，它们不可避免地会同传授者的意志或他所警告的惩罚或天谴结合在一起。

与其说人是按照他已知的结果在不同行为之间做出选择，还不如说他更愿意选择可预测结果的行为而非结果不明的行为。他最害怕的、一旦发生便会使他陷入恐惧之中的事情，是不知所措、不知该做什么的状态。我们都倾向于把良知同担心耻辱或另一种意志的惩罚联系在一起，不过从心理学上说，这里所表现出的精神状态，同那些操纵强大而复杂的机器的人在不小心扳错了手柄，引起完全出乎预料的运动时所体验到的惶恐，并无多大不同。由此产生的感觉——因为违反规则而感到某种可怕的事情就要发生的感觉——不过是人在进入未知世界时产生的恐慌心理的形式之一。所谓良心不安，也就是当人脱离常规进入未知世界时，对他所面对的危险的恐惧。只有当人们遵守既定的成规时，这个世界才是很可预测的，当人们偏离成规时，它就会变得让人害怕。

在一个人们所知十分有限的世界里，要想成功地生活并达到自己的目的，服从某些防止人遇到危险的禁律，同理解世界运行的规律是同样重要的。通过不知不觉的惧怕而发挥作用的禁忌或否定性规则，作为一种不得做哪些事的知识，也属于一种有关环境的信息，它同有关环境中的客体的确切知识，有着同样重要的意义。后者使我们能够预测具体行为的后果，而前者则警告我们不要采取某种行为。至少就规范性规则是由各种禁令构成的——在它们没有被解释成另一种意志的命令之前,它们的大多数很可能就是如此——而言,"你不得如何"这种规则,和告诉我们现实知识的规则,并没有太大的不同。①

----

① 这里所想到的可能性,并不是指所有的规范性规则都可以被解释成描述性或解释性的规则,而是说后者只有在一个规范性规则体系中才会是有意义的。

法律秩序与行为秩序①

思想容易共处一室,但世事总是磕磕碰碰。

一

我们对"法律秩序"这一说法熟悉到很少注意它所包含的双重意义。不仅外行人时常受其字面意义的误导,有时连法律专家也易将二者混淆。生活在法律秩序中意味着,社会生活进展得井然有序,从中我们很容易得出结论:我们的生活之所以有秩序,是因为某人已预先将事情安排妥当。"法律秩序"的这层意义尤为具有误导性,因为它确实较准确地适合公共生活的某一部分:的确是组织规则与具体命令共同决定了人的行为的某种特定秩序,前者组成了公法,而后者明确规定了国家机关的目标以及具体行政人员的职能。② 在这个领域内,法律系统与其所确定的行为秩

---

① 选自 Zur Einheit der Rechts - und Staatswissenschaften, Hrsg. Erich Strei Eri, *Freiburger Rechts- und Staatswissenschaftliche Abhandlungen*, Band 27, Karlsruhe, 1967。

② 参见 W. Burkhardt, *Einführung in die Rechtswissenschaft*, Zürich, 1948, S. 137:"私法与公法的双重对立中首要的是其法律规范根本不同。实体规范(materielle Normen)或者行为规范(Verhaltensnormen)规定了人们应当进行什么样的行为,他们应当做什么或不做什么;形式的(formelle)或者组织的规范决定了这些行为规则具体如何应用,通过谁,经过怎样的程序来(强制性的)执行。人们称前者为行为规范或者(广义上的)宪法规范,也被称为实体的规范;后者称之为形式的规范。" H. Nawiaski, *Allgemeine Rechtslehre*, 1948, S. 265 和 C. Du Pasquier, *Introductionà la théorie générale et la philosophie du droit*, 1942, S. 195 也表达了同样观点。同时参见 Z. Giacometti, *Allgemeine Lehren des*

序并无显著差别,因而人们将此二者都称为法律秩序也并无太大偏差。① 但是据笔者看来,即使一些著名的法律哲学家,有时也会受自上述领域中得来的这种思维习惯的误导。

因为我们每日希望见到的那种在同人行为中的秩序并非像国家机关秩序一样属于法律的产物,而这种秩序不仅决定了人际的交往,还使我们能够执行既定的计划。我们能够独自在一个陌生城市找到生活必需品,这并非仰赖某人的具体指令;我们能够在日新月异的时代推断一周甚至一年后我们的所处状态,也并非

（接上页）*rechtsstaatlichen Verwaltungsrechts*, Zürich, 1960, S. 101: "当赋予其对象,即机关的首脑最高权力(Imperium)时,将国家组织化的规范就属于公法的范畴,而这些首脑则成为主权的承载者,如果换句话说,这些规范确定的机关首脑的权能,或称部门权(Ämter),在概念上是与命令权联系在一起的。"另见 C. F. v. Savigny, *Das System des heutigen Römischen Rechts* I, S. 23: "尽管如此,在(公法和私法)两大领域之间存在着固有的对立:在公法领域,整体是目的,而个体则被置于整体之下。与此相反,在私法中,个体本身就是目的,所有法律关系都是与个体的存在和状态相关的手段。"萨维尼(Savigny)还写道(*Juristische Methodenlehre*, hrsg. Von G. Wesenberg, Stuttgart, 1951, S. 13): "法学只包含两大部分,私法学和刑法学。绝不要将国家法——对国家宪法的系统阐述——纳入法学概念中。"另见 L. L. Fuller, *The Morality of Law*, Yale University Pr., 1964, S. 63: "现在有一种强烈的倾向,将法律当作分成等级的命令(a hierachy of command),而不是行为规则(rule of conduct)。"他还写道(同上,第169页): "人们经常混淆通常意义上的指向公民行为规则的法与政府的行为。" H. L. A. Hart, *The Concept of Law*, Oxford, 1961 则指出: "在一种可以认为是基础和初始类型的规则指导下,人们被要求——无论他们是否愿意——做或者不做或者远离某事。而另一种类型的规则却寄生或附属于这第一种初始的规则,它们让人们可以通过做或者表达一些特定的事物引入新类型的初始规则,消除或修改旧的初始规则,或者以各种方式决定这些规则的使用情况和控制其操作。"

德国自保尔·拉班特(Paul Laband)起对实体的规范与形式的规范的讨论中,对很多本文涉及的问题都没有得出什么结果。因为大多数论述都试图予以宪法规则正当行为规则的特征,而整个法治国家所依赖的法律理念,即在法律和三权分立下的自由,都意味着只有民法和刑法才允许对公民个人使用强制手段,国家机关法律法规绝对不可以使用强制手段。这些理念都出自于古雅典、罗马共和国、英格兰这样的国家,在这些国家,法律不是立法的产物,而是从司法中产生。

关于整个问题和所有以下的讨论还可参见 Franz Böhm, Privatrechtsgesellschaft und Marktwirtschaft, *Ordo*, XVII, 1966。

①　在法国至少到19世纪中期还有所谓的"法律秩序总巡视官"("Inspecteur général de l'ordre du droit"),它会使人想到什么呢?

依靠某人的特意安排。我们已对这种秩序习以为常,以至于当期望得不到圆满的满足时我们会满腹牢骚。事实上,我们更应当感到震惊的是:我们的期望能够在如此高的程度上得到满足,就像真的有那么一个人专门负责让我们实现心中所想。

在解决这一问题时,我们所遇到的智识上的一大难题是我们本身根深蒂固的思维惯性,我们想当然地认为秩序的背后总有人在规划设计。譬如政治思想史上的一个著名论断是:"秩序的前提是有人下命令并且其他人服从。"①这种观点确实契合所有那些包括国家机构在内的诸多服务于特定目的指令和组织的特性,但这显然不符合市场以及社会这类秩序的特征,我们在使用这些观念时一般也将其与有组织的国家机构区别开来。我们在这里所说的秩序,是另一种自发形成的秩序,如果这种秩序的一些要素符合某些规律性,这些规律也与独立个体行为的规律并不相同。②18世纪伟大的社会科学家具有决定性的贡献就是发现了这类自发秩序,并将其描述为"是人的行为而不是人的意图(Absicht)的结果"③。另一项与之联系紧密的发现就是对发展进程的洞见,它

---

① 据说英国国王雅各布一世(Jakob I.)明确提出(根据 F. D. Wormuth, *The Origins of Modern Constitutionalism*, New York, 1949, S. 51):"秩序取决于命令与服从的关系,一切组织都来源于上下级关系。"在当代类似的观点由卡尔·施密特(Carl Schmitt)提出(Legalität und legitimität, 1932, in *Verfassungsrechtliche Aufsätze*, Berlin, 1958, S. 269):"世界上最好的东西就是命令。"

② 参见我的论文 Arten der Ordnung, *Ordo*, XIV, 1963(这篇论文见本书第38—54页——编者)。在这篇早期论述自发秩序与指令秩序区别的文章中,我并没有十分明确地强调前者是不以具体目标为导向的,而后者以实现具体目标为导向。这也符合迈克尔·奥克肖特(Michael Oakeshott)关于法律的治理与特别目标的治理(Nomokratie und Teleokratie)之间的区别。

③ 参见笔者论文"The Results of Human Action but not of Human Design",收录于论文集 *Studies in Philosophy*, *Politics and Economics*, London, Chicago and Toronto, 1967,及此文的法语译本,收录于 Les fondements philosophiques des systems economiques, *Textes de Jacques Rueff et essays rédigés en son honneur*, Paris, 1967。对以下所有问题参见笔者在上面提到的书中收录的演讲"Principles of a Liberal Social Order"以及其德文译文,刊于 *Ordo*, XVIII, 1967(上述论文见本书第118—137页——编者)。

表明在发展过程中会不断自发生成一些机制,进而保证这类自发秩序的延续和不断再生。自发秩序和演化思想的发现不仅证明理论社会科学也有自身特殊的阐释对象,并且对生物学也产生了深刻的影响。[①] 直至近代,物理学家在控制论领域亦取得了相似的发现,并称之为自控系统或自组织系统。[②]

　　一旦人们将这个道理清楚地阐述出来,它看起来就显而易见了:社会活动在各方面所呈现出的秩序并非由于某人的刻意安排。然而,虽然每位人类学家或动物行为学家都会告诉我们,若没有这种自发形成的秩序,不仅原始人类社会无法产生,各种动物生态群体也无法产生,但在何种程度上可被称为秩序,这仍然不甚明了。不过仅仅知道个体行为的规律性能够孕生出一种可自我延续的总体秩序,这是远远不够的。我们还要追问:我们怎样才能理解这种意义上的秩序? 具体到人类社会时这种秩序性又会如何体现出来?

二

　　对笔者而言,“秩序”最简单的定义是:在不断重复的元素之间存在的关联。这使我们能够根据整体(在时间或空间上)有限的某个部分对剩余部分构建一种很可能会实现的预期。从这种定义出发可以衍生出两个非常重要的结论:第一个很容易理解的是,秩序是一个量度概念,任何一种秩序都可以在不同程度上被

[①]　参见笔者的演讲“伯尔纳德·曼德维尔博士”(“Dr. Bernard Mandeville”)刊于 *The Proceedings of the British Academy*, Vol. LⅡ。达尔文将理论社会科学中的发展思想应用在生物学领域取得了重大成功。但这并不妨碍此思想对社会科学的重大意义,尽管许多仅从生物学了解到此思想的作者对它做出了不少滥用(上述论文见本书138—157页——编者)。

[②]　参见 H. v. Foerster und G. W. Zopf(hrsg.), *Principles of Self-Organization*, New York,1962。

实现,而这本身体现了我们实现期望的可能性的大小。① 第二个不太容易理解的结论是:秩序的定义不取决于特定的目标②,除非人们把"完全按照理性采取行动"本身作为目标。在一个完全无序的世界中人们当然不可能追求特定的目标,所以对事物秩序的理解是追求任何形式目标的前提。因此,即使我们尚不明了我们到底要追求何种目标,秩序本身也是值得追求的。不同秩序自然会或多或少地服务于不同的目标,因此秩序像其他科学概念一样首先是一个事实概念,而不是一个价值或者标准概念——在某种程度上任何科学论断都包含这样的判断,即某种秩序是存在的。然而,知晓秩序的存在并不意味着我们掌握了具体的事实,它仅

---

① 参见 Max Weber, Gesammelte Aufsätze zur Wissenschaftslehre, Tübingen, 1992, S. 346。在文中他将这种可能性定义为"在很大程度上可以预测他人对某人的某个特定行为"。Carl Schmitt, Legalität und Legitimität, 1932, in: Verfassungsrechtliche Aufsätze, Berlin, 1958, S.283 对这种可能性的阐述非常到位:"它其实是属于自由主义时期对自由竞争和预期的一种思维和表达方式,它就像这个时代的特征一样是一种混合物,是准确性与运气的混合,自由与可计算性的混合,更是肆意与责任的混合。"但在此不得不说的是,韦伯对法治和经济秩序的著名阐述(Wirtschaft und Gesellschaft, Kap. 1 und 2, Kap. 6, ξ 1)对这里讨论的问题并不适用。对于韦伯来说,秩序对某些事物是"有效"的,是需要"被遵循"的,是"包含在一个法律条文中的"。这种"行为对秩序的遵循"或者"对秩序的违背"都指的是通过规则来定义的秩序。也就是说对他来说只有指令式秩序,自发产生的秩序根本不在讨论范围内。就像大多数实证主义者和社会主义者一样,韦伯采用了拟人化的思维,他只知道"人为的秩序"(taxis),而不承认"自发的秩序"(kosmos),因此不能接近理论社会科学的原本问题。从他的观点出发,人们大致就可以将法本身定义为社会秩序,而将秩序定义为一个规章体系(见 H. Kelsen, Reine Rechtslehre, Wien, 1960, S. 32, 34)并将组织与秩序视为一物(H. Kelsen, Der soziologische juristische Staatsbegriff, Tübingen, 1922, S. 143: "组织……只是秩序的外来语同义词")。持这种观点当然就不可能理解作为形成自发秩序基础的法与通过命令建立一个组织的不同功能。关于这里希腊术语的运用见 Helmut Kuhn, "Ordnung im Werden und Zerfall", in: H. Kuhn und F. Wiemann, Das Problem der Ordnung, Sechster Deutscher Kongreß für Philosophie, München, 1960, Meisenheim, 1962, S. 11-13。

② 笔者所知的唯一一个错误的反对观点见 J. Bentham, "An essay on Political Tactics", 它首次收录在其著作的第二卷(hrsg. von J. Bowring, London, 1833)。在那里,这个经常是在论述中暗含的观点被明确地表述出来。在上述著作的 299 页,在"策略"被定义为"秩序安排的方式"之后,作者写道:"秩序包含着目标。"在下面注释 30 引用的卡尔·施密特的著作中也暗含着这种观点。

意味着我们了解了事物类型之间的抽象关系。

这一点至关重要,因为笔者所谈论的秩序存在于开放的大型社会,出于各种原因其只能是抽象的秩序。[1] 这种秩序基于对不断变化的外部环境的一种适应,但对个体而言根本不可能对整个外部环境有宏观的把握,因此也就不可能通过有意识的安排来实现秩序。其结果就是,我们每个个体要想得到与预期大致相符的结果,并不能指望所有事物一成不变。世界持续变化的深度和广度都远超我们所能企及的范围,这也使得外部环境并不能像我们期望的那样没有变化。即使事物真可以一成不变,这对我们的帮助也比不上一种持续存在的抽象秩序更大,因为我们只能具体了解世界的某一部分,而抽象的秩序却是无处不在、具有普适性的。

经济学理论设想了抽象秩序的一种理想状态,即市场均衡。在市场均衡的状态下,所有存在的预期都至少能够得到满足(因为它们互相并不冲突)。[2] 人们很自然地会问,是否真的存在这样的均衡状态? 答案是:这样的假设在现实中是无法实现的。但将其看作秩序,我们可以在很大程度上接近这种理论上描述的、无法实现的完美均衡状态,并且将每一次预期一致的加大当作是增益。笔者将在文章后半部分阐述一种悖论,即市场这种最大化满足预期的前提是它系统性地辜负某些预期。但是目前我们需要关注的是:市场这种自发秩序的特点之一是它能够大致地协调每

---

　　① 参见 Siu Karl Popper, *The Open Society and Its Enemies*, Princeton, 1963, p.173, 175。其中他把"封闭的社会"定义为"具体个体组成的一个具体群体",而与此相反,"开放的社会可能成为……一个抽象的社会……我们现代社会在很多方面是一个完全抽象的社会"。

　　② 对市场均衡做出这样明确的定义有可能第一次出现在笔者 1936 年的演讲"Economics and Knowledge", *Economica*, N. S. , 1937 中。再次印刷于文集 *Individualism and Economic Order*, London und Chicago, 1948 以及其德文译本 *Individualismus und Wirtschaftsordnung*, Erlenbach－Zürich, 1952。在 K. F. Maier, "Koordination der Einzelpläne", *Goldwanderungen*, Jena, 1935, S. 67 中这个思想也是其处理协调问题的基础。通过瓦尔特·欧肯(Walter Eucken)的著作,这一思想得到了广泛的传播。

个参与者的计划,使其中绝大部分有很大希望得以实现。

但是我们也必须承认,部分学术问题仍有待解决,比如需要多大的数据稳定性、需要将未知变化控制在何种程度才能保证每一个个体的计划能够互相协调? 但是,由于我们对如何一般性地回答这个问题完全无所适从,这个问题的答案就不再那么重要了,显而易见,鉴于更为严重的数据不稳定性,其他任何体系的运转皆更差,特别是中央计划经济在这种情况下将更早地崩溃。

我们之所以将市场秩序称为一种秩序,是因为其特征之一是,它使我们有很大可能正确预测甚至实现我们的预期,但这并不意味着这是这种秩序唯一的特征或者优势。这种秩序不仅能够随时对新的、尚未发生过的状况做出适应,更重要的是,这种适应使我们能够以一种前所未有的方式利用分散在成千上万人身上的知识,进而在有限的条件下实现比任何其他方式都更大的总产出。

三

这种基于对外界环境不断做出反应的秩序,尤其是无人能够在宏观层面清晰把握整体的情况下产生的秩序,只能是一种自发秩序。这是因为另一种可选的秩序模式,即命令(Anordnung)或者组织,需要有一个知会所有必要信息的命令发出者。自发秩序所解决的问题恰恰就是如何利用天文数量级的知识,而这些知识是任何单一个体都绝无可能完全掌握的。市场秩序通过一个发现机制来实现上述目的,这个发现机制就是我们所说的竞争。尽管目前这种发现机制的结果并不严格符合理论上完全竞争的均衡状态(所有商品和服务的成本和售价都达到最低,就像一个全知的独裁者所能实现的一样)。但总体来看,在竞争相对不受限制的地方,可以实现类似的状态:①所有进入市场的商品和服务的生产成本低于任何其他人生产可能产生的生产成本。②这些进入市场的产品和服务的价格虽然不一定持续地保持最低,但至少要低于任何其他人所卖的价格。行为秩序实现这种状态的方式是迫使每一个参与者将其行为适应比其直接了解得要多得多的情况。参与者行为遵循的价格和价格变化在一定程度上反映了有时分散在整个世界的变化中的事件,这些事件对单一个体产生作用,就仿佛他的所作所为是因为洞悉了这些变化。我曾经提到过这个过程所实现的最大化只是有限意义上的最大化。原因是这种市场秩序并不能服务于单一的具体目标或是明确的层级目标。我们已经知道,自发秩序的产生并不需要具体目标,但尽管如此或者说正因如此,它才能服务于多元化的目标甚至相互分离的目标。无法确定目标的优先顺序,也就无法找到一个合适的标准来评价总体结果。我们只能说,与其他已知方法相比,自发秩序条件下任何人从整体中获取的部分——无论这个部分是什么,其实际内容对其他人造成的损失最小,或者换句话说,个体得到的、分摊在每个部分的实际等价物最大,而其相对大小则在很大程度上取决于偶然性。

要想实现这个结果,我们必须使每个人得到的份额与整个职业分布以及具体情况相关联,并通过确保无人能够从宏观上把握情况的整体,进一步使这个过程成为一种博弈①,博弈中每个人的收益部分取决于他们的才能,但是同时也取决于他们的运气。因为博弈基于以下几点:首先,每个人运用自己的知识追求自己的目标;其

---

① 亚当·斯密就已将社会市场进程看作是一种博弈,见 Adam Smith, *The Theory of Moral Sentiments*, 1759, 第六卷, 第二篇, 第二章:"在人类社会这张大棋盘上,每一个个体都有自己运动(motion)的准则,总体运动可能与立法者的初衷并不相同。如果两种准则所指导的运动方向保持一致,那么人类社会的博弈可能会变得容易,变得和谐,而且很可能产生成功和幸福的结果。如果立法者的准则和社会总体准则不一样或者相反,那这种博弈就会变得十分痛苦,社会将长时间处于无秩序状态。"还可参见上述著作,第七卷,第二篇,第一章:"理性的人类生活似乎可以被当作需要大技巧的博弈,在其中存在着机会的混合,或者可以粗略地理解为机会的东西。"

次,他们同时被要求对毫不知情、无法预测的情况做出适应;最后,虽然当他们预测正确时能得到奖励,预测错误时受到惩罚,但当他们做出非理性决策或者完全根据猜测做出决策时仍然会受到相应的奖励和惩罚。由于在这种博弈中其结果从个体层面部分上不可预测,在这个意义上取决于偶然因素,就使得待分配的总体数额变大,每个人至少可以期冀他所获得那一定的份额最大化。

社会产品最大化的问题非常复杂,虽然笔者认为所谓的福利经济学误入歧途,但在此不加赘述。笔者意欲强调两点:第一,在自发秩序力量的帮助下,我们能够在一定程度上突破个体认知的限制,市场自发秩序利用知识和信息的能力远超任何组织和个人。第二,通过市场形成的秩序只能通过一定抽象关系的持续存在显现出来,我们不应该尝试操控这种自发秩序,这样只会导致我们失去确定自发秩序具体内容的机会。因为自发秩序取决于每一个个体所掌握的具体知识和设立的具体目标,我们只能以这种方式使其在秩序中得以体现。

因此,这种抽象的秩序在一定程度上是一种先决目标,为实现不同个体目标而服务;同时它又是唯一可被称为集体目标、集体福祉或者公共利益的目标。我们不能将其理解为很多具体可预测的结果之和,而是应当将其看作在陌生人之间建立秩序的一种可能性。

建立这样一种自发秩序能够使我们利用的知识比任何一个个体拥有的更广博(也正因如此我们无法预测自发秩序的特定内容),借助于自发秩序我们还可以实现许多以往无法达成的目标。从这个事实中得出的结论就是我们尚不能直接理解它的相应结构和显露出的明显计划痕迹(以至于我们不明白为什么那些单个的事件会发生)。但它为实现人类多样化的目标奠定了一个比理性设计的秩序更有效的基础。这种认知与自笛卡尔以来统治欧洲思维的建构论理性主义针锋相对,它随着批判理性主义的兴起才逐渐得到贯彻和推广,批判理性主义不仅看到理性的力量,同时也意识到理性的局限。

四

由于几乎所有社会和政治问题都源于我们认知无法改变的有限性,笔者欲补充以下两点。第一点涉及科学理论一个非常有趣的一环。当我们如前文所述将竞争视为一种利用先前未知情况的发现机制,随之而来的问题就是,我们虽然可以通过建立的假设模型来展示竞争的绩效,但原则上无法通过这些事例检验对其重要的理论。因为如果我们要确认竞争是否真正带来了对知识的利用,那么至少对理论进行检验的科学家需要掌握这些知识,然而如果真有这么一个科学家,我们也就无须通过竞争来利用这些知识了①。

第二点则是普遍通用的。伯特兰·罗素(Bertrand Russell)曾说"科学研究已知,哲学研究未知"②,这句话言之有理,然而在与学院派的这场争论中笔者意欲在结论上提出与罗素恰恰相反的观点。个人认为哲学在某些程度上更为举足轻重,因为在很多领域我们所需要的并非是用已知的进步来克服未知,而是如何最好地去适应对具体情况无法克服的未知。尽管科学取得了巨大

---

① 参见笔者论文"The Theory of Complex Phenomena", in: *The Critical Approach to Science and Philosophy*, hrsg. Von M. Bunge, New York: 1964,重印于笔者的文集 *Studies in Philosophy, Politics and Economics*, London, Chicago and Toronto, 1967。

② Bertrand Russell, "The Philosophy of Logical Atomism", 1918, *Logic and Knowledge*, hrsg. Von R. C. Marsh, London, 1956, S. 281: "科学是人们或多或少可以感知的, 而哲学却是人们未知的。"因为哲学是在未知的领域中帮助我们, 其研究的是"原则", 而不是事实。原则可以帮助我们在大千世界里找到自我, 然而我们对这个世界的绝大部分事实是未知的。特别是对道德和法的禁令在很大程度上是用来适应世界的普遍规律, 其具体的方式我们不得而知: 规律虽然不能告知我们将会发生什么事情, 但却能告知如果我们遵循其规律什么事情将不会发生。

的进步,对于单独个体甚至整个群体而言未知的领域总是比已知大得多,这深刻地影响了我们对于最持久的认知的追求。甚至有人曾经将知识比作一个圆,已知的圆越大,它与未知接触的边就越大。[①] 因此,相对于掌握更多的具体知识,找到一种更好的方法来适应这种无法被消灭的无知往往更有意义。

　　笔者认为,人类制定的很多行为方式,特别是适当行为的准则,都是对我们与生俱来的无知的适应。如果有人对此有所疑虑,请设想一下:在一个人们全知全能的世界里,有必要存在这些行为规范吗? 我个人认为毫无必要。在这样一个世界里,所有行为都会按照重要性被具体排序,有关适当性的评价则无从谈起。而规则的作用恰恰是将应当考虑情况的领域限定在尽可能重要的部分,进而为决策创造可能性。人们在规则的指示下,只考虑出现情况的某一部分,而忽略其他部分,即使这些被忽略的部分为人所熟知。遵循"理解一切,原谅一切"(tout comprendre tout pardonner)的格言,如果能够洞悉所有行为的后果,我们根本不需要抽象规则或者适当性准则去判断人的行为的是非对错。

五

　　现在必须回到笔者最初提出的问题上来,即个体行为规律与

　　[①]　Warren Weaver, "A Scientist Ponders Faith", in: *Saturday Review*, 3. Jan, 1959: "当科学获知一个答案时,也同时发现了几个新的问题,这是不争的事实。科学就像在巨大的无知的森林里工作,不断扩大其圆形工作范围,解释圆内的现象。不必坚持一语双关,事实已经清晰了……但是,圆越大,与无知的接触也越多。"也参见 K. Popper, "On the Sources of Knowledge and of Ignorance", in: *Conjectures and Refutations*, London, 1963, S. 28: "对世界了解得越多,学习得越深入,对无知的知识就会更加具体、明确和独特。因此,无知的主要来源是不争的事实,即我们的知识只能是有限的,然而我们的无知却是无限的"; 也参见 G. de Santillana, *The Crime of Galileo*, Chicago, 1935, S. 34: "事实上,伽利略认为随着科学的进步,公认的无知的范围将会扩大"; 以及被公认为赫尔伯特·斯宾塞(Herbert Spencer)讲过的: "科学领域中,我们知道得越多,与不可知的接触越广泛。"

建立整体秩序之间的关系。通过集体博弈所形成的整体社会秩序(或者任何其他的自发秩序)与其部分行为所呈现的规律性并不相同,这一点希望已经明了。[①] 各个元素的一致性行为可能会导致系统整体的完全的无秩序,反过来讲,整体的秩序并不必然要求每个具体部分的行为都表现出任何规律。热力学上有一个对第一种情况经典的例子,即热力学上的熵定律,它是完全无序状态最典型的表现:恰恰是气体完全弹性分子所做的均匀直线运动导致了完全的无秩序。完全可以想象,人类个体行为的许多规则必然导致完全的无秩序,导致社会的崩溃。第二种情况则可在一个假想社会中通过下述方式实现:利用一个总规划决定所有个体的工作,但是每个个体所从事的具体职业和分工则通过每天或者每小时抽签的方式决定,这样虽然每个个体的行为并未呈现出规律性,但在整体看来则井然有序。这个案例也说明,秩序和组织的建立可以不依靠规则,而自发秩序则必须建立在个体行为的规律性基础上。

这就引出了我们的核心问题:当个体对其知晓的情况做出反应时,个体行为的规律性必须符合怎样的形式才能使这些反应形成整体秩序呢? 一直以来这个问题就似乎是法律和社会科学的核心问题。自 18 世纪以来,人们为建立一种统一的法治科学做出了最后的努力[②],而以后法学和理论社会科学则分道扬镳,很少再有人系统性地研究这个普遍的核心问题。毋庸置疑,对行为秩

---

① 非常容易引起误解的比如可参见 R. von Ihering, *Der Zweck im Recht*, Bd. Ⅰ, 3. Aufl. ,1893,p.352:"秩序就是社会行为的规律。"也参见同上第 357 页。

② 比如 C. A. Cooke, "Adam Smith and Jurisprudence", *Law Quarterly Review*, LI, 1935,p.328:"《国富论》中出现的政治经济学原理可以被看作法律与立法学的理论统一。"尤为重要的是参见 A. Giuliani, "Adamo Smith Filosofo del Diritto", *Rivista Internazionale di Filosofia del Diritto*, XXXI, 1954; J. Cropsey, *Polity and Economy: An Interpretation of the Principles of Adam Smith*, The Hague, 1957; 以及 H. J. Bittermann, "Adam Smith's Empiricism and the Law of Nature", *Journal of Political Economy*, 1940。

序的理解是领会法律规则作用的必要前提,而遵循行为规则有助
于建立行为秩序。反过来说,熟悉现有的法律规则一定是解释行
动秩序建立的前提。

有一点是显而易见的:正当行为规则并不能够直接决定行为
秩序,每个人将各自拥有的知识用于实现自己的目标,行为秩序
应在此基础上被建立起来。一种具体的行为秩序总是由行为者
的特定意图和具体知识决定的。而他们遵循的行为准则永远只
是限定其行为领域的前提条件,正如我们所见到的,与给出具体
指令的公法相反,事实上至少很大一部分我称为规定正当行为规
则的私法和刑法规则皆为禁止条款,用以限定人们自由行动的领
域①,只有在少数例外情况下(即当个人成为具有共同特定目标的

---

① 尽管许多学者不断地、非常惊奇地发现,法律上平等个体间正当行为规则具
有明显的消极特征,也就是说常常是禁令,但似乎从未有人对其所有的结果进行彻底
的深入思考。休谟、康德和斯密也持同样的观点,他们认为正当行为规则的首要作用
是保护和界定私人领域。L. Bagolini, *La Simpatianella morale e neldiritto*, Bologna, 1952,
第60页,甚至将"法律问题以及司法不公"的行为视为典型的亚当·斯密的思想。比
较比如斯密的 *The Theory of Moral Sentiments* (1759),第二卷,第二篇(倒数第二段):
"在大多数情况下,纯粹的正义只是消极的美德,只能阻止我们不要伤害邻居。"也参
见 J. J. Rousseau, Émile, Liv. II:"最崇高的美德是消极的,它教育我们不要伤害任何
人",和 Arthur Schopenhauer, *Parerga und Paralipomena*, II,9,*Zur Rechtslehre und Politik*,
in Sämtliche Werke, hrsg. von A. Hübscher, Leipzig, 1939, Bd. VI, p. 257:"法和自由皆是负
面的概念,它们的内容就是简单的否定。不合法的概念是正面的,等同于最广义的伤
害";也参见他的 *Grundlagen der Moral*,第17页。参见 Frederic Bastiat, La Loi, in:
CEuvres completes, IV, Paris, 1854(1850), S. 35:"正如我的一位朋友曾经评论道,这一消
极的法律概念是如此之正确,以至于可以说法律的目的在于正义的统治这一说法不完
全准确。应该这样表述:法律的目的在于防范不正义的统治。事实上,正是不正义,而
非正义,会自行现身。正义只有在不存在不正义时才得以实现。"Max Scheler, *Der For-
malismus in der Ethik und die materielle Wertethik*, 1927, p. 212:"因此,法律秩序(在简化
时)从不能说明什么该做(或者什么是合适的),而是只能说明什么不该做(或者什么
是不合适的)。法律秩序框架内的一切正面行为可简化为单纯的正当行为和不正当行
为";Leonhard Nelson, *Die Rechtswissenschaft ohne Recht*, Leipzig, 1917, p. 133 提到"对法的
理解……据此,法……具有消极的含义,包含对可能的积极目标的价值进行限制的条
件",他在第151页又提到了"法的消极(价值限制的)特征";Savigny, *System*, I, p. 322
也提到这一点,但论述的方式与上述不同:"为了找到法的概念,许多人从其对立面出

组织的一员时)个体才会被要求采取特定的具体行为。常言道，绝大多数私法条款(或许除了婚姻法的某些部分)的目标是界定个体的私人领域或范围，禁止其他人涉入。① 法律并非通过将具

(接上页)发，即从不合法出发去找法的概念。他们认为，不合法是指自己的自由被陌生的自由所干扰，后者对人的发展有阻碍作用，因此这是一种弊端，必须被阻止。他们将阻止这种弊端定义为法。"另见 L. C. Robbins, *The Theory of Economic Policy*, London, 1952, p.193：古典自由主义的目标是"创造一种分工：国家应该规定个人不能做什么，如果他们不想相互干扰，而公民应可以自由地做任何没有被禁止的事情。国家被分配的任务是建立正式的规则，而公民则对其个别行动的后果负责"。K. E. Boulding, *The Organisational Revolution*, New York, 1953, p.83："困难似乎在于'法'是一个消极的概念。事实上，不是法指导行动，而是不合法或者不满"。L. L. Fuller, *The Morality of Law*, Yale University Press, 1964, p. 42："在或许可以被称作社会生活的基本道德中，针对其他人的责任一般……通常只需要克制，或者像我们说的，本质上都是消极的。" Bernard Mayo, Ethics and the Moral Life, London, 1958, p.204："除去某些明显的例外……法的功能是禁止某些事情"。Mc-George Bundy, "A Lay View of Due Process", in：A. E. Sutherland ed., *Government under Law*, Harvard University Press, 1956, p.365："我建议，对法律程序的最好的理解不是纯粹的和积极的主持正义，而是对严重错误的不完善的补救……或许我们可以认为法律本身不是什么好的东西，而是作为一种工具，它的价值更多来源于它防范什么，而不是它做什么……我们要求(法院)的不是他们给予公正，而是他们提供一些保护免除不公正。"也参见 Aurel Kolnay, "The Thematic Primacy of Moral Evil", in：*Philosophical Quarterly*, Ⅵ, 1956。

不正当是基本事实并且正当行为规则在本质上是禁止不正当的行为，这种洞见是很重要的，因为整个法律实证主义正是把其自身产生的原因归功于对试图发现正当标准的绝望[参见拉特布鲁赫(Radbruch)经典的表述，出处为其著作 *Rechtsphilosophie*, Stuttgart：1963，第 179 页："如果没有人能够确定什么是正当的，那么就要有人制定什么应该是正当的"]。但是如果我们断定没有正当性的客观标准，也应该会有不正当的客观标准，将其系统地运用到世代相传法律规则中会让我们逐渐更加接近正当性，虽然我们永远无法确定是否实现了这个目标。这个情景与认知理论中的真相问题所面临的情景十分相像，就如同波普尔所阐述的，我们没有真相的标准，却有假象的标准。这个问题在此不做赘述，可比较笔者的报告 "Principles of a Liberal Social Order"，特别是第 23—27 段(上述报告见本书第 118—137 页——编者)。

① 主要参见 Savigny, *System des heutigen Rystem de Rechts*, Berlin：1840, Bd. Ⅰ, 第 331—332 页："如果自由的实体在发展过程中互相促进，而不是互相阻碍，那么唯一可能的前提是承认存在着无形的边界，在边界内每个个体的存在和作用都有一个安全的空间。决定边界和界内自由空间的规则就是法。"更新的观点参见如 P. Laband, *Das Staatsrecht des Deutschen Reiches*, Tübingen, 1901, Bd. Ⅱ, p.64, 作者认为法律的任务在于"确定人类共同生活必须的每个个体自然行为自由的限制和边界"(而在 E. W. Böckförde, *Gesetz und gesetzgebende Gewalt*, Berlin：1958, p.233 中：以在后面将谈到的现

体事物赋予特定的人,而是通过人们常说的抽象规则来确定这些范围,这些规则使我们能从事实中推导出什么是每个人所属的。也就是说,法律只是规定了每个人得到他应得的东西,但他们具体应该得到什么,不仅仅取决于法律规定,还取决于法律指向的现实情况。①

当然已颁行法律所规定的个人行为规律性(或者说对个人领域的限定)并非唯一的建立秩序必需的行为规律性,如果个体行为不呈现出其他方面的规律性,行为秩序很可能永远无法建立。首先我们还遵循许多习俗、道德、习惯的规则,此外,我们生活环境的相似性,以及我们所拥有的知识和需求的相似性也带来行为

(接上页)代观点的典型方式当作"荒谬的狭义的法律概念"的范例,是"对私法衍生出的概念进行绝对化的结果")。G. Jellinek, *Gesetz und Verordnung*, Freiburg:1887,p. 240:"如果法律的目的还包括界定个体自由行为的范围,那么为了界定社会限制而颁布的法律则包含了法律条文的指令性秩序,这也就是物质层面的法律。"P. Vinogradoff, *Common Sense in Law*, London, 1940, p.70:"每一条法规都可以被看作一个社会设定的舷墙或边界,为了避免其成员在其行动中互相碰撞";J. Salmond, *Jurisprudence*, 1902, in: G. Williams ed., London, 1947, p.62:"公正规则决定了个人在追求福利时的自由范围,目的是将自由限制在与人类一般福利一致的范围内。在公正规则为每个人限定的自由范围内,他可以自由地追求其智慧所能带来的个人利益。"H. Levy-Ullmann, *La definition du Droit*, Paris, 1917, p.165:"因此,我们如此定义法:界定人们和国家集团做什么和不做什么的自由,可以不受到指责地执行其行为的特殊力量。"参见 Donato Donati, "della legge in senso materials", *Rivista dI Diritto Pubblico*, 1911, p.23(单行本):"法律的功能事实上产生自界定归属于社会中每一个人的各种权域,而且可以通过这种界定得以解释。出于这一原因,人类社会从无政府社会转向一种秩序化的社会,以致一种秩序化会发挥干预作用,决定每个人的活动范围:其合法活动的范围,以及要求其应当做什么事情的范围。"

① 只有这样才能保证古罗马法学家乌尔比安(Ulpian)的著名的公正定义"给每个人其应得的"(见 *Digesta*, 1.1.10)不会成为陈词滥调。尽管如此,每当谈及法律"赋予"某些人权利时,这个定义经常被错误地理解。详细阐释参见 Kant, *Metaphysik der Sitten*, Rechtslehre, Ⅰ, 2, 第9段:"民法只是一种保障个人所有权、而非约定或者决定个人所有权的法律。——所有的保障都要以某人对物的所有权为前提。"但是很多著作却立足于法律赋予个体特定的物品,尤为极端的例如 R. L. Hale, *Freedom Through Law*, University of California Press, 1952, p.15:"法律赋予每个人使用物品独一无二的自由,并对每个人施加独一无二的与此相关的一系列限制……涉及我所拥有的物品的使用行为,法律给予我高于其他任何人的权利。"

的规律性,这些可为我们正确预测他人行为提供很大帮助。

所有这些规则与即时的具体事实共同确定每个个体的具体决策,进而确定了整体的行为秩序。因此对于建立整体秩序而言,法律规则虽然是必要的,但还不是充足的条件,能否从特定规则中建立整体秩序还取决于事实情况的形式。法律区别于其他行为准则的主要特点是,在某种程度上,我们可以有意识地形塑法律,使它们可以与其他行为规则一起并在预期的事实情况下建立起整体秩序。

六

笔者曾经提到,法律规则具有限定了人们在未知情况下采取某些行为的特征,这种特征被称为"抽象特征"。然而这里所指的"抽象"并非严格逻辑意义上的"抽象"。一个仅对指纹是一种特定几何形状的人适用的规则是逻辑意义上的抽象规则。但由于经验告诉我们,每个人的指纹都是唯一的,所以这样的规则仅适用于一个单独个体的人。真正重要的是一个经典公式所表达的:这个规则必须适用于大量未知的未来案例。①　有趣的是,要实现

---

①　这一思想至少已经出现于 18 世纪 William Paley, *Principles of Moral and Political Philosophy*,1785,p.348:"一般法律是在⋯⋯没有预见到它们会作用于谁的情况下制定的。"据笔者所知,如今常用的表达最早来源于 Hermann Schulze, *Das Preussische Staatsrecht* Ⅱ,1877,p.209:"当规则能够符合逻辑地隶属于大量不可预见的事件时,就具有了一般性的特征。"(此书的第 205 页也援引了更早的文献)。也参见 Ernst Seligmann, *Der Begriff des Gesetzesimmateriellen und formellen Sinn*,Berlin,1886,p.63: "⋯⋯事实上,抽象,规范着无以计数的事件是法律条文的一个要素。"还可参见 Z.Giacometti, Die *Verfassungsgerichtsbarkeit des schweizerischen Bundesgerichtes. Zdesge*,1933,p. 99:每个"适用于不确定的众人、不确定的众多情况的指令"都是一般的和抽象的;此作者的另一本书 *Allgemeine Lehre des rechtsstaatlichen Verwaltungsrechtes*,p.5:"⋯⋯国家的权力所有者受到一般的、抽象的规定的约束,这些规定适用于不确定的很多人,处理不确定的很多事件,无须考虑一个特定情况或一个特定人";W. Burckhardt,同上,第 200 页:"法律施加给私人的义务首先必须(与公务员的义务相反)适用于大量不确定

我们的目标需要法学理论的支撑,它要特别指出我们在对客观情况方面与生俱来的无知,个体对这一点的未来考量应在建立行为秩序中发生作用。

要建立一种由于其复杂性(因为它要利用很多知识)远非我们的智识可以掌控的自发秩序,就必须依靠前面探讨的规则,这就意味着,为了突破自己具体知识领域的限制实现对周边环境的掌控,我们所能找到的最有效的工具是抽象的规范。人类必须将自己的雄心限制在建立一个抽象的秩序上。与这种行为规范的抽象性以及作为其结果的秩序紧密相关的是上文提到的事实:这些规则大多是否定性质的,通过禁止性表述来划定一个范围,在其中行为的人根据各自的目的和运用其所掌握的知识来做出决策,正如康德明确表示的,这些规则本身与具体的目的无关。①

(接上页)的可能事件";C. K. Allen,*Law in the Making*,1927,1958,p.367:"……同任何规则一样,一个法律规则的目的是建立适用于某种特定形式的无限多事件的一种一般性规则";M. Planiol,*Traite élémentaire de Droit Civil*,Paris,1937,I.,p.69:"法律是为了应对不确定数量的行动和事实而永久设立的……它以一种永久的方式规定强制性的义务,这些强制性义务适用于有关行动和事实不确定的出现次数";详细阐述参见D. Donati,同上,第 11 页(单行本):"这种一般性不应当简单理解为一种众多性,而是应该理解为普适性。换句话说,一般的命令不是关涉人或行动的众多性,也就是说不是关涉一种确定数量的或者可确定数量的人或行动,但是关涉不确定数量的或者不可确定数量的人或者行动。"

①　参见 Immuel Kant,Methaphysik der Sitten,in:*Werke*(Akademie-Ausgabe)VI,p. 382:在法学中"为其行为设立何种目的,完全由人自由随意来决定";同上书,第 396 页:"法律完全不考虑……目的";另外,在 Ⅱ,"国家法中理论与实践的关系"中(反对霍布斯)他评价了理论上可能是正确的,但在实践中没有用的格言,特别是他提出了"不考虑任何经验目的(包括所有那些在幸福名义下理解的目的)的纯粹先验的立法理性"的评论。在这里援引康德,就不得不提到另一个很棒的、较新的英语著作,它实际上教会我真正理解了康德的法哲学:Mary J. Gregor,*Laws of Freedom*,Oxford,1963。格雷哥尔小姐特别令人信服地证明了康德虽然没有明确写出,但是通过整体联系可以认为他同意"由于判例法完全与其目的无关,所以它们实质上是消极的、限制性的原则,被用来限制我们的自由行动"。这种以建立一个具有无法预测具体内容的抽象秩序,而不是以特殊目的为指向的正当行为规则,即私法与刑法规则,就其意图而言必须是普适性的("一般而抽象"或者适用于无数的情况)或是公认为是可普适化的,它们通过借以界定被保护的个人私域("生命权、人身权和所有权";有时说这些规则"介入"

　　笔者应当再次明确强调,上述所讨论的内容仅适用于分析私法领域的行为准则与社会自发秩序之间的关系,并不适用于分析公法领域的组织规则与由其决定的国家机关秩序之间的关系。但遗憾的是,这两个在不同领域存在本质区别的规则与秩序的关系在德语文献中都被表述为"秩序形塑"。当法律专家自己都不能明确说明建立的是何种秩序时,对这个模棱两可词语的偏好可以对此进行掩饰,也正是这种歧义使得张冠李戴成为可能。① 如果我们拿掉"形塑"这个词,讨论就将变得更加明晰了。

七

　　早在 18 世纪人们就发现,通过正当行为规则的限制和引导(当然只是在建立一个抽象秩序意义上),个人对其自身目标的追求——虽不一定完全出于自私,但绝不是出于增加公共福利——可以服务于提升整体福利。这应当成为分析法律秩序与行为秩序彼此作用的根本出发点②,但 18 世纪的思想家往往情愿默认法

(接上页)自由和所有权的说法是误导性的)的禁令来限制针对他人的行为(参见注17),所有这些都是正当行为规则的必要特征,而不是——像在德国关于实体法条文的讨论中常说的那样——可选择的,甚至是不一致的规定。这些当然不适用于性质完全不同的公法条文。

　　① 参见 Ernst Forsthoff, *Lehrbuch des Verwaltungsrechts*, München, 1961, Ⅰ, p.66:"只有能够形塑的才能够规范化,因为规范是一个形塑的过程。"通过引入"融合"(Integration)的概念暗示法律规则的目标是建立一个不是由其独自确定的秩序。但是"融合"首先表示的是融入任意一个(被当作"整体")的秩序,而它并没有对秩序的特征做出任何说明。法学家谈及的"无意识"的融合过程涉及的是不仅从法律上,而且也要用社会学手段来解释的事实联系。

　　② 参见 Adam Smith, *Wealth of Nations*, ed. Cannan, Bd. Ⅱ, p.184:"每一个人,在他不违反正义的法律时,都应听其完全自由,让他采用自己的方法,追求自己的利益,以其劳动及资本同任何其他的人或其他阶层的人竞争。这样,君主们就完全解除了监督私人产业、指导私人产业使之最适合于社会利益的义务。要履行这种义务,君主们极易陷于错误,要行之得当,*恐不是人间智慧或知识所能做到的*"(斜体并非原有,是笔者加上的)。在 C. W. 阿舍尔(C. W. Asher)出版的《国富论》德译本(Stuttgart:1861, Bd. Ⅱ,

律系统是符合普遍需求的,他们并没有亲自调查过法律应该具备怎样的特定内容才能有助于形成令人满意的秩序。对他们而言,私人所有和契约权的规范对建立这种秩序有益是自然的事情①。但至少那个时代的英格兰和苏格兰思想家并未对此问题进行分析与探究,而是交由法院判例来发展这些特定准则,进而保证最有利秩序的实现。

正当规则要如何限制个体行为才能最接近具有可欲的抽象特性的整体秩序呢? 如果我们想弄清楚这个问题,就会面临一种特殊的情况。要看到,我们不断单独质疑某个具体规则的正当性,但是它总是服务于改善一个现有秩序,这个秩序以或多或少完美的方式业已存在,而且是遵循许多其他规范的结果,我们既不想也不可能同时将所有这些规范推翻,这些规范或多或少地以建立这个现存秩序为目标并与那些具体情况一道建立了这个秩序。② 我们不能说这个现有秩序或行为秩序是可欲的,因为它符合法律,只能说这些法律具有这样的特定内容,因为在此基础上形成的行为秩序是可欲的。

（接上页）S. 204）中,他将上面两段加重了的文字中的第一段翻译成"在他没有超越法治国家的法律时",对于 19 世纪中期的语言运用而言,这十分有意思。

　　① 参见笔者论文"The Political and Legal Philosophy of David Hume",Ⅱ,*Politicao*,ⅩⅩⅧ,1963,收入于笔者的文集 *Studies in Philosophy*,*Politics and Economics*,London,Chicago and Toronto:1967. 特别参见 D. Hume,Treatise,同前,Ⅱ,第 304 页:"人类虽然可以维持一个没有政府的小规模不开化的社会,可是如果不维护正义和遵守稳定财产占有,根据同意转让财产和履行承诺这三条基本法则,人类便不可能维持任何一种社会,所以这些基本法则先于政府产生之前即存在。"（上述论文见本书第 249—266 页——编者）

　　② D. Schindler,"Der Kampf ums Recht in der neuerenStaatsrechtslehre"（1928）,in *Recht*,*Staat*,*Völkergemeinschaft*,*Ausgewählte Schriften*,Zürich,1948,p. 169:"先在的秩序主要是自发的秩序,它在历史进程中自发形成,饱含传统,深入一个民族的思维、感受和意愿之中";另见"Zum Wiederaufbau der Rechtsordnung",同前,第 132 页:"变化的历史形势不能阻止我们得出结论,保守社会学说在承认存在一个自然的、不以人们意志为转移的秩序这一点上与自由派是一致的……保守派与自由派的共同点在于,他们都认识到,作为社会现实的纯粹建构原则,唯意志论是不可行的,结构与功能在其之前就已经形成了。"

我们必须提醒自己,即使现有秩序并不完美,但它确实已经存在了,尽管它的存在并不早于人们服从正当行为规则,但至少在这些规则的大多数作为法律颁布之前,它就已经存在了。也正因如此,颁行法律条款系统的发展仅仅是以改善一个已在运作的秩序为目的。① 在作为现有秩序建立前提的规则中,确定这个现有秩序特征关系的规则根本不存在。尽管如此,这些规则仍然得以形成并保存下来,因为它们与特定的现有秩序相容。当我们想考察某些个别规则形塑的目的性时,必须考虑到这样的情况:所有或者大多数其他毋庸置疑的适用规范是以建立一种特定形式的存在秩序(Seinsordnung)为目的。

法律规则并未指明,每个人的个别计划应该相互协调,但它促使这种现象发生;法律规则也未点明,所有市场上的产品都应当尽可能以最低成本来生产,但它们建立了使上述情形发生的条件;法律规则也并未规定,当男士不再佩戴帽子或者新的人造皮革被应用时,以前从事帽子或天然皮革生产的商人必须转而从事其他工作以保证整体秩序的存续,但法律规则的存在使相关者做出这样的选择。在这种并没有事先规定个体行为规范的适应性调整下,出现了体现整体秩序特征的相应规则遵从(Entsprechungen)。

法律规则契合于只是参与决定的行为秩序还表现在,当我们谈论法律规则的适用性时指的不仅是其逻辑上的一致性,更重要的是法律所允许的行为彼此间不发生冲突②,而这些行为是否相

---

① 参见笔者"Notes on the Evolution of Systems of Rules of Conduct", in *Studies in Philosophy, Politics and Economics*, London, Chicago and Toronto, 1967(上述论文见本书第158—175 页——编者)。

② 参见 Jürgen v. Kempski, "Bemerkungen zum Begriff der Gerechtigkeit", 1959, 后收入 Recht und Politik, Stuttgart, 1965, 第 51 页:"我们认为,私法秩序是以一个行为的相容原则为依据的;同一个作者在 *Grundlage zu einer Strukturtheorie des Rechts*, Akademie der Wissenschaften und der Literatur in Mainz, Abhandlungen der Geistes- und Sozialwissenschaftlichen Klasse, 1961, Nr. 2, p.90 写道:"我们提出这样的问题:如果行为要相容,行为必须要符合何种结构上的要求,换句话说,在我们的世界中行为相互不冲突。"

容又取决于哪些事实知识、企图或其他行为准则指引了人们的行为。一个规则体系尽管能够完全保持其逻辑上的一致性,但是这还不足以在所有具体案例中避免不同的人企图同时使用相同的物品。这就好比在一个二维的世界里,为了防止人们在活动中彼此相撞,只要用直线来划分各自的受保护领域就足够了。但如果我们升空或者入地,开始突破平面进行三维运动,那么就需要新的边界划分规定。

笔者发现,这种法律规则指向的存在秩序在过去几个世纪的法律文献中经常被不幸地表述为"事物的本性"(Natur der Sache)。这种表述是令人遗憾的,因为笔者所说的存在秩序与"本性"和"事物"的字面意思毫不相关。[①] 但当我们读到被广泛引用的海因里希·德恩伯格(Heinrich Dernburg)对事物本性的定义时[②],他的理解似乎又确实接近笔者在此阐述的行为秩序。德恩伯格写道:"虽然成长的程度不同,但生活状况的尺度和秩序仍蕴含于其本身,这种蕴藏于物体自身的秩序就是事物的本性。当缺少一种事实规范或者事实规范本身并不完善时,勤于思考的法学家应当回到事物的本性上去。"当然,秩序并不是真的存在于物体或事物之中,而是呈现为一种行为的秩序。正如描述秩序的建立及特征是社会学家的任务一样,想要理解"事物的本性",德恩伯格所谓的"勤于思考的法学家"则必须研究行为秩序。

----

① 很明显,晚期经院哲学家仅对非人为安排决定的那种自发秩序使用"自然"这个词。参见 Luis Molina, *De iustitia et iure*, Kiustitia et iu Ⅱ, disp. 347, Nr. 3,在文中他提到了自然价格:"法律之所以被说成是自然的,那是因为它产生自事物本身,隔离于任何人类的法律和法令,不过依赖于许多的情形。法律的变化依循不同的情形,因人们的情感和评价、对各种用途的比较等而异,有时候仅仅因人们的快乐和意志而异。"有时晚期经院哲学家还使用自然法则是客观的(de objecto)决定这一表达来替代容易误解的事物本质(natura rei)。

② 参见 Heinrich Dernburg, Pandekten, Berlin, 1882, p.85。

八

上述讨论中最基础的一点是无可辩驳的:人们既非有意识地创造了存在秩序①,也并未真正地理解它,而法律的发展则是为了改善一种给定的存在秩序。即使在动物世界,一个选择过程也会带来建立在所有权基础上的和平秩序,一个群体要排挤其他群体就必须展现出更具有优势的群体秩序,这就要求每个个体都遵循更适合的特定行为规范。② 当我们认识到这一点,或许才能彻底

---

① 这种天真的建构主义理性主义或者唯意志论是那种从一个立法机构引申出所有法律的实证主义的坚定继生,它流行于 20 世纪 20—30 年代的法哲学中,被称为"决定论"(Dezisionismus)。参见 Carl Schmitt, *Politische Theologie*, 1922, München, 1934, 第 16 页:"像其他所有秩序一样,即使是法律秩序也是基于决定,而非基于规范。"在他的文章"Soziologie des Souveränitätsbegriffes und politische Theologie", in *Hauptprobleme der Soziologe*, *Erinnerungsgabe für Max Weber*, München, 1923, Bd. I, 第 17 页中,他也表达了同样的观点:"任何秩序都基于决定……法律秩序也基于决定,而非基于规范。"卡尔·施密特强调,霍布斯作为法律实证主义的缔造者也是决定论的缔造者。参见 Carl Schmitt, *Über die drei Arten des rechtswissenschaftlichen Denkens*, Hamburg, 1934, p.27。

大约在同一时间,在计划经济思想的影响下在美国产生了决定论的思维。参见 Judith N. Shklar, "Decisionism", Nomos VII, *Rational Decision*, New York, 1964. 特别是她评论道(第 7 页):"在新政时期,人们在那些极端主义者那里发现某种形式的决定论,这些人中间的一些人后来成为法律现实主义(legal realism)的代言人。"

② 参见 C. V. Wynne-Edwards, *Animal Dispersion in Relation to Social Behaviour*, Edinburgh, 1962. 他在其中明确指出,很多动物世界里的复杂甚至仪式化的行为方式,比如最简单的捍卫领地,其实都是履行了以下职能,即不断使种群个体数量适应食物空间,这一适应远早于过度繁殖所引起的饥饿和争斗(即使在动物世界,马尔萨斯理论的"预防监督"也使得"压迫监督"成为多余的)。没有研读过这本书的人会以为作者关于"螃蟹完美的财产占有体系"(第 456 页)的论断只是比喻,而不能逐字加以理解。另外,还可参见第 12 页:"将一块土地取代它上面的现实食物作为竞争的对象,致使每一个个体或者家庭单位分别占有可以开发的资源,这是能够获得的最简单、最直接形式的限制法则……在后面的章节里还将用大量的篇幅去研究几乎无限多种类的种群密度限制因素……相关的领土足够具体……我们将发现,抽象目标对于群居动物尤其典型";还参见第 190 页:"涉及人类,在这种形势下,除复杂程度有差别外,情况没有什么不同;所有惯例行为的特征都是内在社会性的;如果只涉及人类的特性,我们发现防止种群密度超出理想状态惯例行为的最初密码不仅出自最低级的脊椎动物,而且在非脊椎动物中也十分普遍。"

地摒弃一个狂妄的理性主义观点,即人们能够通过自己的智慧有意识地去形塑一种这样的秩序。一千年来,人们一直试图改善这个自人类诞生起就已经存在的秩序,在此过程中产生了我们如今的法律系统。人们一直也不明白,为何在不同行为准则的尝试中,有利于形成抽象市场秩序的行为准则胜出了,而以实现具体目标为基础的组织、小团体、部落社会的行为准则却一再受到限制,直至最终被完全取代。之所以发生这种情况,是因为这种抽象规则为建立一种带有广泛和平特征的大社会提供了可能。这种大社会不以实现共同的具体目标为出发点,但它能够使目标迥异的陌生人的知识相互为对方服务。然而,服务于共同具体目标的部落社会组织的解体,并让位于开放社会的抽象秩序,是付出了一定的代价的,但这种代价与很多从部落社会沿袭下来的感受相悖①,这种感受的持续存在最终形成了一种反抗,而这种反抗影响了过去一百年法律的发展。②

――――――――――

① 比较 B. de Jouvenel, *De la Souverainete*, Paris, 1955, p.178: "小社会,正如在自然环境中的人,对于他来说仍然是令其无限羡慕的,他确实从其中获得力量;但是,任何赋予大社会以相同特征的尝试是不切实际的,并且会导致暴政";以及脚注"卢梭(Rousseau juge de Jean Jacques, Troisième Dialogue) 洋溢着智慧,但其追随者误解了它:目的不会在于简单带给许多人或者大国,而是可能的情况下阻止,一些人所实现的进步,这些人的微不足道和处境使得他们能够快速走向社会的完善或者人类的退化"。J. J. Rousseau, *The Political Writing*, ed. C. E. Vaughan, Cambridge, 1915, Ⅰ. 第 242—243页: "重要的是注意到这一涉及所有公民的貌似公正的规则,可能在涉及外国人时是错误的",以及 "对于联合体的成员来说,这是一种公意;对于大社会来说,它是一种特殊意志;往往是对于一者而言是公意,但对于另一者则不是"。

② 值得注意的是,这种现代发展在德国同时被冯·伊凌(R. von Ihering)的目的思想和奥托·冯·基尔克(Otto. von Gierke)的联合会思想所左右。由此,将法律解释为一个目标指向组织的规则,而不是抽象的行为规则就有了基础,同时它还与当时社会主义思潮要求的原始的部落法紧密联系在一起,并通过民族主义的外衣使其能够为其他思想派别所接受[比较 F. Wieacker, *Das Sozialmodell der klassischen Privatrechtsgesetzbücher und die Entwicklung der modernen Gesellschaft*, Karlsruhe, 1952, 第25页: "形象地比喻,这种(现代)社会不是由形形色色的主体组成,他们通过个体的自我约束相互制约,而是一个由法律同志们组成的'合作社',他们由事先给定的共同任务相互联系在一起。我们有理由认为,尽管一定的保留,在19世纪自由法律模式的批

　　这种抽象秩序能够利用比执政者掌握的更多知识并且服务比执政者知悉的更多目标,但是要实现此种秩序需要付出的代价是在形塑其具体结果时不考虑它是否符合较老社会形态遗留下来的公正观。因为即使有意识地为特定的人制造出的特定结果可以服从于公正标准,对自发秩序产生的结果运用公正概念本身却没有意义。公正或者不公正只能是人的行为或是人的行为带来的结果,而不是一个人有意带来的或能够有意控制的简单事实。将法律限制在阻止个体的不正当行为并且进而为建立一个

<hr>

(接上页)评者中奥托·冯·基尔克最有资格获得桂冠,他发现了新社会有未来前途的前兆"]。

　　当时主要的自由法学家如 C. F. 冯·盖尔克(C. F. von Gerker)、保尔·拉班特(Paul Laband)和乔治·杰里尼克(George Jellinek)接受了法律实证主义,这种思想将一切法律看作是立法者有意识的创造,并且他们将一项法律符合宪法的颁布,而不是其规则的特性作为一项法律的必要特征(并由此用程序上的法治国家代替了物法),由此,他们剥夺了对此反抗的一切可能性,并且通过将自由主义和与其格格不入的法律实证主义相结合而将其毁掉。关于这个在德国几乎没有人理解的关系,参见 John H. Hallowell, *The Decline of Liberalism as an Ideology with particular Reference to German Polito-Legal Thought*, University of California Press, 1943。由于这部书在德国出版的时间特殊,基本上无人知晓并且目前也不容易买到,所以我在这里给出它的几个主要结论(第 77 页):"……正是由于有像盖尔克、拉班特和杰里尼克这些人,使自由主义大约在 1870 年开始衰落。"第 111 页:"在当今,只要自由派不仅坚持法律实体性的(substantive),同时也坚持法律程序性的观念(也就是说,只要自由派相信法律应当成为特定的超出个体意愿和利益的实在真理和价值的化身),自由主义就具有融合的特征。然而,如果只坚持法律的实体性观念,自由主义则走向没落,成为自己的掘墓人。"第 112 页:"如果能够表达出符合自由主义的发展'规律',就像德国政治法律思想所做的,那么这个'规律'就是自由主义的没落,接受法律实证主义的自由主义思想家也做了同样的事。"另外,参见 Carl Schmitt, *Die geistesgeschichtliche Lage des deutschen Parlamentalismus*, München, 1926, p.54:"法律概念是宪政与专制思想的试金石,但检验的标准当然不是在德国从拉班特以来对法律在程序上的定义,根据他的标准,所有在人民代议机关参与下达成的条文都可以称为法律,检验的标准是一个按照逻辑特征确定的条款。决定性的特征总是法律是一个普遍的、理性的条款呢,抑或是措施,具体的一次性指令、命令?"在德国,尽管大多数专家都反对实证主义,但是没有一个人愿意从走向实证主义的关键性步骤后退,即从实体的法律概念到程序上的法律概念,从实体的法治国家到程序上的法治国家的过渡,这是德国现代法学思想状况最奇特的特点之一。前者只能通过其与组织对立的抽象行为的自发秩序的关系上确定;对于这一区别,德国法学家越来越不甚了了。

抽象秩序创造条件意味着在这种秩序的具体形塑中——尤其是在秩序对个体和团体的作用方面——不能运用公正的概念。因此,处于一个自发秩序中的收入分配不能被认为是公正的,也同样不能被认为是不公正的。而这个不可否认的情况事实上却被搞拧了,即认为自发秩序只能带来收入的不公正。这种评价只能在运用某个量度时才可以做出,但这个量度虽然适用于有具体目标的小团体组织,但并不适用于自发产生的大社会。①

社会哲学家们受从柏拉图那里继承的部落思维②传统的影响,创造出一系列立场观点,他们认为自发秩序的结果必然是不公平的,并提出了一些所谓符合社会和分配公正的理论标准,比如按劳分配、按需分配、按做出牺牲的大小来分配或者其他一些公正的考虑。大多数这些理论不值得我们花时间去讨论,因为它

---

① 这意味着,公正分配的规则或许对某个组织的分配者来说能够存在,但对某个自发秩序中成员的行为来说并不存在。在自发秩序中只有交换的公正,没有分配的公正。古斯塔夫·拉德布鲁赫(Gustav Radbruch)在其 *Rechtsphilosophie*,1956,p.187 中宣称:"社会主义共同体也将成为法治国家,当然这是一个由分配公正,而不是由平衡公正主导的法治国家。"那么,这个论断仅可能在纯粹的程序意义上有效,它指出一个这样国家的所有决定都是由符合宪法的立法机构授权的。但绝不可能在物的意义上有效,即个体只能被要求遵守一般性的、对所有人同样适用的法律规则。对此参见 John Rawls, *Constitutional Liberty and the Concept of Justice*, Nomo Ⅵ, Justice, New York, 1963, p.102:"……换句话说,在特定人的愿望给定情况下,正义的原则不将选择对欲求事物的特别分配当作是正义的。这个任务被作为原则错误而被禁止,而且至少不能得到一个确定的答案。相反,正义的原则确定机构与共同行动必须满足的限制,使投入到其中的人对它们没有抱怨。如果这些限制得到满足,无论分配的结果是什么,都可以被看作是正义的(或者至少不是非正义的)。"

② 参见 Karl Popper, *Open Society and Its Enemies*, London and Princeton, 1945 及后来年份,第一卷。当前的、被有意识建造社会的理念所统治的社会哲学现状最典型的论断参见 Brian M. Barr, "Justice and Common Good", *Analysis*, XIX, 1961, p.90:"尽管休谟使用'公正'的表达来概括像财产规则这样的事物,但当今'公正'在分析上与'欲望''需要'联系在一起,以至于我们可以说,一些休谟声称的'公正规则'的东西是不公正的";John W. Chapman, "Justice and Fairness", Nomo Ⅵ, Justice, New York, 1963, p.153:"只有当社会被当作是很多人的集合,而不是像功利主义者想要的某种形式的大个人的情况下,公正与相互性才有意义。"还可参见 N. Rescher, *Distributive Justice*, Indianapolis, 1966。

们对实际的发展几乎没有产生影响。在过去一百年中,真正对立法产生影响的是在社会公正名义下的其他设想。这些思想谋求为较大群体提供保障,使其免于从已获得的社会地位上跌落下来,或是当他们无法影响的外部环境发生变化时,保护他们避免受到大的冲击。在实践中,只有上述思想在社会公正的名义下被严肃地讨论和尝试过,但正如笔者所言,正因为这种思想从根本上与自发的自由秩序的基本原则相违背,因此会导致自发秩序的崩溃。

九

本文伊始笔者就提到过这样一种悖论,市场秩序要想在更大范围上实现参与者的预期,就必须系统性地使另一部分预期落空。市场秩序的运作方式就类似控制论中的负反馈原理。笔者只想通过这个示例表明,想避免这种负反馈的公平观念(值得一提的是公平理想越来越多地被表述为"社会安全")是与建立一个和谐的大社会所必需的基本原则相违背的。对公正的这种要求每进一步,就意味着我们从建立在抽象行为准则上的自发秩序向建立在具体指令上的组织倒退一步。

探讨这一问题的出发点是以下事实:所有的经济活动都是对无法预知的外部环境变化的适应,仅基于这个原因我们就无法避免预期落空,我们所追求的只能是将这种落空降至不可避免的程度。为了说明问题,我们可以先排除统治当今社会的迅猛科技发展的影响,我们会看到,即使在科技水平不变的情况下,仅维持既定的福利水平仍然需要持续的结构调整来适应变化的形势。观察一个财富迅速增长的社会,它总会给人留下这样的印象:一些人做出牺牲只是为了使其他人更快地变得富有。但决定性的事实是,为了阻止整体福利水平下降到更低的层次,这种非个人错误导致的地位损失经常是必要的。

　　人类社会面临着这些不断发生的变化:自然资源的耗竭,人口代际交替(个体老龄化以及被带有不同的禀赋和观念的新人所取代),人口数量以及结构、品位、教育的变化,气候异常、自然灾害、生态环境和由人类不断扩张带来的变化,这些变化不间断地引发适应的问题。这导致总有一些群体在他们没有预判和过失的情况下创造出相对少的社会总产值,并且不得不接受自己由于对整体的贡献较少只能从整体中得到较少份额的事实,因为只有这样才能在变化了的形势下使生产力得到最有效的使用。

　　在以上假设的情形下,为维持目前的社会生产水平必须做出的适应是通过市场经济的自发秩序完成的:那些错误揣度市场变化的人(无论个人是否有过失)必须预计到,与转而从事其他职业相比,在市场上提供无人需要的商品或服务会使他们损失更多的利益。恰恰是市场经济迫使人们在上述情形下对他们根本无法了解的情况做出适应,从而保证了知识更充分的利用和供需的相对稳定。

　　比如,黄麻的供应可能由于其他地区更加亟须船只而中断,由于工业生产的继续与不断获得包装品息息相关,人们不得不用其他材料生产麻袋或其他包装品,麻袋编织者就失去了工作。想要通过适应重建稳定,就要求用更高的工资吸引另外的人来从事工作,而与此同时被波及的人不得不接受更低的工资到其他地方去工作。在一个财富增长缓慢的社会中,只有当其他生产要素同时接受比以往更低的报酬时,才能通过支付更高的酬金将那些由于情况的变化而变得更加稀缺的生产要素吸引到更加需要他们的地方。因为这类对不可预见变化的适应并不能创造盈余①,它

---

　　①　理论福利经济学认为,对现状改善能够产生剩余,这些剩余可以用来弥补因为适应而受损失的人。在这种情形下,福利经济学是完全误导人的。

的目的只是避免或者减少总产值的降低。

　　产品流的相对稳定性①以及生产资料之间的不断替换(为了用一定程度上等值的产品使不同需求得到满足)建立在个别群体预期落空的基础上。也就是说,事实上大多数人的预期多多少少总是能够实现,市场经济对知识的深度利用使其成为可能。在一个快速增长的经济中,预期落空可能仅意味着这些群体社会地位的相对衰落,但更常见的是——特别在一个静止的经济中——他们的绝对收入也会萎缩。经济结构对情况变化所做出的反应越快,此类现象发生的必然性就越小,但这同时也意味着,我们对个别群体衰落阻止得越少,整个社会福利水平的下降越小。②

　　个别群体相对或者绝对的衰落是最大程度实现整体预期的必要前提,但很多时候人们正是以社会公正的名义用立法来阻碍上述情况的发生。被波及的人尽管像往常一样正直、一样努力,但在情况的变化面前他们无能为力,他们不得不忍受比其预期更低的福利,但是这往往被当作是不公正的。自发秩序是以避免个

---

　　①　可惜的是自从宏观理论不断攻城拔寨以来,许多所谓的经济学家不再能够理解这里谈到的过程。由于统计方法只能把握总量或者平均数值,所以他们采用的统计方法恰恰掩盖了带来这些数量稳定的微观经济过程。

　　②　在英国,这个问题呈现得最为明显,工资与收入结构的僵化导致对急剧变化条件适应的能力完全丧失,为了预防贫穷化的威胁,不得不祭出用"收入政策"代替市场的无望努力。我们可以从文献中找到对上述事实明确的认识,但往往带有用更多的计划来替代失效了的市场的倾向。这里特别有指示意义的是沃顿(Lady Wooden)女士的著作,她是要求用国家强制手段固定不同群体收入的主要倡导者。参见 Barbara Wotton, *Social Foundations of Wage Policy* (1955), London, 1962, p. 162:"在这里没有人知道什么是公正,也没有苏格拉底走在街上强迫我们找出它来。这恰恰是保守主义发挥才能的地方了。变化——无论何地何事——需要辩护;而保守主义认为自己的强项正在于为自己辩护。因此,维持标准——无论绝对还是相对的——就成为工资讨论中最自然不过的事情了。或者换一种说法,当道德行为必须在没有道德原则引导下实行时,历史被搜集来填补这个空洞。"目前,走得最远的是从"相对剥夺"理念延伸出来的"社会公正"概念。见 W. G. Runciman, *Relative Deprivation and Social Justice*, London, 1966。

体的不恰当行为为基础的,所以无论是农民对于农业的"等价"要求还是矿工对工资与工时的要求,抑或是手工业者的利益诉求都是自发秩序所无法满足的。

十

法律文献中被频繁引用的弗朗茨·拜耶勒尔(Franz Beyerle)对19世纪潘德克顿法学的指控是对这种有长期影响的追求本质的很好说明①。"由于忽略了时间性和对所处环境的关注,(这种法学)未能认识到其所处时代的社会危机并在精神上进行消化。无论是在拿破仑战争后就已经出现的农民阶级飞速瓦解,还是19世纪中叶发生的手工业衰败,最终是工薪阶层的贫穷化"。姑且将他最后一个论断中所犯的历史错误先放到一边②,我们也必须发问:对于私法科学或是任何一个对所有个体同等适用的行为规则体系而言,顾及事实发展对特定群体产生的影响是否是它们的任务?这样的立法是否会导致以利用自发秩序力量为目标的私法秩序的瓦解?或者被组织或运用人为命令方法的组织法所替代?

按照分配公平的原则对自发秩序的具体结果进行"修正"的整个想法与自发秩序为整体带来益处的事实完全不相容:自

---

① 参见 Franz Beyerle, "Der andere Zugang zum Naturrecht", *Deutsche Rechtswissenschaft* (Vierteljahresschrift der Akademie für deutsches Recht), 1939, p. 20。在他以后,持同样观点的有 F. Wieacker, Privatsrechtsgeschichte, Göttingen, 1952, p. 261: "由于今天大多数社会主义派拒绝19世纪的经济与社会自由主义,因此对潘德克顿法学由于其对工业资本主义('自由',实际上是没有保护的劳动契约)和自由主义('自由'土地分割,土地抵押,自由分配权)的祖护成了一个对不公正社会工具的批评是完全恰当的……另外,在有限意义上,对于抽象私法虽然不是这种滥用的始作俑者,但至少没有制止它的批评也是不容置疑的。"

② 参见 F. A. v. Hayek (Hrsg.), *Capitalism and the Historians*, London and Chicago, 1954。

发秩序能够利用命令者不具备的知识。这同样也适用于这种思想的新翻版。最近有人提出,我们可以通过命令或者有针对性的立法(所谓的措施法)消除自发秩序的干扰。[①] 然而,除非命令的作者掌握自发秩序能够运用的知识,否则这一想法同样不可靠。

毋庸置疑,对于组织和国家机关的运行,措施法是必不可少的,但这并不表示这些法律适用于在一个开放秩序中规范私人行为。同样不可否认在一些危急时刻(比如战争状态、起义或者自然灾难时期)有时有必要将自发秩序向一个为实现某个共同具体目标的组织转化。这时社会就像是在逃亡的动物,有时为了继续生存被迫终止某些机能。虽然有充足的理由强调有时不得不采取这样的例外措施,但是用这样的临时措施重建被干扰的自发秩序原则上是不可能的。想做到这一点,必须要重新回到自发秩序的原则上来,这就是将国家强制力严格限制在实施一般性规则上,并放弃将经济活动引向特定的具体目标。[②]

---

① E. R. Huber, "Der Streit um das Wirtschaftsverfassungsrecht", *Die öffentliche Verwaltung*, 1956, p.204:"措施法是一种由一个具体的扰乱形势决定的法律,它的目的是通过必要的和适当的措施克服这种扰乱形势(去除扰乱)";另见 Konrad Huber, *Maßnahmengesetz und Rechtsgesetz*, Berlin, 1963, p.119 以及其他地方。还可参见 E. Horsthoff, "Über Maßnahme-Gesetze"(1955),收入于 *Rechtsstaat im Wandel*, Stuttgart, 1964, pp.81-89。其实卡尔·施密特早已点出要害,他在"Legalität und Legitimität"(同前,第 217 页)中写道:"只有'法律面前人人平等',而没有'措施面前人人平等'。"

② 对于 1948 年的计划经济来说,"实在经济秩序形塑处于支配地位的价值规范是社会公正"(A. Paulsen, *Gerechtigkeit als Wertnorm der Wirtschaftsordnung*, München, 1948, p.5),与此相对立的是自由主义的公正,它认为"公正应是绩效机会上的自由与平等,而不是绩效结果的平等"。(同上,第 8 页)如果政策遵循了上述观点,我们将被带到哪里去呢?(同上,第 38 页)"没有人会怀疑在(当时的德国)没有建立有效的、建立在生产、消费和价格自由基础上的市场经济的前提。未来的德国经济秩序还不能够确定;它将保留计划经济秩序的形式可能是确定无疑的了"。

　　从自由社会到全权社会,自发秩序被逐步地转变为那种原则
上完全不同的组织秩序形式,我们了解这个进程的起始和最终形
态。① 但这个转变过程在法律领域表现为公法对私法的不断渗透
和挤压,或者说组织规则对行为规则的渗透和挤压,这一点还没
有被普遍认识到。事实上,只有以这种方式才能谋求在社会公正
名义下已成为主流观点的那种分配公平。古斯塔夫·拉德布鲁
赫(Gustav Radbruch)在 1930 年谈到这一话题时已经表述得非常
清楚:"对一个社会的法律秩序来说,私法……只还有无所不在的
公法暂时留下的、越来越小的空间。"②

十 一

　　笔者认为,在描述真实发展方面,我们无法否认卡尔·施
密特从抽象规范思维到具体秩序思维转变的表述是完全符合

---

　　① 全权主义与自由主义理念在 20 世纪二三十年代法学界的争斗可以从卡尔·
施密特的著作中最清晰看出。就像一个他的追随者写的那样(Georg Dahm, *Zeitschrift
f. d. ges. Staatswissenschaft*, 95, 1935, p.181):"这些著作从一开始目标就很明确:就是要
揭露并摧毁自由主义法治国家,并克服立法法治国家。"这样一来,他的最著名的学生
之一在纳粹党掌权之后符合逻辑地宣告(E. Forsthoff, *Der totale Staat*, Hamburg, 1933, p.
33):"个体主义的自由主义在德国不再享受公众的特权",并且他要求(第 18 页)"从
真正的事实区别出发,即将朋友和敌人区别开来,将人民的与反人民的区别开来,将德
国的与非德国的区别开来,在这一基础上,消灭所有缺乏实质内容的法治国家思维言
论"。

　　② Gustav Radbruch, "Vom individualistischen Recht zum sozialen Recht" (1930),
abgedruckt in *Der Mensch im Recht*, Göttingen, 1957, p.39:"社会主义意味着私法几乎完
全消失在公法中。"早在 1801 年,波塔里斯(Potalis)就在其著名的 *Diskours Préliminaire
du premier projet du code civil* 中描写了为实现"社会"目标公法驱逐私法的倾向。在著
作中他写道(*Conférence du Code Civil*, Paris 1805, Bd. Ⅰ, S. ⅩⅤ):"我们不仅仅关心人
与人之间的私人关系,我们在他们当中看不到一般政治对象;我们寻找同盟,而非公
民。一切都会成为公法。"上述引述的最后四个词被 G. 里培特(G. Ripert)在其 *Le
Déclin du Droit*, Paris, 1949 中作为一个解释章节的标题,这一章为这一发展提供了很好
的概述。

事实的。① 只有通过这种方式才能将自由法治国家转变为一个物质分配上"公正"的全权国家。② 这一正确见解的惊人之处也是

---

① Carl Schmitt, *Über die drei Arten des rechtswissenschaftlichen Denkens*, Hamburg, 1934, 第 11 页及其后。毋庸置疑, 施密特早已觉察到"法治国家的代表们坚决在普遍中看到更高的价值"(*Die geistesgeschichtliche Lage des heutigen Parlamentarismus*, 1926, 第 53 页)。因为只有一般性规则服务于更广泛的自发秩序的建立, 而整个政府机构在其内部运行并由此服务于一个更高的秩序。而如对政府机构组织必需的那些具体命令只能对其起到干扰作用。因此, 只有自发秩序服务于抽象秩序意义上的真正共同福祉, 而相反, 政府行为措施中至少很大一部分是"有目的"的, 服务于特殊利益。

卡尔·施密特以其"具体的秩序思维"完成了由卢梭所开始的讨论。正如奥托·浮斯勒(Otto Vossler)称赞的那样(见其 *Rousseaus Freiheitslehre*, Göttingen, 1963):"卢梭的著作使抽象的规范思维失去了它的魔力, 通往具体、历史辩证思维的……路已经被打开。"以后黑格尔又向前迈进了决定性的一步, 他称赞道:"卢梭将意志提到国家原则的高度"(Hegel, *Grundlinien der Philosophie des Rechts*, Philosophische Bibliothek, Lepzig, 1911, 第 196 页), 并且他还明确指出:"坚持抽象的那个方向是自由主义, 但具体总是战胜它, 自由主义在反对具体中处处失败"(*Vorlesungen über die Philosophie der Weltgeschichte*, Ausgabe Lasson, Leipzig, 1923, Ⅳ, p.925)。

这里我们没有足够的篇幅将详细地去研讨意志与观点、命令与规则、目的与价值这些对立概念的意义。我们的语言也不圆满, 使我们不足以表达具体和抽象关系的实质重要区别, 这些关系一方面适合具体的、目标导向的组织, 另一方面则适合与目标无关的、自发的抽象秩序。古典经院学派了解这种对立, 并将其看作 voluntas(意志)与 ratio(理性)的对立, 洛克还懂得这里"ratio"的意思当然完全不同于 16,17 世纪人们对"理性"的理解。比较 J. Locke, *Essays on the Law of Nature*(1676), hrsg. Von W. von Leyden, Oxford, 1954, p.110: "我认为, 理性不应该理解为组织话语和进行论辩的智力禀赋, 而是应该理解为某些固定的实践原则, 这些原则是所有美德的源泉, 它们无论如何影响对人的行为的形塑。"也就是说, 埋性在旧的(前理性主义的)自然法中表示遵循没有明确表达出来规则来行动的能力。这是那些可以发现的规则, 即便无法明确表达出来, 但与其保持一致则是普通人能够理解的, 而且智者或许能够以使其他人满意的方式将其表达出来。

② 参见 Carl Schmitt, "Was bedeutet der Streit um den, Rechtsstaat", *Zeitschrift f. d. ges. Staatswissenschaften*, 59, 1935, p.190: "事实上法治国家恰恰是直接公平国家的反面概念;后者将固定的规范置于自身和个别情况的直接公正之间……通过明确的修饰词'民族社会主义法治国家'或者'民族社会主义德国法治国家', 特别是通过帝国法律领袖汉斯·弗兰克(Hans Frank)的语汇:'阿道夫·希特勒的德国法治国家'致使具有决定意义的意思转变最清楚不过、毋庸置疑地表示出来。由汉斯·弗兰克主编、刚刚出版的 *Nationalsozialistischen Handbuch für Recht und Gesetzgebung*(Müchen, 1935)中收入了我的论文《法治国家》(*Der Rechtsstaat*), 在其中, 我本人也接受了这一意义转变。"还可参见 Carl Schmitt, *Fünf Leitsätze für Rechtspraxis*, hrsg. Vom Press - und Zeitschriftenamt des Bundes Nationalsozialistischer Deutscher Juristen, e. V. , Berlin, 1933。

其可怕之处在于实际的发展以被预见到的结果作为追求目标，并非像其字面上所表达的那样，这种发展将使人类社会从开放的大社会倒退回到部落社会，从文明退回到野蛮。

因为倡导"具体秩序思维"无外乎是落后的、从原始部落社会因袭的感情的回潮，它放弃了我们经过长时间发展才建立起来的对所有人普遍有效的行为准则，是一种向着由酋长制定具体目标①的指令秩序的倒退。笔者认为，用具体秩序思维来解释法律会不可避免地破坏普遍公正概念，这是法律专家不可饶恕的死罪，是他们对为生存必须捍卫的理想的背叛。② 因为具体秩序思维必然导致极权主义，它实际上无视普遍的公正和道德，将秩序最终建立在统治者完全知情权的基础上，由此使统治者有借口将

---

① 或者是由"通过元首纯粹、不加掩饰代表的人民意志"制定的。参见 E. R. Huber, *Verfassungsrecht des Großdeutschen Reiches*, Hamberg, 1939。

② 这经常导致法律从所谓的必要性中衍生出来，而法学家却对其评价不承担任何责任，而且在这些所谓必要性中常常隐藏着多数是完全错误的经济理论观念。比如下述关于"不可避免的任务"，"责任"或者"义务"的论断（E. R. Huber, 胡贝尔, *Wirtschaftsverwaltungsrecht*, Band Ⅰ Tübingen, 1953, p.673）："国家的计划与调控在其他特定的经济行业如基础材料工业、信贷部门以及交通与保险业，也就是说在那些经济的核心行业，在特定情况下也是不可避免的，因此为了国民经济利益引入对需求监控的立法应被看作是必需的。当然，对于需求的计划经济调控必须限制在那些经济的特殊领域，在这些领域整体经济秩序的要求是合理的。" E. Forsthoff, *Lehrbuch des Verwaltungsrechts*, Ⅰ. München, 1961, p. 3："现代的、被技术和经济并作为后果的大众化决定性地影响了的社会现实赋予国家广泛的计划与调控的责任，这边限制，那边促进，实现强弱平衡并为数百万人创造生存条件，从事社会分配的功能，进行控制——总之，在一个非常脆弱的世界发挥调控、稳定和平衡的作用。这包括掌控个人与集体的命运，这对于以前的行政当局完全不可想象，至少在这样大的规模上不可想象。"这种（同上书，第 65 页）"普遍的（现代福利国家）的困境强迫国家承担起在可能的框架内建立一个公正的社会秩序的责任"——这些对于确实采取了的措施所谓"必要性"的陈词滥调几乎充斥在过去 100 年间法律发展的所有著述里。由此，人们不禁要问，是否还有另外一种媒介教给人们比法律教材的论述更多关于国民经济的错误理论？正是这些教材在不断鼓吹所谓的"必要性"。至少不能容忍的是，一名法学家写道（Hans Peters, *Wandlungen der Eigentumsordnung und Eigentumslehre seit dem 19. Jahrhundert*, Zürich, 1949, p.106）："允许粮食和棉花的所有者为了维持高价格将这些物品作为燃料焚烧属于私人所有权最令人痛恨的部分。"而实际上，这样的事情只有国家或由国家组织的垄断机构在做，私人所有者绝没有任何利益去做这样的事，这再明白不过了。

所有规则变为多余。这同样意味着法律的终结,在一个完全被计划的社会中,尽管有服务具体目标的组织规则,但并不需要不以具体目标为导向的法律规则。与其他出身于公法研究的法律哲学家(如 Radbruch,Kelsen)一样,卡尔·施密特不仅将国家机关,也将社会视作为实现可预见具体目标有意识指令的产物,而不是自发秩序,在这种意义上他们都是社会主义者。①

十二

您或许会感到有些震惊,甚至可能想要对一个科学讨论导致这样一个价值判断提出抗议:作为科学家的社会科学家是否有权做出这样的价值判断? 这就引出了笔者最后一个想要阐述的问题。

---

① 值得注意的是,施密特的理论与 20 世纪 20 年代共产主义理论家 B. 米尔金—格泽维支(B. Mirkin-Getzewitch)的理论非常相似。参见后者的著作 *Die Rechtstheoretischen Grundlagen des Sowjetstaates*,Wien,1929。比如在这部书中,他说道(第 108—109 页),Archipow 在 *Das Gesetz im Sowjetstaate*,Moskau,1926(俄语)一书中"宣称,'法律的概念不仅在苏维埃国家,而且也在现代民主国家中在逐渐消失,而重心正在从颁布一般性的规范不断向确立针对个体的规章和命令转移,它们规范、促进和协调行政行为'。这个作者的观点是,在西欧,法律确实在我们眼前消失"。E. Paschukanis,*Allgemeine Rechtslehre und Marxismus*,Berlin,1929(根据俄语第三版,1927 年,第 111—112 页):"直接的,表现为项目、生产与分配计划的技术决定指令的方法……适合服从于一个经济计划的行政技术领导。这些指令是具体的并根据变化的条件不断变化……这种趋势的逐渐胜利意味着法律形式的不断死亡。"——国家通过法律的约束变得"不自由"或者权力被剥夺是对法西斯主义、民族社会主义与共产主义的共同恐惧,这一恐惧从依凌(Ihering)开始就成为反对康德的法治国家理念的主要依据。关于这一点可参见本人的著作 *The Constitution of Liberty*,London and Chicago,1960,第 239 页以及在注释 22— 27 中给出的提示。具有典型意义的还有 Erich Angermann,*Die Verbindung des polizeistaatlichen Wohlfahrtsideals mit dem Rechtsstaatsgedanken im deutschen Frühliberalismus*,Historisches Jahrbuch der Görregesellschaft,74,1955,第 471 页:"只有在法治国家思想从物的到形式的转变完成后,它才有生存能力,因为只有这时现代国家才能够履行人们在现实中赋予它的福利任务。"

　　二百多年前休谟就曾经指出①,我们不能单纯只从已然的事实中推导出应然来。这肯定是正确的。20世纪关于价值判断的辩论也证明了这一点。一个社会的已然的存在秩序之所以能够存在,是由于它有一些被普遍认可和遵循的个体行为规范吗? 休谟的观点是否也严格适用于对这种已然秩序的论断呢? 当然,这些规范对那些从整体上否认这种社会秩序的人并不具有约束力,比如旧式的社会主义者,他们认为人们完全可以通过有意识的、以一个统一目标系统为指向的命令彻底替代自发的市场秩序,但是后来我们大家——包括大多数社会主义者——都承认,这种适合于封闭部落社会的理想从根本上无法与我们称之为文明的开放社会兼容,自此以后,我们的选择就只剩下改善这种自发秩序。从这种角度出发,难道那些导致自发秩序产生的规范不可以被视为有约束力的存在吗?

　　如果科学研究的对象是某种形式自我形成的秩序,它是遵循一定规范的产物,若没有这些规范此种秩序根本不可能存在,那么从包括应然规则的前提推导出其他应然规则就不存在逻辑上的矛盾。这至少意味着,只要我们想要在大体上维持这种建立在自发秩序力量基础上的社会,就不能赞同其他与其赖以生存的规范相矛盾的规范。在这种前提下,科学的认识可以告诉我们什么该做,什么不该做。②

　　由此笔者认为,对所有力图在市场社会中实现物质公正分配

---

　　① David Hume, *A Treatise on Human Nature* (1739), hrsg. Von T. H. Green und T. H. Grose, London, 1890, Ⅱ, 第 244 页及其后。

　　② 我不希望,由于我在这里不得不简短地处理这个问题,因此会受到指责,认为我将社会自发秩序以遵循规范为基础的事实与要求研究这个秩序的科学家在一定程度上认同这些规则混淆起来。我在这里想说的是,只要这个科学家想维护这个秩序的一些特征并将其持续作为他的建议中实现给定目标的前提,就不仅不能推荐与这个秩序相矛盾的规则,而且也不能推荐动摇这些前提规则事实重要性的规则,由于后者与这个秩序规则暗含的前提相违背,比如公正规则的普遍适用性。

的尝试做出评价是恰当的,因为这种尝试的目的在于防止个别群体相对或者绝对的衰落,而这种衰落是维持自发秩序力量的必然结果。我们可以在市场外通过国家组织给予所有人同样的最低生活保障,但是对某一特定地位的维持则是给予特定群体的特权,其结果是使其他群体丧失上升的机遇,而现在境遇要下降的群体正是利用这些机遇才获得了目前的地位。①

　　我们从以上考虑中得出的必然结论是:当人们把"社会的"(sozial)理解成上述意义上的"社会公平"(soziale Gerechtigkeit)或者"分配公平"(Verteilungsgerechtigkeit),把法治国家理解成物质上的法治国家时,"社会法治国家"(sozialer Rechtsstaat)就成为自相矛盾的概念(contradictio in adjecto)。② 对法律专家来说,这无疑意味着他们必须在宪法中对两个词中的其中一个词进行转意解释以避免两者的矛盾。对社会理论家来说,当这两个词被按照一般语言的意义理解时,他可以说立法者做出了他们无法给予的承诺。这也同样适用于福利国家③的追求,它并不是为了保护所有人免受共同危险的伤害,而是想通过再分配保证每个群体得到相应的收入,而方法则是遵照只有在一个组织内部才适用的公正

---

　　① 有些晚期的经院哲学家就已经看到这一点。参见 L. Molina,同上,disp. 365,2.29:"共和国的每个部分都有权向更高的等级提升(如果是命运所在的话),不论是谁,都没有固定的等级,其等级都是可以下降或上升的。"

　　② 参见 E. Forsthoff, *Lehrbuch des Verwaltungsrechts*,I,München,1961,p.4:"如果说社会国家和法治国家不是从相反的政治理念和法治理念出发的话,那至少其根本思路是不同的。"

　　③ 在由奥古斯特·翁肯(August Oncken)在 1876 年撰写的纪念斯密《国富论》发表 100 周年的著作 *Adam Smith und Immanuel Kant*(Leipzig,1877,p.177)中,有一个我认为值得在这里引用的论断,而且不仅仅由于根据我的了解这段话最早使用了"福利国家"(翁肯本人用了大写字母,因为他想成为这个词的创造者)这个术语。在这部著作中翁肯这样评论"从宗教改革中诞生的专制国家":"国家不再是法治国家,而成为福利国家,而且是以那样一种极端的形式,使得法律的目的完全退居幕后……另外,在福利的目标逐渐吞没了法律目标的同时,职业官员阶层也将在现实生活中执行法律的任务完全攫取在手中。"

分配原则。这在笔者看来也是与以一个自发秩序为导向的法治国家基本原则不相容的。

　　康德早已清楚地看到了这一点,并用他那个时代的语言对此做出了与我在这里尝试的同样结论。在他关于学科之争的文章中,他写道:"无论对于接受福利的一方还是给予福利的一方,福利都是没有原则的。因为这里的关键是意志的物质化。物质是经验性的,而规则是一般性的,规则在此无能为力。"①套用康德的思想,将意志的物质化替换成被追求的具体目标②,它们与抽象秩序指向的、本身也是抽象和与具体目标无关的行为规则形成对立,所以,康德所讲的正是笔者在这里所要阐明的。

---

① I. Kant, *Der Streit der Fakultäten in drei Abschnitten*, Zweiter Abschnitt. Der Streit der philosophischen Fakultät mit der juristischen, §6,注释2。

② 参见 I. Kant, *Metaphysik der Sitten*, Akademie-Ausgabe Band Ⅵ, p.389:"因为在行为者没有同时企图达到一个目标(作为意志的物质化)的情况下,自由行为没有可能。"

政治思想中的语言混乱[①]

人们根本就不能理解这一点。

——G. 维科(G. Vico)

导　言

现代文明赋予了人类做梦都没有想到的力量,这主要是因为,他在不知不觉之中,发展出一些使任何头脑都不可能全部掌握的许多知识和资源得到利用的方法。对一切社会行为的秩序进行合理的讨论,作为起点的一个基本前提就是,无论是行动的人,还是研究这种秩序的科学家,对进入这种人类行为秩序的无数具体的事实,有着固有的、无法克服的无知,因为只有它的某些成员知道这些事实。正如上面引用的箴言所说,"人还未理解发生了什么,便成了现在这个样子"[②]。这种见解不应使人感到惭愧,反而应使他感到骄傲,因为他发现了一种使我们能够克服个人知识局限性的方法。它鼓励人们去精心培育使那些可能性得以出现的制度。

18 世纪社会哲学家最伟大的成就,就是用批判的、进化论的理性主义——它考察了自觉的理性的有效作用的条件和局限

---

①　1967 年在德国弗赖堡瓦尔特·欧肯研究所的演讲,1968 年作为伦敦经济事务研究所"临时论文"出版。

②　维科这句话引自 *Opere*, ed. G. Ferrari, 2nd ed. Milan, 1854, Vol. V. p. 183。

性——取代了早期幼稚的建构论理性主义①，它把一切制度都说成是为了可预见的目标而特意设计出来的产物。

然而，我们还远远没有充分利用这种见识为我们提供的全部可能性，这主要是因为我们的思想仍然受一种反映着早期思维模式的语言的支配。一些重要的问题，在很大程度上因为采用了对制度做拟人化或人格化解释的词语，而被搞乱了。这些解释对支配着有具体目标的行为的一般性规则进行了说明。这些制度在实践中成功地适应了我们的知识无法克服的局限性。它们之所以采用，是因为它们在利用不完整的、分散的知识——这是人类无法改变的命运——上被证明是更为有效的方法，从而压倒了其他的秩序形式。

在过去这段时间，我一直对法律、立法和自由的关系进行研究②，这一尚未完成的研究过程，使我对我们因为缺少更准确的用语而不得不继续使用某些关键术语，其模棱两可给严肃的讨论造成危害的程度，有了明确的感受。为了努力做到明晰性，我被迫采用了一些流行用语并不接受或仍不打算理解的严格的区分方式。以下的说明，目的在于揭示我所发现的这些基本区分的重要性，此外也要推荐一些可以帮助我们避免目前盛行的混乱的用词。

---

①　参见我的《关于行为规则体系的发展的笔记》《理性主义的类型》《人的行动的结果，但不是人为设计的结果》以及《曼德维尔大夫》（均已收入本书——译者）。

②　哈耶克此处指他从 1973—1979 年出版的三卷本《法律、立法与自由》（F. A. Hayek, *Law, Legislation and Liberty*, London, Routledge & Kegan Paul, 1982）。本文所讨论的问题，分别见于该书第一卷《规则与秩序》第二章："内部秩序与外部秩序"；第六章："外部规则：立法的法律"；第四章："不断变化的法律观"；第七章第五节："意见和意志"；第八章："寻求公正"（尤见第四节："不但正当行为的规则，甚至对其公正性的检验，都是消极的"）；第十章："市场秩序或交换"；第十三章："民主的分权"。——译者

一　内部秩序和外部秩序

人类有可能达到各种目标,仅仅是因为我们认识到,我们生活的这个世界是有序的。我们能够掌握一些规律,它使我们可以期待,从我们所了解的这个世界(在空间和时间中)的某些事物,会产生出另一些事物,这种秩序便是由此而显示自身的。我们预期这些规律极有可能在各种事件中得到证实。没有对我们生活的世界中这种秩序的了解,有目的的行为是不可能的。

这适用于自然环境,也同样适用于社会环境。但是,自然环境的秩序独立于人的意志,对我们而言是既定的,而我们社会环境中的秩序,有一部分——仅仅是一部分——是人为设计的结果。把它们全部看作人的行为的有目的的产物,这种嗜好是错误的主要的根源之一。从人类相互交往中产生的秩序,并非全是设计的结果——这一见解当然是社会理论的起点。但是,"秩序"一词所具有的拟人化的含义,易于掩盖一个基本的真相:力求通过安排和组织建立一种社会秩序(即为具体的要素指定专门的功能或任务)的所有自觉的努力,是在一个更为广泛的自发秩序中产生的,而后者并不是这种设计行为的结果。

我们用"安排"或"组织"这样的词来描述人为的秩序,我们却没有一个明确的词用来表示自发形成的秩序。古希腊人在这方面比较幸运。人对各种因素特意进行安排或指定其明确的功能而产生的秩序,他们称之为 taxis(外部秩序);独立于人类任何有目的的意图而存在或自发形成的秩序,他们称之为 cosmos(内部秩序)。虽然他们一般局限于用后者指自然秩序,但它似乎同样适用于任何自发的社会秩序,并且也常常有人以这样的目的去使用它,尽管并不系统。[①] 人们会认为,自然界的内部秩序(the cosmos of nature)有一种令人赞赏和敬畏的含义,因此当把这个名称赋予一种我们往往并不喜欢的社会秩序时,我们可能会有所顾虑。但是,拥有一个能够将这种秩序同人为的秩序区分开来的明确无误的概念,这一好处应当能够打消我们的顾虑。

从一定程度上说,"秩序"(order)这一概念本身的情况也是如此。它虽然是政治学说中最古老的概念之一,但已经有一段时间不那么流行了。然而这是个不可缺少的概念,按照我们给它下的定义——一种能够使我们对未来产生期待和预测的状态,它不是指一种价值,而是指某些客观事实。当然,自发的秩序或内部秩序,它同组织(安排)或外部秩序的第一个重要差别是,内部秩序不是由人特意建立的,因此它没有目的。[②] 这并不是说它的存在不会给许多目标的追求带来极大的帮助:这种不仅存在于自然界,也存在于社会中的秩序,是追求任何目标不可缺少的。但是,自然秩序,以及社会秩序的某些方面,并不是人特意创造出来的,因此说它有一定目的是不正确的,尽管人类可以利用它们去追求许多不同的、有分歧的甚至相互冲突的目标。

自发的秩序或内部秩序是无目的的,而每一个外部秩序(安排、组织)却要以某个特定的目标为前提,构成这个组织的人,必须为同一个目标服务。内部秩序是从它所包含的各要素之间的行为的相互协调中产生,从这个意义上说,它是一种内生系统,或

---

① 例如见 J. A. Schumpeter, *History of Economic Analysis*, New York, 1954, p. 67, 他在此处说, A. A. Cournot 和 H. von Thünen 是最先"利用方程式系统将所有经济数量之间的一般相互作用以及呈现这种 cosmos(内部秩序)的必要性加以具体化"的两位作者。

② 我所知道的包含着这种错误——通常只是不经意地——而又明确表达出来的唯一一段话是:"秩序意味着存在着一个目的。"有意思的是,它出现在边沁的"An Essay on Political Tactics", 见其 *Works*, ed. Bowring, Vol. II, p. 399。

者如控制论专家所言,是一种"自我协调"或"自我组织"的系统。① 而外部秩序则是由处在这一秩序之外的某种力量决定的,因此从这个意义上说,它是外生的或外力实施的。在这些外在要素对其环境中的事实做出反应时,也可以通过对它们施以调节而引导自发秩序的形成。这种保障秩序形成的间接方式,与直接方式相比有着重要的优点:在任何人都无法掌握影响秩序的全部因素的情况下,可以采用这种方式。内部秩序中的行为规则也未必一定就是人创立的:它们也可以是自发生成的或进化的产物。

　　因此,在秩序的自发性和决定着这一秩序的成员之自发行为规则的起源之间做出明确的区分,是很重要的。自发的秩序可以部分地依靠并非自发而是外力施加的规则。就政策目标而言,会出现这样的选择:以间接方式保障秩序的形成,或者,直接为每个成员指定位置并详细规定其功能——这两种做法哪一个更可取呢?

　　我们这里所关心的,仅仅是不同的社会秩序,就此而言,这种区分第一个重要的结论是,在内部秩序中,支配着个人行为的有关各种事实和目标的知识,是行动着的个人的知识,而在外部秩序中,则是组织者的知识和目标决定着秩序的产生。因此和自发秩序的情况相比,在这种组织中能够得到利用的知识总是很有限的,因为在自发的秩序中,所有成员所拥有的知识不必事先传递给组织者,就能对秩序的形成发挥作用。能够在外部秩序中有序化的复杂的行为,必然仅仅局限于组织者能够知道的行为,在自发的秩序中则没有这样的限制。

──────────

　　① 自发或自我决定的秩序的形成这种概念,就像与此相关的进化概念一样,在被自然科学采用并发展出这里提到的控制论之前就已由社会科学提出来了。一些生物学家已经注意到了这一点。如见 G. Hardin, *Nature and Man's Fate*（1959）, Mentor edn, New York, 1961, p. 54:"但是在很久之前,亚当·斯密已经明确使用了这一（控制论）概念。对价格做精密调节的'看不见的手'显然就是这样一个概念。斯密实际上是说,在自由市场上,价格是由消极反馈来调节的。"

对自发形成秩序的力量(即导致自发的普遍秩序形成的个人行为规则)有意识地加以利用,可以使能够被整合进一个单一秩序的行为的范围和复杂性得到极大的扩展,同时也减少了所有的人对秩序发挥非破坏性作用的能力。在内部秩序中,其成员的行为规则,仅仅决定着它的最一般的抽象特征,至于各种细节,则是由支配着个体行为的事实和目标来决定的,虽然它们也被一般性规则限制在可允许的一定范围之内。结果是,这种秩序的具体内容虽然有可能是建立一种大规模秩序的唯一途径,但它是不可预测的。我们必须放弃按自己的愿望塑造其具体表现的权力。例如,在这样的秩序中,每个人所占据的位置大大取决于那些我们肯定会视为偶然的因素。这种内部秩序会对所有人的目标有不同程度的帮助,但是它不会赋予任何人决定他该对谁更好或更差的权力。

另外,在一种安排或外部秩序之中,组织者能够在这一方法所能达到的有限范围内,让结果在任何他所希望的范围内符合他的选择。外部秩序必然是为了达到具体的某个目标或一系列目标而设计出来的;在组织者能够掌握有关现有手段的信息并支配其用途的范围内,他可以做到让安排符合他的一些相当具体的愿望。既然他的目的就是主宰这种安排,他当然能够在该秩序中的每个成员中贯彻他的意志,根据他对其功过的评估,为该成员安排位置。

当问题是利用组织者所知道的有限资源服务于一个统一的目标序列时,安排或组织(即外部秩序)是一种更为有效的方式;当事情涉及利用散布在千百万分散的个人中间,并且只有他们自己能够得到的知识时,则是自发的秩序化力量(即内部秩序)的作用更为优越。更重要的是,很少或根本没有共同目标的人,相互不认识或不了解他人环境的人,能够通过遵守相同的抽象规则,形成一种互惠的、和平的自发秩序,但是他们要想组成一个组织,就只能服从某个具体的个人的意志。为了形成一个共同的内部秩序，他们只需在抽象规则上取得一致，而为了形成一个组织，他们只能或是一致同意，或是被迫服从一个共同的目标序列。由此可见，只有内部秩序才能够形成一个开放社会，而被理解为一种组织的政治秩序，只能是个封闭的或部落式的社会。

二　内部规则和外部规则

有两种分别与内部秩序和外部秩序相对应的、不同的规则或规范，它们是秩序中的成员为了形成相应类型的秩序而必须服从的。在这一点上，近代欧洲语言同样缺少能够明确无误地表达它们的必要区分的概念，我们习惯于用"law"（有法律、规律、规则等含义——译者）或其同义词来含糊地指称两者，因此我再次建议采用两个古希腊的概念，至少在公元前4世纪和公元前5世纪，它们在古代雅典的用法中大体上包含着这种必要的区分。①

我们用 nomos（内部规则）来表示普遍适用的公正行为规则，它适用于无限多的未来事例，也平等地适用于处在该规则所规定的条件下的所有人，而不管在具体环境中服从该规则所产生的结果。这些规则划定了个人受保护的范围，使每个人或每个组织都知道他们在追求自己的目标时可以采取什么手段，从而阻止不同的人之间发生冲突。这些规则一般被称为"抽象的"、同个人目标

---

① 不可把 thesis（外部规则）同 thesmos 相混淆，后面这个希腊词是指"法律"，它比 nomos（内部规则）更为古老，但至少在古典时代，它更多的是指统治者制定的法律，而不是指非人格的行为规则。相反，外部规则是指使某种安排得以确立的具体行动。重要的一点是，古希腊人从未明确，由"自然"（physei）决定的事物，其恰当的对立面是由内部规则决定的事物呢，还是由外部规则决定的事物？关于这个问题见我的《曼德维尔大夫》一文。

无关的规则。① 它们导致一种同样抽象的、无目的的自发秩序或内部秩序。

相反,我们用 thesis(外部规则)来表示那些只适用于特定的人或只为制定规则者目标服务的规则。这种规则虽然也有不同程度的一般性,关系到形形色色的具体事例,但是它们也会在不知不觉中从通常意义上的规则变成具体的命令。它们是管理一个组织或外部秩序的必要手段。

领导一个组织为何必须在一定程度上依赖规则,而不能仅仅靠某些具体的命令的原因,也解释了自发的秩序为何能够取得组织无法取得的结果。仅以抽象规则限制个人的行为,使他们可以利用那些掌权者无法拥有的信息。由组织的首脑指派职能的机构,能够适应只有它们自己才了解的不断变化的环境,因此权威的领导普遍采取一般指导而非具体命令的形式。

然而,在两个重要的方面,支配着组织成员的规则必然不同于自发秩序所依靠的规则:组织的规则,是以通过命令向具体的个人分派具体任务、目标或职能为前提;组织中的大多数规则只适用于承担特定责任的人。因此,组织的规则不可能是一般性适用的或无目标的,它们总是以指派角色、规定任务或目标的命令为转移。它们无助于抽象秩序——在这种秩序中,每个人必须自

---

① 公正行为规则无目标性的特点,已由大卫·休谟做了明确的揭示,并由康德做了最系统的阐发。参见 David Hume,"An Enquiry Concerning the Principles of Morals",in *Essays*,*Morals*,*Political*,*and Literary*,ed. T. H. Green and T. H. Grose,London,1875,Vol. II,p. 273:"从(公正和诚实这些社会美德中)产生的好处,并不是每个个人的单一行为的结果,而是从社会全体人或大多数人与其合作的整个体系结构产生出来的。普遍的和平与秩序,只与公正或普遍戒除对他人财产的欲求为伴。对某个公民的特别权利给予特殊考虑,就其本身而言,经常会造成有害的后果。个人行动的结果在许多情况下同整个行为体系的结果截然相反:前者可能是极有害的,而后者却有着最大限度的好处。"另见他的《人性论》(版本同上),II,p. 318:"显然,如果人们调整自己的行为是着眼于具体的利益,他们会陷入无穷的混乱。"关于康德的论述,见 Mary Gregor,*Laws of Freedom*(Oxford,1963)中的精彩阐述,尤其是 pp. 38-42,81。

己寻找自己的位置并能够建立起一块受保护的领地——的自发形成。一个组织或安排的目的和一般特征,必然是由组织者决定的。

作为一般性行为规则的内部规则同作为组织规则的外部规则,它们之间的不同,大体上类似于人们熟知的私法(包括刑法)与公法(宪法和行政法)之间的不同。在这两种法律规则之间存在着大量的混乱看法。采用的概念和法律实证主义的错误理论(这也是公法学家在法理学的发展中起主导作用的结果),助长了这种混乱。它们都在一定意义上以公法为主,认为它只服务于公共利益,而私法不但被视为次要且来源于公法,并且它不是为公共利益而是为个人利益服务。然而反过来说才更接近真实。公法是组织法,是有关政府这一上层建筑的法律,而当初政府的设立,不过是为了保障私法的实施。"公法多变而私法持久"的说法是不错的。① 无论政府结构有何变化,依靠行为规则的基本社会结构是持久不变的。因此,政府从公民的忠诚获得权威,并能够要求这种忠诚,只能是因为它维护着使社会日常生活得以进行的那种自发秩序的基础。

公法优先的信念来自这样一个事实,它是为了具体的目的,以意志的行为特意创设的,而私法则是一个进化过程的结果,从整体上说从来不是由任何人发明或设计的。创设法律的行为是出现在公法领域,而在私法领域,数千年的发展是通过一个发现法律的过程,在这个过程中,法官和法学家仅仅致力于对长期支配着行为的规则和"公正意识"做出明确的表述。

为了发现一个组织实际实施的是哪些规则,我们必须回到公法上去,但是私法的权威性未必一定来自公法。就存在着自发形

---

① H. Huber, *Recht, Staat und Gesellschaft*, Bern, 1954, p. 5: "公法在衰败,私法在存续。"

成秩序的社会而言,公法仅仅是组建起一些必要的政府机构,使更广泛的自发秩序得以更好地运行。它决定着某种上层结构,而建立这种结构,首先是为了保护已经存在的自发秩序,并使它所依靠的规则得以贯彻。

记住一点是有益的:内部规则这个意义上的法律概念(即同任何人的特殊意志无关、不管具体条件下的结果而普遍适用的抽象规则,它是可以被"发现"但不是为具体目的而创设的法律),只在古罗马和近代英国这些国家存在,并同个人自由的理想一起被保留下来。在这些地方,私法的发展是以案例法而不是成文法为基础,也就是说,它是掌握在法官或法学家手里,而不是掌握在立法者手里。一旦把法律理解成达到政府自身目标的工具,法律就是内部规则的观念,以及个人自由的理想,便会迅速消失。

在这方面没有得到普遍理解的一点是作为案例法方式的必然结果,建立在先例上的法律,必然完全是由无目的的抽象行为规则组成的,法官和法学家力求从以往的判决中提炼出它们的一般意向。对于立法者建立的规范,就不存在这种内在的限制。因此他也不太愿意把服从这些限制作为他所承担的主要任务。在内部规则中的可变含义尚未得到严肃的思考之前,立法者在很长一段时间里,几乎完全限于制定那些规范政府机构的组织规则。法律就是内部规则这种传统观念,构成了法治、法治政府和权力分立这些理想的基础。因此,当最初只负责征税一类统治任务的代议制机构,也开始被当作内部规则(即私法或一般行为规则)的来源时,这一传统观念很快便被另一种观念所取代:法律就是得到授权的立法者就具体事务制定的任何东西。①

————————

① 在美国杰出的公法学家 P. A. Freund 的一篇论文中,可以看到对法官所关心的法律和现代立法机构的法律之间的差别所做的揭示,见 R. B. Brandt(ed.), *Social Justice*, New York, 1962, p. 94:"法官让自己服从持久性、平衡性和可预见性的标准,而立法者服从的是公平的份额、社会效益和平等的分配。"

用公法取代私法这种做法的不断蔓延,不过是自由和自发的社会秩序向组织或外部秩序转变这个过程的一部分,理解到这一点,可算是最明确地揭示了我们这个时代的政府趋势。这种转变是一个多世纪以来一直支配着发展的两个因素的结果:其一是公正的个人行为规则(受"交换公正"的支配),逐渐由"社会"公正或"分配"公正的观念所取代;其二是把制定内部规则(即公正行为规则)的权力,授予了负责领导政府的机构。主要是由于将这两种本质上不同的任务合在同一个"立法"机构里,几乎彻底破坏了作为一般行为规则的法律同指导政府在具体事情上应当做什么的法律之间的区别。

社会主义对收入进行公正分配的目标,必然导致这种自发秩序向组织转变的过程。因为只有在旨在达到一系列共同目标、个人必须履行指定的任务的组织里,"公正"的报酬才能具有一定意义。在自发的秩序中,谁也无法"部署"或预见环境的变化给每个特定群体造成的结果,它能够了解的公正,只能是个人行为规则的公正,而不是行为结果的公正。这种社会当然要以一种信念为前提:公正行为规则这个意义上的公正不是个空泛的用语,而只要自发的秩序尚未完全转变成由掌权者按照人们执行指派的任务的表现分配报酬的极权主义组织,那么"社会公正"就只能是无稽之谈。"社会"公正或"分配"公正是组织内的公正,在自发的秩序中是毫无意义的。

三　有关条文化的规则和未条文化的规则的附言

下面要考虑的区分,虽然同这里将要评价的另一些区分不十分一致,不过,对我们所使用的"规则"(rule)一词的含义稍加评论还是适宜的。在我们使用这个词时,它有着两层不同的含义,它们之间的差别,经常同人们更熟悉、关系更密切的另一种差别相混淆,或被这种差别所掩盖,这个差别就是成文规则与不成文规则的差别,或习惯法和成文法的差别。需要强调的一点是,一条规则有效地支配着行为,可以是指我们对它的了解使我们能够预见人们会如何行动,但行动者不一定非要知道其文字表述形式。人们可以"知道如何"行动,他们的行为方式可以用人为的规则做出准确的描述,但他们不必确切"知道"规则的细节。也就是说,他们无须为了让自己的行为遵守规则,而要求自己能够逐字逐句说出那条规则,或认识到别人是否也这样做。

无可怀疑的是,无论是在早期社会还是此后的时代,从持续不断的司法裁决中呈现出来的许多规则,任何人都不知道它们有文字表述的形式;甚至以法条文化的形式为人所知的规则,往往也不过是把指导着行为的原则,或体现在对他人行为表示赞同或反对的态度中的原则,用文字表达出来的不尽完美的努力。我们所谓的"公正意识",不过是指在行动中遵守未条文化的规则的能力。所谓找到或发现公正,是指将一直未条文化的、具体裁决所依据的规则用文字表述出来的努力。

这种遵守法条文化的规则采取行动或辨别他人是否这样行动的能力,在没有人想要明言这些规则之前大概就一直存在着;大多数条文化的规则,不过是将过去的行动根据变成文字的大体上成功的尝试,并且它们将继续构成对已经条文化的规则之结果做出判断的基础。

当然,一旦行为规则的具体条文被人们所接受,它们便成了传播这些规则的主要手段。条文化的和未条文化的规则的发展将不断地相互作用。但似乎极有可能的是,如果没有条文化的规则作为基础,使条文化的规则系统一旦出现裂痕即可援用之,那么任何条文化的规则系统都是无法存在或难以理解的。

法条文化的规则背景的这种主导作用,解释了将一般规则应

用于具体事例时,为何很少采用推论的形式,因为只有条文化的
规则才能作为这种推论的明确前提。仅仅从条文化的规则中得
出的结论,如果它与尚未条文化的规则所导致的结论相悖,将不
会得到容忍。通过这个人所熟知的过程,已得到充分条文化的严
密的法律规则发展出了衡平法。

就此而言,以条文化的规则形式传播的不成文法或习惯法同
成文法之间的差别,与条文化的规则与未条文化的规则之间的差
别没有什么不同。许多不成文法或习惯法已经以口口相传的形
式得到了明言。但是,可以认为已被人们明确了解的法律即使都
已条文化,也未必意味着把实际指导着各种裁决的规则加以条文
化的工作已经完成。

四　意见和意志、价值和目的

我们现在遇到了一个重要的差别,而现行的概念特别不适合
表示这种差别,并且古希腊人也没有为我们提供现成的合理用
语。但是,卢梭和黑格尔,以及直到 T. H. 格林(T. H. Green)为止
的追随者,用"意志"(Wille)取代早先的作者所说的"意见"(Mei-
nung)[1],以及更早以前把 ratio(理性)与 voluntas(意志)对立起
来,大概是政治思想史上最为有害的概念发明。

---

　　[1]　经常从这个意义上使用"意见"一词的,以休谟为最,尤见 *Essays*, *loc. cit.* Vol.
Ⅰ, p. 125:"可以进一步说,虽然人们受着利益很大的左右,但是,甚至利益乃至全部人
类事务,却完全是受意见的左右。"又 p. 110:"既然力量总是在被统治者一方,统治者
别无所靠,只能靠意见来维护自身。政府仅仅是建立在意见上,从最残暴的军阀政府
到最自由、最有民众基础的政府,这一定理一概适用。""意见"一词的这种用法似乎是
来自 17 世纪的政治大辩论;至少 1641 年的一篇出自 Wenceslas Hollar 之手并附有一幅
版画的谤文可印证此点, 见 William Haller(ed.), *Tracts on Liberty in the Puritan
Revolution* 1638-1747(New York, 1934)第一卷中的复制件,它的标题就是"世界受意
见的管辖和支配"。

这种用"意志"取代"意见"的做法,是一种建构论理性主义①的产物,这种学说以为一切法律都是为已知的目的而发明出来的,而不是对某些做法——它们之得势,是因为它们产生了比作为竞争对手的群体的现行秩序更具活力的秩序——的明言或经过改进的表述。与此同时,因为把"意见"和无可辩驳的因果知识相对立,使它也日益受到怀疑,而一种放弃一切无法证实的陈述的趋势则不断加强。"单纯的意见"成了理性主义批判的主要目标之一;"意志"似乎是指某些有理性目标的行为,而"意见"则被认为有着不确定的性质,无法进行理性的讨论。

但是,开放社会和所有现代文明的秩序,主要就是建立在这样一些意见上,在人们尚不明白自己为何持有它们之前,它们已有效地产生出这一秩序,并且在很大程度上它仍然建立在这种信念之上。甚至当人们开始提出如何改进他们所服从的行为规则的问题时,他们对于规则所产生的作用——这是修改的依据——可能仍然只有模模糊糊的了解。困难来自这样一个事实,根据具体情况下某种行为可预见的结果对该行为进行评价的任何尝试,都是同相关行为之是否应当得到赞同的意见在形成全面秩序中所发挥的作用相对立的。

理性主义的偏见,即理智的行为完全受因果关系的知识的支配,以及与它相伴的一种信念,即"理性"只表现在由这种知识产生的推论之中,模糊了我们对这些情况的认识。建构论理性主义所承认的唯一的理性行为,是由"如果我想得到 X,则我必须做 Y"这种想法引导的行为。然而事实上,人类的行为大多是受着将行为限制在可允许范围内的规则的支配——这些规则一般禁止某些类型的行为,而不管其可预见的具体结果。我们在自己身处

---

① 关于卢梭这方面的思想的笛卡尔主义基础,Robert Derathé, *Le Rationalisme de J. -J. Rousseau* (Paris,1948)一书做了明确的阐述。

的自然和社会环境中能够有所成功,要大大依靠这种不能做什么的知识(但我们通常并不清楚如果做了这事会发生什么后果),就像它也取决于我们有关自己行为的具体结果的知识一样。多亏了那些规则,才使我们的确定性知识能够有效地为我们服务,它们将我们的行为限制在一个我们能够预见相关结果的有限范围之内。它阻止我们逾越这些界线。对未知的事物担心,避免难以预测后果的行为,在使我们的行为从成功这个意义上说做到"合乎理性"所发挥的重要作用,丝毫不亚于我们的确定性知识。① 如果"理性"这个概念仅限于指有关事实的确定性知识。而排除"不应当如何"的知识,那么支配着人类的行为、使个人或群体能够在他们生活的环境中生存下去的大量规则,都会被从"理性"中排除出去。如果把这种所谓的"理性"武断地局限于有关支配着我们环境中具体事件的因果规律的确定性知识,那么人类积累下来的许多经验,都会处在这种"理性"之外。

在 16 世纪和 17 世纪的理性主义革命之前,理性的概念包含着正确的行为规则的知识,甚至是把它放在首要位置。如果把 ratio(理性)同 voluntas(意志)加以比较,前者主要是指有关各种行为是否应当得到允许的意见,而后者则指明这些行为是达到某种具体结果的最显而易见的手段。② 所谓理性,并不是指有关具体环境中的具体行为将带来具体结果的知识,而是指一种能力,它使人避免某些虽然有可欲的预期后果,却有可能对决定着人类成就的秩序造成破坏的行为。

---

① 知识的扩展主要归功于超越了这些限制的人,但是过分越界的人,很可能只是自取灭亡或危及同胞,而不是对共同的确定性知识总量做出了贡献。

② John Locke, *Essays on the Law of Nature*(1676), ed. W. von Leyden, Oxford, 1954, p. 111:"所谓理性……我想它在这里并不是指构成思想训练和推理证明的理解能力,而是指某些明确的行为准则,所有的优良品质和养成正确道德观所需要的一切,都是由此而来……理性并不确定并宣布这种自然法则,而是寻找它,发现它。……与其说理性是自然法则的创造者,不如说是它的解释者。"

　　我们很熟悉一个关键性论点,即把人类行为加以整合的普遍的社会秩序,不是由个人追求的具体目标形成的,而是来自他们对限制其活动范围的规则的服从。个人追求什么样的具体目标,同这种秩序的形成并无多大关系;这些具体目标在许多情况下可以很荒谬,但是只要个人是在这些规则的限制之内追求自己的目标,他们就有可能对别人的需要做出贡献。就个人行为而言,把个人整合进一个文明赖以生存的秩序的,不是它的有目标性,而是它受着规则的支配。[①]

　　因此,把一条划定公正行为之范围的规则或法律的内容,说成是表达着某种意志(无论是人民的还是其他什么东西的意志),是完全错误的。[②] 批准写明行为规则的一纸条文的立法者,或决定这种法律之措辞的起草人,都受着一种以特定结果为目的的意志的指导,但是具体的文字形式并不是这种法律的内容。意志是指针对具体目标的具体行动,一旦采取行动并达到了目标(最终结果),该意志便终止了。从这个意义上说,没有人能够具有一种涉及未来无数事例中会发生什么的意志。

　　另外,意见不具有持该意见的人所知道的目的——当然,如果我们发现一个事关正确和错误的意见中包含着某种目的,我们有理由对它表示怀疑。个人所持的大多数有益的意见,他们之所以持这种意见,除了他们期待着它是他们生活的那个社会的传统之外,他们并不知道任何其他的理由。由此可见,关于正确与错

---

　　① 我们这里所说的“有目标”的行为和“受规则支配”的行为,它们之间的不同大概与马克斯·韦伯对 zweckrational(工具理性)和 wertrational(价值理性)的区别相同。如果是这样的话,那么十分明显的是,几乎没有任何行为可以只受单一考虑的支配,遵循因果规律对手段结果的考虑,应当同遵照有关手段是否应当允许的规范对结果之得当性的考虑结合在一起。

　　② 这是古希腊人因为自己的语言而得以避免的一种混乱,因为他们唯一知道的用来表达我们所谓“意志”的用词是 bouleuomai,它明确地仅仅用来指具体行动(M. Pohlenz, *Der Hellenische Mensch*, Gottingen, 1946, p. 210)。

误的意见,同这一明确意义上的——我们若想避免混乱,必须在这个意义上使用这一概念——意志毫无关系。我们都十分清楚,我们的意志经常同我们有关正确的想法发生冲突,这一点既适用于个人,同样也适用于有着共同目标的群体。

意志的行为总是受具体目标(最终结果)的左右,一旦达到了目标,这种意志便消失了,然而追求这些目标的方式,也取决于某些固定行为方式(dispositions),它们是行动者多多少少恒常的属性。这些固定行为方式是内置规则(built-in rule)的混合体,它们表示某种类型的行为会导致某种类型的结果,或一般应当避免的事情。这些定式系统有高度复杂的分层结构,它们支配着我们的思维,而且包含着使定式发生变化的定式,以及支配一个有机体所有行为的定式和仅在特定环境中才会被唤醒的定式,但这里不是讨论这类问题的地方。①

重要的是,在支配着某个特定有机体的行为方式的各种定式中,除了那些使行为有可能产生特定结果的定式之外,总是还有许多排除某些行为类型的否定性定式。这些对可能给个人或群体造成伤害的行为的抑制性因素,大概是一切有机体,尤其是生活在群体中的个体——它们要想生存,必须具备这些因素——最重要的适应手段之一。就像能给行动带来既定结果的确定性知识一样,"禁忌"也是社会动物成功生存的必要基础。

一方面是针对具体目标(最终结果),一旦该目标达到便随之

---

①　看重具体结果的功利主义者以为,公正行为的规则有着某种具体的目的,因此必须根据这些目的来评价它们。这是它犯下的根本性错误。就我所知,这种建构论理性主义的基本错误,再清楚不过地表现在 Hastings Rashdall 的一句话里,见其 *The Theory of Good and Evil*, London, 1948, Vol. I, p. 148:"一切道德判断终极地说都是对目的的价值所做的判断。"情况恰恰相反,它们同具体的目的无关,而是同某些行为类型有关,换言之,它们是对手段的判断,它所根据的是一种涉及某些行为会引起不可取后果的假定的概然性。但它是可应用的,尽管事实上我们对大多数具体情况下它们是否会这样一无所知。

消失的意志,另一方面是有关(或反对)某些行为的持久的或永久性的意见,如果我们想对它们做出系统的区分,采用一个明确的名称来表示意见所针对的普遍性目的会是有益的。在现有术语中,可以建议采用的一个与意见相对应的术语——就像目的与意志相对应一样——,即价值。①

当然,近来人们并不是从这个狭义意义上使用该词;我们都倾向于把某个具体目标的重要性称之为它的价值。然而至少在价值的复数形式"values"下,它像其他任何可以利用的概念一样,很接近于需要的含义。

因此可以这样说,价值是在人的一生的大部分时间里指导着他的行为的因素,与此不同,对他在特定时刻的行为起决定作用的是具体的目标。从这个意义上说,价值主要是通过文化进行传播,而且,甚至那些没有自觉意识到它们的人,其行为也受其支配,而大多数时间里人们自觉注意到的目标,通常都是人们在特定时间所处的特定环境下的结果。从"价值"一词得到最普遍使用的含义上说,它肯定与具体的对象、人或事件无关,而是指不同时间和地点的许多不同的对象、人或事件都可能具有的属性,如果我们想尽力描述它们,我们通常采用的描述方式,是指出这些对象、人或行为所遵循的某种规则。一种价值在同眼前的需要或具体目标发生关系时的重要性,恰如一般或抽象与特殊或具体的关系的情况一样。

应当指出,这些我们称之为有关价值的意见的、多少具有永久性的定式,同经常与它联系在一起的情感大不相同。情感就像需要一样,是由具体的对象所引起,也是以它们为目标,并且会随着对象的消失而迅速消失。它们与意见和价值不同,是一些短暂

---

① 参见莎士比亚《特洛伊罗斯与克瑞西达》第二幕第二场:"可是价值不能凭着私心的爱憎而决定;一方面它本身必须确有可贵之处,另一方面它必须为争夺者所看重,它才能确立自己的尊贵。"(此处采用朱生豪先生的译文,略有改动。——译者)

的定式,它只在涉及具体的事物时支配着行为,却不是控制所有行为的架构。就像具体的目标一样,情感可以压倒意见——它不涉及具体,而是只同环境中抽象而一般的因素有关——的约束,就此而言,这种具有抽象性的意见很接近因果知识,因此也应当像后者一样,被当作理性的一部分。

从最宽泛的意义上说,一切道德问题都来自以下两者之间的冲突,一方是使希望的结果能够以既定方式得到实现的知识,另一方是告诉我们应当避免某些行为的规则。我们的无知的范围必然引起的情况是,在利用知识时我们应当自我限制,应当避免采取许多因无法预测后果而会使我们置身于秩序之外的行为,而只有处在这种秩序之中,这个世界对我们才会有起码的安全可言。幸亏有这些约束,在我们置身其中的无知海洋里,我们有限的实证知识才能够作为可靠的指导服务于我们。一个坚持只让可预见的结果指导自己的行为、拒不尊重有关谨慎行事或许可范围的意见的人,很快便会得到失败的证明,从这个意义上说,他也是个极不理性的人。

对这一区分的理解,因为我们所使用的词汇而受到了严重的干扰。但是这种区分是极为重要的,这是因为,取得必要的意见一致的可能性,以及一个开放社会的秩序的和平状态,都取决于它。我们的思想以及我们的用语,仍然大大地受着全体成员了解其目标的小团体的需要和问题的支配。将这些观念用了开放社会的问题,由此造成了无穷的混乱和损害。尤其是柏拉图的部落主义对道德哲学的统治,使这些观念得以保留下来。现代人喜欢对可以观察到的小团体问题进行经验研究,却不愿去了解社会 cosoms 中难以把握的、更为广泛的秩序——一种只能由理智加以重构,但绝对无法进行整体的直观把握或观察的秩序——由此也大大助长了那种部落的观念。

开放社会的可能性,取决于它的成员具有共同的意见、规则和价值,如果我们坚持认为,它还必须具有一个就具体目标向它的成员发号施令的共同意志,这个开放社会的生存是不可能的。我们希望在其中享有和平生活的群体越大,就越是必须把得到贯彻的共同价值限制在抽象而一般的行为规则之内。一个开放社会的成员共同具有且能够共同具有的,只能是有关价值的意见,而不是对具体目标的意志。建立在一致同意基础上的和平秩序的可能性,尤其是在民主制度下,取决于把强制性行为限制在实施公正行为的抽象规则上。

五　规则的统治和目标的统治

我们前面所做的两种区分(第一节和第二节),被奥克肖特教授恰当地总结为"规则的统治"(nomocracy)和"目标的统治"(teleocracy)这两概念①,今天对它们已几乎不再需要做更多的解释了。规则的统治与我们所说的完全建立在一般规则或内部规则基础上的内部秩序相对应,而目标的统治则是和有具体目标或teloi(目标)的外部秩序(安排或组织)相对应。对于前者,"公共利益"或"普遍利益"仅仅在于维护抽象的、无目标的秩序,为使这一点得到保证,必须服从抽象的公正行为规则:"公共利益,不过是排除一切偏见和私人利益的共同的权利和公正,人们称它为法律的王国而不是人的王国。"②而在受目标统治的情况下,共同利益是特殊利益的总和,即影响到具体的个人或群体的、具体而可预测的结果的总和。这一观念似乎更易于为天真的建构论理性

---

① 就我所知,奥克肖特教授仅仅在他授课时口头上用过这两个词,而未见于任何出版物。由于第 7 节将要说明的原因,如果不是因为 nomarchy(规则治理制)易于同"monarchy"("君主制")发生混淆,我会更愿意用它而不用 nomocracy(规则的治理)。

② James Harrington, The Prerogative of Popular Government (1658), *The Oceana and His Other Work*, J. Toland, London, 1771, p. 224.

主义所接受,它的合理性标准就是为具体目标服务的、可辨识的具体秩序。然而,这种受目标统治的秩序,同没有共同的具体目标的无数人所组成的开放社会的发展是不相容的。试图将这样的目标强加于一个不断成长着的秩序或受规则统治的制度,会导致开放社会退回到小群体的部落社会。由于据以对个人进行"奖励"的所有"功过"观念,必然要从群体的共同努力所针对的具体目标中得出,所以,任何致力于"分配"公正或"社会"公正的努力,必然导致"规则统治"被"目标统治"所取代,从而导致从开放社会回到部落社会。

六　交换秩序和经济

用同一个词来表示两种不同的秩序,引起了大多数混乱,并且还在不断误导着甚至十分严肃的思想家,这方面一个典型的例子,大概是用"economy"(经济)一词既指致力于一系列统一的目标而对资源进行的精心安排的组织,如家政和企业,以及包括政府在内的任何组织,又指由许多相互联系的这类经济所组成的结构,即我们所说的"社会经济、国民经济"或"世界经济",它们常常也被简称为"经济"。可是这种由市场形成的有序结构,并不是一个组织,而是一种自发的秩序或内部秩序,因此在许多方面与最初被正确地称为经济的组织或安排有本质的差别。①

---

①　我现在发现,罗宾斯勋爵(Lord Robbins)实际上在大力鼓吹、我也曾长期加以捍卫的经济科学的定义——"对配置稀缺资源以实现既定目标的行为的研究",是会产生误导的。在我看来,它只适用于往往被称为"简单经济学"的研究中所包含的原始的交换关系,即亚里士多德在《经济学》中唯一一涉及的事情:对一个家庭或一个农户的资源配置的研究,有时它被称为经济核算或纯粹的选择技巧(现在被称为经济学,但最好称为交换学的现象,亚里士多德的说法是 chrematistike,或曰"财富学")。现在在我看来,罗宾斯这个得到广泛接受的定义会产生误导,是因为"交换"的目的从整体上说对任何人都不是固定的,这就是说,无论是参与其中的个人还是对它进行研究的科学家,都不知道这些目的。

　　主要是由于用这种同一个词来指称两者的做法,使人们以为,应当把市场秩序塑造得就像经济一样,并且不但可以,而且应当用这样的标准对它加以评估——这种想法成了许多错误和谬论的根源。看来,必须用一个新的专业术语来表示市场秩序。时常有人提议,用 catallactics(交换学)代替"经济学",把它作为市场秩序理论的名称,仿照这一做法,我们可以把市场本身称为 catallaxy(交换秩序)。它们都来自希腊语中的动词 katallatein(或 katallassein),重要的在于它不但有"交换"之义,且有"被共同体所接纳"和"化敌为友"的含义。①

　　这种旧词新用的做法,主要的目的是想强调,交换秩序既不应当,也不能被用来服务于一系列具体的目标,因此对它的表现也不能根据具体结果的总和加以评价。可是,社会主义的所有目的,实施"社会"公正或"分配"公正的所有企图,以及全部的所谓"福利经济学",都想把市场自发秩序的内部秩序变成一种安排或外部秩序,或把交换秩序变成纯粹的"经济"。在许多经济学家看来,应当让交换秩序像一种经济那样发挥作用,似乎是显而易见和不容怀疑的,这种信念使他们从未对它的正确性进行评价。他们将其作为对任何秩序进行合理评价的无可争议的前提,作为一种舍此便不可能对不同制度是否合适或它的价值做出判断的预设。

　　但是,认为只有根据一系列已知的具体目标得到实现的程度,才能对市场秩序的效果做出评估,是完全错误的。既然这些目标从整体上说不为任何人所知,因此任何这样的讨论都是无意义的废话。我们称为竞争的发现过程,目的是让我们利用自己所掌握的手段,最大限度地接近我们所能够达到的目标,这目标看

----

　　① 见 H. G. Liddell and R. Scott, *A Greek-English Lexicon*, new ed., Oxford, 1940, s. v. *Katallasso*。

似平常,其实却极其重要:它是这样一种状态,事实上生产出来的一切,都是以可能达到的最低成本生产出来的。这意味着,就生产出来的具体的商品和服务组合而言,任何其他方式都不会比这种方式向人们提供更多可利用的产品。因此,不同的个人所得到的产品份额虽然是由谁也无法预见的——从这个意义上说也是"偶然的"——环境决定的,但是每个人在这场游戏(它部分地是技巧游戏,部分地是碰运气的游戏)所得到的份额,会达到真实等值物所能允许的最大限度。我们同意让个人的份额部分地取决于运气,是为了使供大家分享的总量达到最大。

利用市场自发形成秩序的力量达到这种最优状态,让不同的个人的相对份额由肯定表现为偶然性的因素来决定——这两种现象是分不开的。完全是因为市场诱使每个人利用他自己特有的关于各种具体机会和可能性的知识去追求自己的目标,才形成了这样一种全面的秩序,它使谁也无从全部掌握的分散的知识,从整体上得到了利用。以上意义上的总产量"最大化",同市场对它的分配是分不开的,因为正是通过对生产要素价格的决定,才产生了这种全面的市场秩序。如果收入不是由产出中的价格因素决定的,则产出不可能做到相对于个人偏好而言的最大化。

当然,这不排除政府在市场之外,可以利用由它支配的特殊手段去帮助那些出于这样或那样的原因无法从市场上挣到最低限度收入的人。为了有效利用资源而依靠市场秩序的社会,大有可能很快便达到一种全面的富裕水平,使这种最低收入有可能维持在一个适当的水平上。不过,如果对这种自发秩序以一定方式进行操纵,使得从市场上挣来的收入也要符合某种"分配公正"的理想,则以上情况是不可能出现的。这种做法会减少人人可以分享的总量。

七　民治和民主

不幸的是,以上所言仍未穷尽为摆脱支配着目前政治思想混乱所必需的新词汇。现行的语言混乱的另一个例子,是几乎普遍用"民主"(democracy)一词来指称这样一种特殊的民主制度,它未必是这一名称当初描述的理想必然导致的结果。亚里士多德就曾怀疑,这种形式是否应当被称为"民主"。① 原来的理想诉求,已经变成了当前到处得势的特殊的民主形式,虽然这同最初的概念所指出的目标相去甚远。

"民主"一词的本来含义不过是,无论存在着什么样的最高权力(ultimate power),它必须掌握在人民的多数或其代表手中。但是它并没有指出这一权力的界线。常常有人提出任何最高权力必然是不受限制的权力这种错误主张。要求多数的意见取胜,并不意味着他们关于具体事务的意志也不应受到限制。当然,古典分权学说假定,掌握在代表机构手里的"立法权",只应当负责通过"法律"(它被设想为因其某种内在属性而有别于具体的命令),具体的决定不能仅仅因为是由"立法机构"发出而成为(内部规则意义上的)法律。没有这种区分,包含着把特定职能分配给不同部门的分权思想,便成了没有意义的循环论证。②

如果立法机构只能制定法律,除制定法律以外不能做任何其

---

① Aristotle, *Politics*, Iv Ⅳ 4, 1, 292a, Leob, ed. Rackham, Cambridge, Mass. , and London, 1950, p. 303: "似乎有理由批评说,这样的民主根本就不是宪政;因为无法治的地方即无宪政;法律应当统治一切,官吏只管具体事务,我们应将此称为宪政。如果民主真是宪政形式之一,那么这种一切事情都通过议会裁决来管理的组织,根本就不是正确意义上的民主,因为表决产生的决定是不可能成为普遍原则的。"

② 参见上文"内部规则和外部规则"一节有关公法和私法的说明;同以下讨论有关的一部重要著作是 M. J. C. Vile, *Constitutionalism and the Separation of Power*, Oxford, 1967。

他事情,那么,这个机构的一项具体决定是否能成为法律,就必须根据该决定的某种可辨认的属性来决定。仅仅依靠它的来源,不能成为使它生效的充分条件。

毫无疑问,代议制政府和自由主义宪政学说的伟大学者们,在要求权力分立时所说的法律,是指我们称之为内部规则的东西。他们因为授予同一个代表机构制定另一种意义上的法律的权力,从而损害了他们的目标,是一个我们无法在此详细叙述的故事。我们也无法进一步考虑这种制度安排的必然结果,在该制度下,不受限制地制定公正行为的一般性规则的立法机构,必然受到有组织的利益的驱使,利用它的"立法"权服务于特殊的私人目的。我们这里想要说明的是,最高权威拥有这种权力并无必然性。限制权力不一定非要由另一个权力来限制它。如果一切权力都是建立在意见上,而意见又只承认这样的最高权力——它能够证明,通过致力于制定一般性规则(它适用于它无法控制的任何具体事例),它相信自己的行为是公正的——那么这种最高权力一旦逾越这一限制,它便失去了自己的权威。

由此可见,这种最高权力不一定是不受限制的权力,它可以是这样的权力:只要它颁布的东西不具有公正行为的一般性规则这一含义的内部规则的基本特点,它便会失去不可缺少的意见支持。正像罗马天主教会的教皇不谬原则仅仅在于 dum ex cathedra loquitur(当他坐在教皇的宝座上宣讲时),即他只能制定教规而不能决定具体事务一样,立法机构只有当它在颁布有效的内部规则这个严格意义上履行立法职能时,它才是最高权力。它之所以能够受到这样限制,是因为存在着客观的检验标准(无论在具体应用上有多大困难),不考虑政府的任何特定目标、独立而无偏见的法院,可据此裁定立法机构的决定是否具有内部规则的属性,从而也可裁定它是否属于有约束力的法律。这里需要一个法庭,它能够对立法机构的法案是否具备任何有效法律都应具备的某种形式属性做出解释。不过这个法庭无须拥有发布任何命令的实际权力。

因此,一个代表机构中的多数,可以是不拥有无限权力的最高权力。如果它的权力仅限于——让我采用另一个吸引着 17 世纪英国民主理论家和约翰·穆勒的词汇①——nomothetae,即作为内部规则的制定者,它无权发布具体命令,那么它试图定为法律的任何有利于特殊群体的特权或歧视性决定,都不会具有法律效力。这种权力根本就不会存在,因为无论是谁行使最高权力,他必须用致力于一般性规则来证明自己行为的合法性。

如果我们要求,不但约束私人公民和政府的强制性规则,而且对政府机构的管理,都要以民主的方式决定,我们就需要某个代表机构来做后面这项工作。然而这个机构不必是,也不应当是制定内部规则的同一个机构。它也应遵守由另一个代表机构制定的内部规则,由后者划定该机构无权改变的权限。这个政府性质的或发布命令(但不是严格意义上的立法)的代表机构,当然应当关心多数人的意志(即关心具体目标的达成),为了追求这种目标,它会拥有统治权。它不会关心与对错有关的意见问题。它会利用为该目标而单独拨出的资源,致力于满足具体而可预见的需要。

自由主义宪政学说的先贤们主张,在掌握着他们所设想的纯粹立法权,即制定内部规则的最高机构里,不应当有他们称为派系、我们称为政党的那些有组织的利益团体的位置。我相信他们是正确的。政党当然要关心具体的意志,它要满足结合为政党的那些人的特殊利益。可是纯粹的立法权应当表达的是意见,因此不应交给特殊利益的代表,而应当交给主流意见的代表,交给那

---

① 参见 Philip Hunton, *A Treatise on Monarchy*, London, 1643, p. 5; John S. Mill, *On Liberty and Considerations of Representative Government*, ed. R. B. McCallum, Oxford, 1946, p. 171。

些会坚决抵制特殊利益的人。

我在别处曾经建议①采用一种选举这个代表机构的方式,使它独立于有组织的党派,尽管为了使政府的行为有民主的性质,这些党派依然是必要的。这需要选举出一些长期任职的成员,任职期满后不得再次当选。为了使他们成为当前意见的代表,可以采用年龄组代表的方式:每一代人在一生中,譬如在 40 岁时,选举一次代表,让其任职 15 年,此后保证他继续担任非专业法官的职务。这个制定法律的机构全是由 40—55 岁的男女组成(因此其平均年龄很可能会低于现在的议会),他们有机会在日常生活中证明自己之后,由自己的同代人选出。当选时要求他们放弃自己的私人职业,在此后有活力的一生中担任这个受尊重的职务。

这种同龄人(通常他们是对一个人的能力的最好的判断者)的选举制度,会比已经尝试过的任何制度更接近于实现政治理论家的理想,即一个由睿智而尊贵的人组成的参议院。把这个机构的权力限制在纯粹立法上,会使至今从未存在过的真正的分权,并借助于它,使真正的法治政府和有效的法治,第一次成为可能。另外,那个提供各种具体服务的政府性质的或发布命令的机构,要服从前一个机构制定的法律,可以继续按既有的党派路线进行选举。

以为只要权力掌握在人民的多数手里,为阻止政府权力的滥用而艰难设立的守护人制度就是没有必要的——我们最终放弃这种幻觉,是对现行宪政制度进行这项根本变革的前提。没有任何理由期待,一个全权的民主政府总是会服务于普遍利益而不是特殊利益。可以不受约束地向特殊群体施以恩惠的民主政府,注定要受有组织的利益团体的左右,而不会服务于"排除一切党派和私人利益的共同的权利和公正"这一古典意义上的普遍利益。

---

① 见收入本书的《自由国家的宪制》。

　　令人大为遗憾的是,民主这个词竟然同多数在具体事务上不受限制的权力难分难解地联系在了一起。① 然而如果真是这样的话,我们就需要一个新词来指称民主最初所表达的理想了,这个理想就是,占据统治地位的是人民的关于什么是公正的意见,而不是人民关于一时居统治地位的有组织的利益团体认为什么具体措施可取的意志。如果民主和有限政府成了无法相容的两个概念,我们只好另找一个新词,用来指称曾被称为有限民主的现象。我们要求 demos(人民)的意见成为最高权威,但不能允许多数的赤裸裸的权力,不能允许它的 kratos(统治)向个人施以无章可循的暴力。多数应当遵照公布于众并为人民所了解的既定的永久性法律进行“统治”(archein),而不能用临时条文进行统治。② 为了描述这种政治秩序,我们大概可以把 demos(人民)同 archein(统治)连接在一起,把这种有限政府称为“demarchy”(民治),在这样的统治中,作为最高权威的是人民的意见,而不是它的具体意志。以上所谈到的蓝图,不过是想提出一个保障这种 demarchy 的可能方式。

　　假如有人坚持认为,民主必须是不受限制的统治,那我当然不会信仰民主,不过从上面指出的含义上说,我是并且将继续是深信民主的人。如果我们能够通过改变名称,把自己从不幸与民主概念如此紧密联系在一起的错误中摆脱出来,我们大概也可以借此成功地避免那些从一开始就纠缠着民主并一再导致其毁灭的危险。这是色诺芬向我们讲述的一段值得铭记在心的插曲中

----

　　① 参见 R. Wollheim, “A Paradox in the Theory of Democracy”, in P. Laslett and W. G. Runciman(eds.), *Philosophy*, *Politics*, *and Societ y*, 2nd series, London, 1962, p. 72: “现代民主概念是指一种统治机构不受任何限制的政府形式。”

　　② John Locke, *Second Treatise on Government*, sect. 131, ed. P. Laslett, Cambridge, 1960, p. 371.

所提出的一个问题,当雅典的议会要投票惩处具体的个人时①:

> 一大群人高声喊道,不让人民做他们自己想做的事是极可憎的……那时普里塔尼慑于众怒,同意把问题付诸表决。他们中间只有一人例外,即索夫拉尼斯克的儿子苏格拉底,他说,除非符合法律,他在任何情况下都不会采取行动。

---

① Xenophon, *Hellenica*, I, vii, 15, Loeb ed. by C. L. Brownson, Cambridge, Mass., and London, 1918, p. 73.

大卫·休谟的法哲学和
政治哲学①

　　给一个时代贴上标笺,说它受着一组共同的观念支配,总是件会产生误导的事情。如果我们对 18 世纪这个骚动的时代采取这种做法,尤其会混淆视听。把从伏尔泰到孔多塞的法国哲学家,和从曼德维尔到休谟和亚当·斯密,再到埃德蒙·伯克的苏格兰和英格兰思想家,统统塞进"启蒙运动"这个名称,便掩盖了某些不同之处,就这些人对下个世纪的影响而言,他们之间的不同之处,要比任何表面上可能存在的相同之处重要得多。具体到大卫·休谟来说,最近有人表达了一种更为正确的观点:他"让启蒙运动的武器转而对准了自己",他"用合理的分析击败了理性

　　① 1963 年 7 月 18 日在弗赖堡大学的公开演讲,发表于 Il Politico, XXVIII/4,1963。引用的休谟哲学著作,全部出自 T. H. Green and T. H. Grose(ed.), *A Treatise of Human Nature*, two Vols, London, 1890(注释中略为"Ⅰ"和"Ⅱ"); *Essays, Moral, Political, and Literary*, two vols, London, 1875(注释中略为"Ⅲ"和"Ⅳ")。引用休谟的 *History of England* 是六卷本的第四版,伦敦,1762。

　　自这篇文章第一次发表以来,我又注意到欧洲的一些研究休谟法哲学的成果,其中最重要者是 Georges Vlachos, *Essai sur la politique de Hume*(Domat Monchretien),1955。另外还有:G. Laviosa, *La filosofia scientifica del diritto in Inghilterra*, Parta Ⅰ, *Da Bacone a Hume*, Turin, 1897, pp. 697-850; W. Wallenfels, *Die Rechtsphilosophie David Humes*, Doctoral Dissertation at the University of Gottinggen, 1938; L. Bagolini, *Esperienza giuridica ed esperienza politica nel pensiero di David Hume*, Seina, 1947; Silvana Gastignone, "La Dottrina della giustizia in D. Hume", *Rivista Internationale di Filosofia di Diritto*, XXXVIII, 1960,以及 "Diritto naturale e diritto positivo in David Hume", ibid, XXXIX, 1962。

的要求"①。

把 Aufklärung(启蒙运动)说成仿佛是一个同质的思想体系,这种习惯以德国最为严重,其原因也十分明确。但是,这个导致了对 18 世纪思想作如是观的原因,造成了十分严重的、在我看来也是情有可原的结果。这个原因就是,当时的英国思想(当然主要是由苏格兰人阐述的思想——不过我无法摆脱在想到"英国"时嘴上却说"英格兰"的习惯)为德国人所知,主要是通过法国人的介绍和法国人的解释——常常是错误的解释。我认为,政治自由的伟大理想几乎完全是通过法国人才在欧洲大陆为人所知,此乃思想和政治史中的一大悲剧;那个从来不知自由为何物的民族,对来自完全不同的环境中的传统、制度和观念进行了解释,他们以一种建构主义的理智至上论——我将把它简称为理性主义——的求知精神来从事这件事情,这种精神同一个致力于设计新的集权制统治结构的绝对专制国家的气氛十分吻合,但是同只在英国保存下来的更为古老的传统,却是格格不入的。

17 世纪,海峡两岸都是受这种建构论的理性主义支配的时代。培根和霍布斯作为这种理性主义的代言人,丝毫不亚于笛卡尔和莱布尼茨——甚至约翰·洛克也未能摆脱它的影响。这是一种新的现象,千万不要把它同也被称为理性主义的早期思想混为一谈。对于这种理性主义者来说,理性不再是一种当他看到真理出现时去认识它的能力,而是成了从明确的前提演绎出真理的能力。② 早期自然法学者所代表的更为古老的传统,主要是在英国的普通法学者,尤其是埃德华·柯克爵士(Sir Edward Coke)和

---

① S. S. Wolin, "Hume and Conservatism", *American Political Science Review*, XLVIII, 1954, p. 1001.

② 约翰·洛克似乎很清楚地意识到了"理性"一词这种含义上的变化。在最近再版的 *Essays on the Law of Nature*(ed. W. von Leyden, Oxford, 1954, p. 111)一书中,他写道:"然而,说到理性,我这里并不是指构成思维训练和推导证明的理解能力,而是指某些明确的行为原则,一切品德和培养道德所需要的东西,都是由此而来。"

马修·黑尔(Matthew Hall)这两位培根和霍布斯的反对者那儿继承下来,他们有能力把对制度之成长的理解传递给后人,而在其他地方,这种理解已经被竭力重建制度的主导欲望所取代。

但是,在英国也建立集权的绝对君主制及其官僚机构的尝试失败之后,一个在欧洲大陆看来似乎软弱无力的政府,却伴随着一次有史以来国邦强盛的最大浪潮,对未经设计而"生成的"现行制度的兴趣,导致了这种旧思维方式的复活。当欧洲大陆在18世纪受着建构论理性主义支配的时候,在英国却出现了一种有时为形成对比起见,被称为"反理性主义"的传统。

这个传统中的第一个伟大人物是原籍荷兰的曼德维尔。我在讨论休谟时必须谈到的许多思想,都可以在他的著作中简单找到。① 休谟从他那儿受益颇多,似乎无人怀疑。不过我对这些思想的讨论,将仅限于只有休谟对其做了充分发展的形式。

在发表于1740年的《人性论》的第二部分中,这些思想已经都能够找到,休谟时年29岁。这本最初几乎无人留意的书,今天已得到普遍公认是他最伟大的成就。他的问世于1742年的《文集》、力求以更简单通俗的方式重申那些思想的《道德原理研究》以及《英格兰史》,包含着一些做了改进的表述,对于传播他的思想起了更大的作用,但是它们并没有给最初的论述增加多少新的内容。

休谟当然主要是以他的知识论闻名于世。在德国,他主要是位提出了一些问题、由康德尽力给予解答的作者。但是对于休谟来说,他的主要任务从一开始就是一种普遍的人性科学,它把道德与政治看得和知识的来源同等重要。极有可能的是,他在这些领域把康德从"教条主义的瞌睡"中唤醒,丝毫也不亚于他的认识

---

① 见 C. Nishiyama, *The Theory of Self Love : An Essay on the Methodology of the Social Sciences , and Especially of Economics , with Special Reference to Bernard Mandeville* , University of Chicago , Ph. D. Thesis(Mimeographed) , Chicago , 1960。

论所起的作用。康德,还有德国的另外两位伟大的自由主义者——席勒和洪堡,显然比后来那些完全受法国思想左右,特别是受卢梭影响的人更了解休谟。但是在欧洲大陆,作为政治理论家和史学家的休谟从未得到适当的评价。对18世纪的错误总结有一个甚至今天依然未变的特点,即认为它是个缺乏历史意识的时代。就统治着法国的笛卡尔理性主义而言,这种说法相当正确,但是就英国、至少就休谟的全部思想而言,情况绝非如此;须知,休谟称他那个时代为"历史的时代,(他的)民族是历史的民族"①。

　　但是,对于作为一名法律和政治哲学家的休谟的忽视,并不限于欧洲大陆。甚至在英国,虽然现在终于承认,他不但是现代认识论的奠基人,而且是经济学的奠基人,他的政治哲学却仍然奇怪地受到忽视,他的法哲学就更是如此。在法学著作中,我们很难找到他的名字。在英国,系统的法律哲学始于边沁和奥斯汀,而他们二人主要是受欧洲大陆理性主义传统的影响——边沁得益于赫尔维特和贝卡里亚,奥斯汀得益于德国的文献资料。然而在边沁之前,由英国培养的、偶尔也受过律师教育的这位最伟大的法律哲学家,对这一发展却没有实际影响。②

　　考虑到休谟为我们提供了后来以自由主义闻名的法律和政治哲学的唯一全面的阐述,这一点更显得引人注目。今天人们普遍公正地认为,19世纪的自由主义纲领包含着两个明确的、在一定程度上相互对立的因素,即单纯的自由主义传统和民主主义传统。在这两因素中,只有第二个因素,即民主主义,基本上源于法国,并且是在法国大革命的过程中,加入了来自英国的更为古老的个人主义自由传统。这两种理想在19世纪不顺畅的伙伴关系

---

① *The Letters of David Hume*, ed. by J. Y. T. Greig, London, 1932, Vol. Ⅱ, p. 444.

② 我最早注意到休谟著作中这方面的内容,是由于多年前 Arnold Plant 教授的指点。我们一直期待着他对休谟产权学说的阐发。

中,不应使我们忽视它们的不同特点和来源。有关个人自由的自由主义理想首先是在英国形成的,在整个18世纪它一直是令人羡慕的自由之邦,它的政治制度和信条是各地学者的楷模。这些信条是辉格党的信条,是1688年光荣革命的信条。正是从休谟的著作中,而不是像普遍认为的那样,在为这场革命提供辩护的洛克的著作中,我们找到了对这些信条最全面的阐述。

如果说,这一点没有得到更广泛的承认,这主要是由于以为休谟本人是名托利党人而非辉格党人的错误信念造成的。他得到这样的名声,主要是因为在《英格兰史》一书中,作为一个非常公正的人,他维护了托利党的领袖,对他们受到的许多不公正的指责进行了反驳;在宗教领域,他也怒斥辉格党人违背自己的信条,对托利党中盛行的天主教倾向采取不宽容的态度。他本人曾十分明确地解释过自己的立场,在谈到《英格兰史》时,他写道:"我对事物的看法更合乎辉格党人的原则;我对人的说明则更合乎托利党人的偏见。"①在这个方面,卡莱尔(Thomas Carlyle)这位大反动派比19世纪和20世纪的大多数民主自由派更准确地理解了休谟的立场,他称休谟是"所有后来的辉格党人之父"。②

当然,在对休谟作为杰出的自由主义政治和法律哲学家的普遍误解之中,也有一些例外。其中之一是梅内克,他在《历史主义的形成》一书中,明确说明了,在休谟看来,"对英国历史的理解就是从人治政府到法治政府的演变过程。这一过程无限艰难,甚至令人厌恶,然而它却可以导致良好的结果。从这一过程全部的复杂性和它自身发展的各个阶段来看,这是显而易见的。这一过程在于,或者更正确地说,产生了它自身的计划……一种政治上基

---

①　E. M. Mossner, *Life of David Hume*, London, 1954, p. 311。有关休谟同辉格党和托利党关系的说明,见 Eugene Miller, "David Hume: Whig or Tory?", *New Individualist Review*, I/4, Chicago, 1962。

②　Thomas Carlyle, "Boswell's Life of Johnson".

本的且首要的问题,也同样会导致它本身运作的普遍性话题,此点不言自明。那些至今始终被忽略的事情,只能是通过对计划和素材的选择加以理解"①。

梅内克(Meinecke)的任务并不是把这种历史解释追溯至休谟的哲学著作,在那里他本可以发现指导休谟写作《英格兰史》的那一理想的理论基础。真实的情况或许是,休谟通过他的历史著作去传播那一理想,要比他用哲学研究做得更好。休谟的《英格兰史》在18世纪向欧洲传播辉格自由主义方面的作用,大概同麦考利的《历史》在19世纪的作用一样大。然而这并没有改变一个事实:假如我们需要一种对这一理想的准确而合理的说明,我们还是必须回到他的哲学著作,回到《人性论》以及《论文集》和《人类理解研究》中那些更为易读而优雅的阐述中去。

休谟在其哲学著作中阐发自己的政治和法律思想并非偶然。这些思想同他的一般哲学观点,尤其是同他有关"人类理解力的狭窄边界"的怀疑论观点,有着极为密切的关系。他所关心的是普遍人性,他的知识论主要被设想为对人这种道德存在和社会成员的行为进行理解的一个步骤。他所创立的首先是一种人类制度的成长理论,这成为他关心自由的基础,也成为伟大的苏格兰道德哲学家弗格森、斯密和斯图尔特的著作的基础。今天他们已被公认为近代进化论人类学的鼻祖。休谟的著作也为美国宪法的作者提供了基础②,并在一定程度上为伯克的政治哲学提供了基础,他比人们普遍承认的情况更为接近休谟,更为直接地受益于休谟。③

休谟的起点是他的反理性主义的道德学说,它表明,就创立

---

① Friedrich Meinecke,*Die Entstehung des Historismus*,1938,Vol. Ⅰ,p. 234.

② Douglas Adair, "That Politics May be Reduced to a Science. David Hume, James Madison and the Federalist",*Huntington Library Quarterly*,ⅩⅩ,1957.

③ H. B. Acton, "Prejudice",*Revue Internationale de Philosophie*,ⅩⅪ,1952.

道德规则而言,"它自身的理由极为重要","因此道德规则并不是我们的理性的结果"。① 他证明了,我们的道德信念既不是生而固有这个含义上自然形成的,也不是人类理性的特意发明,而是从他指出的一种特殊含义上所说的一种"人为产物",即我们所谓文化进化的产物。在这个进化过程中,那些得到证明使人类行为更为有效的因素被保留下来,效果不好的则被舍弃。正如最近有位作者恰如其分指出的那样,"道德和公正的标准即休谟所说的'人为产物';它们既不是出自神的命令,也不是人类本性所固有,更不是由理性所揭示。它们是人类实践经验的产物,在时间的缓慢检验中,唯一考虑的就是每条道德规则在促进人类福祉方面能够发挥的效用。休谟可以被称为伦理学领域中达尔文的先驱。实际上,他宣布了一种有关人类习俗中适者生存的学说——所谓适者,不是指胃口无所不适,而是指最大的社会效用"②。

他在对决定着主要法律制度的环境进行分析时,揭示了为何只有在某些类型的法律制度得到发展的地方,才能够生长出复杂的文明,从而为法理学做出了一些他最重要的贡献。在讨论这些问题时,他的经济学说、法学和政治学说是紧密联系在一起的。休谟当然是少数这样的社会理论家之一,他们清楚地意识到了人类所服从的规则与由此产生的秩序之间的关系。

但是,从解释转向理想,并没有使他在说明和劝诫方面陷入任何不合理的混乱。对于从实然向应然的逻辑转换,以及"实践原则绝对不可能从非实践原则中找到"这样的事实,没有人比他更具批判意识或更清楚地知道其不可行。他所要做的,是揭示受到我们鼓励的现代社会的某些特征,取决于这样一些条件,它们虽然是其不可缺少的前提,却不是为了产生这

① Hume, Ⅱ, p. 235.
② C. Bay, *The Structure of Freedom*, Stanford University Press, 1958, p. 33.

种结果而被创造出来的。它们是一些"对公众有利的"制度，"但创立者并未怀有这样的目的"。① 实际上，休谟说明了只有当人们学会服从某些行为规则时，一个井然有序的社会才有可能得到发展。

《人性论》中讨论"公正的起源与财产"以及评价"人为设立公正规则的方式"的一节②，是他在这一领域最重要的贡献。它以这样一个事实作为出发点：人这种脆弱的动物仅仅是因为生活在社会之中，才使他获得了额外的力量。他简明扼要地说明了"职业分化"(partition of employment)③(即因为亚当·斯密采用曼德维尔的"劳动分工"一词而变为家喻户晓的现象)的益处，并说明了社会中有碍合作的那些障碍是如何逐渐得到了克服。在这些障碍中，首先是每个人只关心他自己或身边人的需求，其次是手段的匮乏(这是休谟的原话!)，即事实上"没有足够的数量去满足每个人的欲望和要求"④。因此"人类精神中的某些性质同外部物质环境一起"，构成了顺利合作的障碍："精神的性质是自私和有限的慷慨；外部物质环境则变动不定，并伴以相对于它们的需求和欲望而言的匮乏。"⑤若不是由于这些事实，便无须或不必考虑任何法律，"如果一切东西都以同样充足的数量供应给人们，或人人对人人相予相爱一如对待自己，则人类将不知公正或不公正为何物"。"若每个人的所有已超过所需，分配物品的目的又何在呢？……如果当别人占有一件物品时，价值相同的东西我唾手可得，为何我还要把这件东西称为我的呢？在这种情况下，公正毫无用处，只会成为一种繁文缛节而已"。因此，"公正只能是起源

① Hume，Ⅱ，pp. 245，235，296.
② Hume，Ⅱ，pp. 258-273。请留意 275 页，休谟因受益于 H. Grotius 而向他致谢。
③ Hume，Ⅱ，p. 259.
④ Hume，Ⅱ，p. 261.
⑤ Hume，Ⅱ，pp. 266-267.

于人的自私和有限的慷慨,以及自然的供应相对于人的需要有所欠缺的状况"。① 由此可知,是环境的性质,即休谟所谓的"人类社会的必然",促成了三条基本的自然法的出现②:"占有物的稳定性、其转移需经同意,以及信守诺言"③,全部法律制度不过是对它的表述而已。然而,这些规则并不是人类为了解决他们所发现的问题而特意发明出来的(虽然立法机构可以承担起改进它们的任务)。休谟极力想要说明,自利是如何使每一条这样的规则被逐渐观察到并最终得到实施。他写道,例如"占有物的稳定逐渐出现,并通过缓慢的进步,通过我们一再体会到侵犯它造成的不便而获得了力量"。同样,"显然,如果人们都根据特殊利益去调整自己的行为(比如守信),他们会陷入无穷的混乱"④。他指出,就像公正规则产生的方式一样,"语言是在没有任何承诺的情况下逐渐建立起来的。黄金和白银也是以这种方式变成了共同的交换尺度"⑤。如我们所说,法律和道德就像语言和货币一样,并不是出自特意的发明,而是生成的制度或"形式"。为了不使人产生一种印象,以为他看重得到证实的功用,其含义是人们采用这些制度是因为他们预见到了它们的功用,他强调说,在所有他提到功用的地方,他"仅仅是想说,那些一下子就形成的念头,事实上是在不知不觉中逐渐产生的"⑥。

　　这些规则,必须在人们尚未一致同意,或尚未通过与任何形式的政府形成承诺或契约关系而生活在一起之前,就得到了承

---

　　①　Hume, II, p. 267; IV, p. 180; II, pp. 267-268.

　　②　参见II, p. 258:"虽然公正规则是人为的,它们却不是任意的。把它们称为自然法也并无不当,如果我们把这里的'自然'理解为任何物种的共同属性,或我们把它定义为物种不可缺少的因素。"

　　③　Hume, II, p. 293.

　　④　Hume, II, p. 263; II, p. 318.

　　⑤　Hume, II, p, 263;另参见IV, p. 275。

　　⑥　Hume, II, p. 274.

认。因此，"人虽然无须政府也有可能维持一个不开化的小型社会，但是，没有公正，没有对三条基本法律——即占有的稳定、其转移需经同意和信守承诺——的服从，他们是不可能维持任何类型的社会的。因此它们的存在是先于政府的，尽管政府一经建立，就会自然而然地从这些自然法中"，尤其是从信守承诺的法律中，"引申出它的职责"。①

休谟进一步的关切主要是想说明，只有全面采用"一般的、不允许有灵活性的公正行为规则"，才能保证普遍秩序的建立，如果想形成一种秩序，则只能以这一目的，而不是任何别的特殊目的或结果，作为采用这些规则的指导。任何对个人或群体之目标的关切，或对具体的个人功绩的考虑，都会彻底玷污这一目的。这一主张同休谟的如下信念有着密切的关系：人类眼光短浅，本性急功近利，除非受到不考虑具体情况的后果而采用的一般而不可改变的规则的约束，他们没有能力对自己真正的长远利益做出适当的评估。

我已做了许多引证的《人性论》中首先提出的这些思想，在休谟后来的著作中变得更为突出，并且同他的政治理想更明确地联系在一起。在《道德原理研究》一书中，可以找到这些思想最简洁的表述。② 我愿意向所有希望了解休谟法哲学的人建议从那六页（标准版第二卷的第272页到第278页）读起，然后再回到《人性

① Hume, Ⅱ, p. 306.
② 如 Hume, Ⅱ, p. 301：人们"喜欢任何眼前的小恩小惠，更甚于维护大大取决于服从公正的社会秩序……你们有着和我一样的习性，喜欢只顾眼前而不计长远"；Ⅱ，p. 303："这就是文明政府和社会的起源。人类无法迅速克服无论他们自己还是别人的心胸狭隘，这使他们图近利而舍长远。他们无法改变自己的天性。他们所能做到的仅仅是改变他们的处境，使服从公正符合某些特定个人的直接利益……但是，履行公正虽然是政府的主要益处，却不是它唯一的益处……它不满足于保证让人们遵守他们为相互利益而设立的常规，它往往还责令他们建立这样的常规，强迫他们在同意某些共同的目标或目的的情况下追求自己的利益。在人性中，没有任何品质比引诱我们图近利而舍长远的品质更会使我们的行为犯下致命的错误。"

论》中更全面的论述。不过我还是要继续以引用《人性论》为主，此书中的个别陈述往往更为生动，尽管大体上说其中的阐述有时显得冗长乏味。

人类理智的弱点(用休谟的话说，是"人类理解力的狭窄疆界"，而我更喜欢说人类不可避免的无知)，在没有固定规则的情况下，会造成这样一种后果，他们"在多数时候，会根据具体的判断采取行动，他们既会考虑问题的一般性质，也会考虑到每个人性格和处境。但是很容易看出，这会给人类社会造成无穷的混乱，如果不受某些一般性的、不可更改的原则的限制，人类的贪心与偏见会很快使世界陷入混乱"。①

然而，法律规则"并不是从具体的个人或公众因享用任何具体物品而获得的任何功利或好处中推导出来的。……公正女神做出的决定，绝不考虑其结果对具体的个人是否恰当，而是以更普遍的眼光指导自己"。尤其是"在分配人类财产时，绝对不应考虑恰当或合适的关系"。② 某个单一的公正行为甚至"经常同公共利益相反；如果它孤立存在，没有得到其他行动的效仿，它本身对社会有可能十分有害。……每一个公正行为，如果分开考虑，对私人所起的作用不会比它对公众的作用更大。……单一的公正行为虽然可以同公共利益或私人利益相反，但是整个计划或方案，对于支撑社会和每个人的幸福，却起着极大的作用，甚至是绝

---

① Hume，Ⅱ，pp. 298–299。另参见Ⅱ，p. 318："显然，如果人们(在地方治安官的特殊安排下)用某种具体利益——无论它是私人的还是公共的——去规范自己的行动，他们会让自己陷入无穷的混乱之中，会在很大程度上使政府失效。每个人都有不同的私人利益；虽然公益本身始终如一，但是由于与它有关的具体个人的不同看法，它也会成为重大分歧的根源。……如果我们想通过对具体的人分配具体的财富去追求共同的利益，就会使我们的目标得不到落实，使那一规则所要防止的混乱永无止境。因此，我们必须遵守一般性规则，以普遍利益去规范我们的行为。"

② Hume，Ⅱ，p. 273；Ⅱ，p. 283.

对必要的"。① 或者如休谟在《道德原理研究》的附录中所言:
"(由公正和诚实的社会美德)带来的好处,并不是每个人单独行
为的结果,而是从受到全社会或大多数人赞同的整个架构或体系
中产生的。……在许多情况下,个人行为的结果与整个行为体系
的结果截然相反;前者有可能极为有害,而后者却可能带来最大
限度的好处。……它的好处来自对一般性规则的服从;如果因具
体的性格和环境造成的弊端和不适都由此得到了补偿,也就足
够了。"②

　　休谟清楚地看到,假如让个人的品德而不是一般而不可更改
的法律规则支配公正和政府,这会违背整个体系的精神:如果让
人类执行一种法律,利用它"把最大的财产分配给最普遍的品德,
赋予每个人按照自己的喜好行善的权力……品德本然的含糊不
清和每个人的自负,使品德的不确定性如此之大,以至于根本不
能从中产生出任何明确的行为规则,其直接后果必定是社会的彻
底解体"。导致这种必然结果乃是由于一个事实:法律仅能处理
与品德无关的"外在表现,而我们若想找出道德品质,却非要洞察
人心"③。换言之,不可能存在着用于奖赏品德的规则,也不存在
分配公正的规则,因为任何环境都会对品德产生影响,而规则总
是仅以某些环境作为唯一的相关因素。

　　我这里无法进一步讨论休谟在一般的抽象规则与个人和公
众的具体目标所做的区分。我希望以上所言已足可说明,这种区
分对于他的法律哲学是多么关键,以及我恰好刚在一篇出色的弗
赖堡博士论文中看到的观点是多么令人怀疑:"现代一般性规则

---

① Hume, II, p. 269。这段话特别明确地显示出,休谟的功利主义属于今天所谓
"有限的"功利主义。参见 I. I. Smart, "Extreme and Restricted Utilitarianism",
Philosophical Quarterly, VI, 1956,以及 H. J. McCloskey, "An Examination of Restricted Util-
itarianism", *Philosophical Review*, LXVI, 1957。

② Hume, IV, p. 273.

③ Hume, IV, p. 187; II, p. 252.

概念的历史始于康德。"①康德就这个问题所说的话,似乎是直接来自休谟。如果我们从他更具理论性的讨论,转向更多地论述实践方面的内容,特别是他有关法治政府而非人治政府的想法,以及他对法治自由的一般看法,这一点就会变得更为明显。他最全面表达了辉格派或自由主义者的信条,这些信条由于康德和后来的法治国家学说而为大陆思想界所熟知。人们往往认为,康德通过把自己的绝对律令的道德观用于公共事务,提出了他的法治国家学说。② 很可能应当反过来说才是正确的:康德是通过把他发现已经有人提出的法治观应用于道德,才提出了自己的绝对律令学说。

这里我无法像讨论休谟的法哲学那样,对他的政治哲学做详尽的说明。他这方面的论述极为丰富,人们对此也比前者有更好的了解。他关于一切政府如何受意见的左右、意见和利益的关系以及意见如何形成的重要而独具特色的讨论,我将完全略而不谈。我想考虑的要点是,他的政治学说是直接建立在他的法律学说之上,尤其是建立他对法律和自由之关系的观点之上。

休谟对这些问题的最后表述,见于1770年他附在《文集》中的《论政府的起源》一文。他把政府定义为"按通常的说法,它保有自由的名声,因为它允许在一些人中间分配权力,他们结合在一起的权力,既不比君主的权力更小,通常也不比它更大,但是它在日常行政过程中,必须遵照全体成员以往便已知道的一般而平等的规则对待它的臣民。从这个意义上说,它必须承认自由是文明社会的完美境界"。在此之前,他在一系列同样的文章中也谈到,在这样的政府中,有必要"始终对官员保持警觉,消除一切随意性权力,用普遍的、不可更改的法律保护每个人的生命和财产。

①　Konrad Huber, *Massnahmegesetz und Rechtsgesetz*, Berlin, 1963, p. 133.
②　同上。

除非有法律的明确规定,不得将任何行为定为犯罪……"①此外,当"所有这些普遍法律因应用于具体情况而带来不便时,要想知道这种不便与官员的任意性权力造成的不便相比是否更少,以及从整体上说这些普遍法律带来的不便是否最少,则需具备很大的洞察力和经验。这是一项极其难以获得进展的工作,恰如诗赋和雄辩之类的崇高艺术中的情况一样,在他们的市政法律——若想使其完善,唯有通过不断的尝试和细心观察——尚未取得任何大的改进之前,需要天才和敏锐的想象力协助其进步"②。

在《英格兰史》一书中,当谈到1688年革命时,他以自豪的口吻告诉我们,"当时,世界上没有任何政府,大概任何史书中也没有记载过这样的政府,可以不靠授予某位官员一些任意性的权力而存在。以往有理由怀疑,人类社会如果除了普遍而严格的法规和平等之外,不依靠任何控制来维护自己,它是否能够到达这样完美的境界。然而议会正确地认为,国王是一位地位如此显赫的官员,因此不能委之以任意性权力,他会很容易使这种权力转而破坏自由。从这次事件中已经看出,尽管严格守法的规定会造成某些不便,其好处却足以抵消这种不便,因此英国人应当永远怀着感激之情记住他们的先辈,是他们在反复试验之后,终于创设了那一高贵的原则"。③

我不该用更多的引文让各位使去耐心,不过我还是受到强烈的诱惑,想对休谟做出的如下严格区分加以详细的说明:一方面

① Hume,Ⅲ,p. 116;Ⅲ,p. 96。另参见《英格兰史》,Ⅴ,p. 110;"在君主立宪制下,必须永远对最高权力保持警觉,绝对不能授予他有可能影响到任何臣民的财产或个人自由的专断权力。"

② Hume,Ⅲ,p. 178。另参见 p. 185:"在普遍性法律的基础上……在一个大国内取得平衡,乃是一项极为困难的工作,人类的任何天才,无论他多么全面,仅靠那点理性和思维是无法做到的。在这项工作中,必须把许多人的判断结合在一起:他们必须用经验指导自己的工作,必须让时间对它加以完善。对于首次尝试和检验时必然会出现的错误,必须依靠适当与否的感觉加以改正。"

③ 《英格兰史》,Ⅴ,p. 280。

是"调节财产的所有自然法，以及普遍性的、只考虑某些基本条件而不考虑任何性格、境况和个人关系，也不考虑法律规定在任何它所适用的情况下有可能引起的任何具体结果的全部民法"①，另一方面则是决定权力组织的规则②；我也想说明，在他已出版的著作的被保留下来的手稿改正本里，他小心地以"公正规则"代替了"社会法律"③，这似乎更清楚地表达了他的意思。最后我想转而谈谈另一个我早先提到的问题：他对法律和其他制度的产生所做的"进化论"解释的意义。

　　我前面说过，休谟这种关于秩序成长的学说，为他对自由的论证提供了基础。然而这种学说的贡献不限于此。他的主要目的是想说明各种社会制度的进化，可是他似乎十分清楚，这一论证也可被用来解释生物有机体的进化。在他身后出版的《自然宗教对话录》中，他已不只是在暗示这种用处。他在此书中指出，"事物通过无限持续的时间过程，或许会感受到许多重大的突变。它的每一部分所产生的不断变化，似乎表明了某些这样的一般转变"。"动物或植物的各部分及其相互调整"，看似是出自设计，但在他看来这似乎不需要有个设计者，因为他"将乐于知道，动物的各部分若不是这样调整，它如何能够生存？难道我们没有看到，一旦这种调整停止，它便死亡，躯体便开始腐败，并尝试某种新的形式？""任何形态都不可能存在，除非它拥有生存所必需的那些能力和器官：必须不间断地尝试某些新的秩序或机理；直到最终产生某种能够维持自身的秩序"。他坚信，人不能"谎称是所有动物中的例外……发生在所有生物之间的……永恒的战争"也影响

---

① Hume, Ⅳ, p. 274.

② 参见 G. H. Sabine, *A History of Political Thought*, rev. ed., New York, 1950, p. 604。

③ 参见 Appendix by R. Klibansky to Hume, *Theory of Politics*, ed. by T. Watkins, London, 1951, p. 246 以及 p. 246 和 p. 88 的注释。

着他的进化。① 又过了一百年,达尔文才把这称为"生存斗争"。但是,这些思想从休谟到达尔文的传播乃是一个连续的、可以详加追溯的过程。②

让我回顾一下过去二百年里休谟的教诲所遭遇的命运,以此结束我的讨论。我想特别强调一下 1766 年,在这一年里,老皮特最后一次以支持美洲殖民地的方式捍卫了辉格党的原则;翌年,议会声称自己享有全权,从而不但使政治原则发展最光辉的一段时期戛然而止,并且埋下了同美洲殖民地永久断绝关系的种因。这一年休谟 55 岁,已基本完成了他的工作,成为当时最有名望的人物之一,他纯粹是出于慈悲心肠,把一位同样著名的人物从法国带到英国,此人年龄只比他小几个月,处境凄惨,并且他认为自己总是受到迫害:这人就是让-雅克·卢梭。那个在法国以"好心的大卫"而闻名的平静祥和的哲学家,同一个情绪变幻不定、疯疯癫癫、个人生活中不顾一切道德准则的唯心主义者的会面,是思想史中最具戏剧性的插曲之一。它只能以激烈的冲突而告终,而对于今天凡是读过整个故事的人来说,没有人会怀疑两个人中间谁是更伟大的思想家和道德典范。

他们的著作都以某种方式反对当时居支配地位的理性主义。然而,用我引用过的一段话说,休谟试图"通过合理的分析削弱理性的要求",而卢梭仅仅是用自己不受控制的情绪去反对它。当时了解这次会面的人,谁可曾想到,是卢梭而非休谟的思想,支配了未来二百年的政治发展呢? 然而这就是实际发生的事情。是卢梭式的民主观,是他的彻头彻尾的理性主义的社会契约论和人民主权论,淹没了法治下的自由观和受法律限制的政府观。是卢

---

① 　Hume, Ⅱ, pp. 419, 428, 429, 436.

② 　最直接的联系似乎是埃拉斯莫·达尔文(Erasmus Darwin),休谟对他有明显的影响,而他对其孙子的影响也是无可怀疑的。

梭,而不是休谟,点燃了绵延不绝的革命热情,在欧洲大陆创造出了近代政府,并开启了旧式自由主义思想的衰落和极权主义在全世界蔓延的先河。怎么会出现这种发展呢?

我相信,答案大体上包含在一种经常被不无道理地用来反对休谟的指责之中:他的哲学基本上是一种消极的学说。这位伟大的怀疑论者深信人类的全部理性和知识的不完美,并不指望从政治组织中获得多少善果。他知道,政治上最大的善——和平、自由和公正,本质上都是消极的,是避免伤害的保护措施,而不是实在的礼品。没有人比他更热情地为和平、自由和公正而斗争。但是休谟清楚地知道,想在地球上建立另一种积极的公正的雄心,是对那些价值的威胁。正如他在《文集》中所言:"幻想家或可设想政府以仁爱为本,唯圣贤方能留名于世;然而恰恰是那些胥吏们,让此等尊贵的夫子们站到了同草莽流寇一样的地面上,用最严酷的学说训诫他们,凭空想象中似乎最有益于社会的原则,实践中可能完全是有害而破坏性的。"①不是人之善,而是制度,"使坏人也可为公众的幸福服务",只要他希望有和平、自由和公正。休谟知道,在政治中"必须把每个人都设想为骗子",虽然他又补充说,"有些令人不解的是,在政治学中为真的公理事实上有可能是错误的"。②

他并不否认政府也有积极的任务。他像后来的亚当·斯密一样清楚,多亏了政府被授予处置权,才"建起了桥梁,开辟了港口,筑起了堡垒,凿通了运河,装备了舰船,训练出了军队。无论在什么地方,在政府的关照下,那些具有人类所有弱点的人,利用可以想象到的某些最细致精巧的发明,变成了这样一件作品,即在一定程度上排除了所有这些弱点的人"③。这项发明就是,政府

---

① Hume, Ⅳ, p. 187.

② Hume, Ⅲ, p. 99;p. 118.

③ Hume, Ⅱ, p. 304.

承担这些致力于积极目标,从而也要制定有利的规章的任务时,它并没有被赋予强制权,它也必须服从同样一般而不可更改的规则,这些规则是以全面的秩序为目的,而若想取得这种秩序,就必须创造出那些消极的条件:和平、自由和公正。

作为一个发现程序的竞争①

一

经济学家受到的一种指责是,四五十年来当他们讨论竞争时,一直假设如果他们对现实世界的认识是正确的,竞争便是既无意义又无用处的。对这一指责很难加以驳斥。对于经济学家所说的数据如果真有人能够做到了如指掌,那么把竞争作为一种针对这些事实做出可靠调整的方式,的确是十分浪费。所以不必奇怪有人得出了这样的结论:我们可以完全废除市场,或者只将它的结果作为生产一定量的商品和服务的第一步,此后我们便可根据自己的愿望去制造、改进或分配它们。还有些人对竞争的认识好像全是来自现代教科书,因此很自然地得出结论说,并不存在什么竞争。

针对这些看法,有必要记住,无论在什么地方,竞争之所以具有合理性,都是因为我们不能事先知道决定着竞争行为的那些事实。在体育运动或考试中,就像政府合同或诗歌奖金的颁发一样,如果我们事先就知道谁是最优者,再安排竞争便是毫无意义的。正如这篇演说的题目所示,我建议把竞争作为一个发现某些

---

① 这篇演说于 1968 年 3 月 29 日首次在芝加哥的费城学社的一次会议上发表,当时不包括第二节,后于同年 7 月 5 日向德国基尔大学的世界经济研究所宣讲,但不包括最后一节。最初以德文发表于 *Kieler Vorträge*, N. S. 56, Kiel, 1968,后重印于我的文集 *Freiburger Studien*, Tübingen, 1969。

事实的方法,不利用竞争,这些事实将不为任何人所知,或至少是不能得到利用。①

乍一看,这件事好像十分明显,无可辩驳,因此几乎不值得留意。不过,从对以上显而易见的常识的明确表述中,却可以直接得出一些不那么明显但很有意义的结论。首先,竞争之所以有价值,完全是因为它的结果不可预测,并且就全部结果而言,它不同于任何人有意想要达到或能够达到的目标。进一步说,竞争一般而言有益的作用,必然也伴随着一些期待或意图的失败或落空。

同这一点密切相关的是个有很有意义的方法论结论。对微观经济的理论方法失信于人的原因做出解释未免离题太远。虽然在我看来,唯有这种理论能够对竞争的作用做出解释,然而甚至一些专业经济学家也不再理解这种理论了。因此值得先谈一谈任何竞争理论的方法论特征,因为对于许多习惯于用过分简单的检验方式来决定自己是否同意一种理论具有科学性的人,这一特征使他们对这种理论的结论产生了怀疑。我们为何利用竞争,其理由的必然结论就是,在人们所感兴趣的事情中,这种理论的有效性绝对不可能从经验上得到验证。我们可以用概念化的模式来检验它,我们也可以设想利用人为创造的环境——其中的观察者事先已知道他打算发现的事实——来检验它。但是在这些情况下,它没有实践价值,因此也很难说花钱做这样的试验是值得的。如果我们不知道我们希望通过竞争去发现的事实,我们当然也就根本不可能确定,它在发现那些有可能被发现的事实上,起了多大作用。我们有望发现的仅仅是,从整体上说,为此目的而依靠竞争的社会,比其他社会更成功地达到了自己的目标。这似乎是被文明史一再明确证实了的结论。

---

① 写下这些话后,我又注意到一篇文章: Leopold von Wiese, *Lungen des 6. Deutsche Soziologentages*,1929,他在第 29 页谈到了竞争的"经验"性质。

竞争的特点——它与科学方法共有的特点——是,对于它的表现,无法根据它发挥作用的具体事例加以检验,它只能反映在这样的事实中,即同任何其他安排相比,市场都会占有优势。公认的科学方法的优点绝对不可能用科学加以证明,而是只能由一种共同的经验来证实:它们从整体上说比其他方法更适合于产生良好的结果。①

至于经济竞争与成功的科学方法之间的不同,则是存在于一个事实之中:前者是一种发现事实的方法,但这些事实仅仅与达到特定的、暂时的目标有关;科学的目标则是发现有时被称为"普遍事实"的东西,即事物的规律性。科学也关心一些独特的、具体的事实,但这种关心仅仅局限在它们有助于证实或否定理论的范围之内。由于科学理论涉及的是世界的普遍、永久性的特征,因此科学发现有充分的时间去证实自己的价值。相反,通过竞争在市场中发现的具体事实的好处,在很大程度上是暂时的。就科学方法的理论而言,以它的关于科学能发现什么的预测没有经受住检验为由,就可以让它失信于人,这同因为市场理论无法预测市场的具体结果而使它失去信誉一样容易。但是由其本质所定,市场理论在任何有必要加以采用的条件下,都无法做到这一点。我们就会明白,它的预测能力必然仅限于预测某种模式或自发形成的秩序的抽象特征,但无法扩大到预测具体的事实。②

---

① 参见 Michael Polanyi 晚年的研究,*The Logic of Liberty*,London,1951,此书反映了他如何从科学方法的研究转向对经济事务中竞争的研究。另见 Karl R. Popper,*The Logic of Scientific Discovery*,London,1959。

② 关于"模式预测"的性质,见我的论文"The Theory of Complex Phenomena",The Critical Approach in Science and philosophy.Ed.M.Bunge,London and New York,1964。重印于我的文集:Philosophy,Politics and Economics,London,Chicago and Toronto,1967。

二

　　在谈过这个我有所偏爱的话题之后,我现在回到这次演讲的中心问题上来。我打算指出,有时乍看上去,经济理论因为是以假定稀缺商品的"既定"供应量作为自己的起点,因此它似乎堵死了自己对竞争过程的特点做出正确评价的道路。但是,哪些商品是稀缺商品,或哪些东西是商品,它们多么稀缺或价值几何——这正是有待于市场去发现的事情。市场过程在每个阶段造成的暂时结果,只能告诉个人应当去寻找什么。要想使广泛散布在一个分工彻底的社会中的知识得到利用,不能指望个人对于他们在个人环境中所了解的事情可能起到的一切具体作用全部了如指掌。价格引导着他们去注意,在市场提供的各种物品和服务中,什么是值得发现的。这意味着,总是具有一定独特性的、市场可使其得到利用的个人知识和技能组合,不仅仅是那些只要某个权力当局一声令下就可被罗列出来并加以传播的有关事实的知识。我所说的知识,是由一种寻找特定条件的能力构成的,只有当它的拥有者,通过市场了解到对哪一些物品或服务存在需求,以及这种需求有多么迫切时,它才会成为有效的知识。①

　　想必这已足可说明,当我说竞争是一种发现的方法时,我指的是哪一类知识。要想让这个抽象说明的骨架变得有血有肉,使它在实践中的重要性得到充分展示,还需要做许多补充。不过我在这里只能满足于简单地指出在分析一种假定所有事实都是已知的情况时通常采用的方法之荒谬性。这是一种被经济理论奇怪地称为"完全竞争"的状态。它根本没有为可称为竞争的活动

----

　　① 参见 Samuel Johnson in J. Boswell, *Life of Samuel Johnson*, L. F. Powell' revision of B. Hill's edition, Oxford, 1934, Vol. Ⅱ, p. 356(18 April, 1755):"知识分为两类:我们本人关于某个客体的知识,和我们关于从哪儿能得到有关它的信息的知识。"

留下任何空间，却以为这种活动已经完成了它的任务。不过我要立刻对一个问题做出评价，因为关于它存在着更多的混乱，即这样一种主张——它认为，市场调节着各种活动、使其自动地适应它所发现的事实——的含义，或利用这些信息的目的问题。

这种普遍的混乱，要大大归咎于错误地把市场产生的秩序作为严格意义上的"经济"看待，并且根据一个只对致力于一个目标序列的组织才适用的标准，去判断市场过程的结果。这种目标序列，与无数个人的经济安排所构成的复杂结构并无相似之处。不幸的是，对于后者，尽管它有本质的不同，因此必须采用不同的判断标准，我们却还是用"经济"这个词来称呼它。从狭义上说，一个经济是一种组织或安排，人们在其中自觉地把资源用于一系列统一的目标。由市场形成的自发秩序并不是这样。在某些重要的方面，它并不像一个经济那样运行。具体而言，这种自发秩序的特点在于，它不保证普遍认为较为重要的要求，总是会先于次要的要求得到满足。这是人们反对竞争的主要原因。当然，整个社会主义无非就是要求，应当把市场秩序[或用我所喜欢的"交换秩序"(catallaxy)这一称呼，以防同本来意义上的经济相混淆①]转变成狭义的经济，在这种体制下，一种共同的主次标准决定着在各种不同的要求中，哪些应当满足，哪些不应当满足。

这种社会主义目标有两方面的麻烦。就像每个特意设立的组织一样，只有组织者的知识能够进入这种经济的计划之中；在这种特意设计出来的经济中，全体成员的行为必须受它所服务的一系列目标的约束。另外，自发的市场秩序，即交换系统，相应地也有两个优点。在这个系统中得到利用的知识是全体成员的知识；它所服务的目标是个人分散的、五花八门相互对立的目标。

---

① 更全面的讨论见我的 *Law, Legislation and Liberty*, Vol. Ⅱ, *The Mirage of Social Justice*, London and Chicago, 1976, pp. 107-120。

这个事实中引起了一些认知上的困难,它们不但困扰着社会主义者,而且困扰着所有想对市场秩序的表现加以评估的经济学家。因为,市场秩序假如不是服务于一些明确的目标,假如就像任何自发的秩序一样,没有理由说它具有特定的目标,那么也不能说,各种结果的价值就是它的每个具体成员之行为产物的总和。这样一来,当我们再说市场秩序产生了某种意义上的最大化或最优时,我们是什么意思呢?

事实是,虽然自发的秩序不是为特定目的而存在,因此不能说它有一定的目标,然而它对于许多不同的个人目标——作为整体它不为任何个人或相对较小的团体所知——的实现,却有着极大的作用。当然,只有在一个秩序良好的世界里,才可能有理性的行为。因此有理由努力创造一种条件,使所有的人可以最有效地达到其目标的机会非常之高——即使没有人能够预测哪些具体的目标会受人欢迎,哪些不会受到欢迎。

如我们所知,一种发现的方法,由其本质所定,它的结果是不可预测的;我们采用一种有效的发现方法有望做到的事情,只能是它改进了彼此素不相识的人的机会。在选择了这种使社会事务有序化的手段时,我们所能够追求的唯一的共同目标,只能是一种自发形成的秩序的一般模式或抽象特征。

三

经济学家通常把竞争形成的秩序称为一种均衡状态——这是种不太幸运的说法,因为这种均衡状态的前提是,所有的事实都已被发现,从而竞争也停止了。至少就经济政策问题的讨论而言,我更喜欢的是"秩序"的概念,而不是均衡概念,它的优点是,我们能够有意义地谈论在不同程度上接近于一种秩序,而这种秩序也可以在整个变化过程中得到维持。既然从来就没有存在过经济均衡,因此有理由说,我们的理论所描述的秩序,接近于一种理想类型的程度是相当高的。

这种秩序首先表现在这样一种状态中,其中受着社会其他成员影响的各种期待——这是所有单一经济主体制定计划的根据——能在最大程度上得到实现。自然科学现在也开始关心各种自发秩序或"自组织系统",因此我们也学会了"消极反馈"这种称呼,每个计划之间的这种相互调整就是由此而产生的。当然,聪明的生物学家承认,"在贝尔纳、马克斯韦尔、坎农或维纳发展出控制论之前很久,亚当·斯密在《国富论》中已经明确使用了这一概念。对价格进行精密调节的'看不见的手',正是这样一个概念。亚当·斯密实际上是说,在自由市场上价格是受着消极反馈的调节"①。

我们应当明白,有个事实对理解市场秩序的功能至关重要,即一些期待得到了很大程度的实现,是因为另一些期待有系统地落空了。但是,市场的成就并不限于使每个计划之间进行相互调整。它还保证了生产出的无论什么东西,都是由这样一些人生产出来的,他们的产品比没有生产它的人(他们自己没有能力生产出相对而言更便宜的东西)更为便宜(或至少是同样便宜),并且每种产品的售价,比任何事实上没有生产它的人所能提供的价格更低。这当然不排除有些人会得到相对于成本来说相当可观的利润,如果这种成本大大低于下一个潜在生产者的成本的话。不过这确实意味着,事实上生产出来的一组商品,会达到用任何已知方式所能生产出来的最大数量。当然,如果每个人拥有或能够获得的全部知识都由某个机构来支配,并被输入计算机(不过输出的成本会相当可观),我们或许会有更高的产量。如果我们像有人做过的那样,从上面拿一种我们不知道其实现方式的理想标

①　G. Hardin, *Nature and Man's Fate*, Mentor ed. 1961, p. 54.

准,与市场的成就进行对比,这样得出的判断未免有失公正。假如我们像应当做的那样,从下面对它进行判断,即拿它同我们采取任何其他方式可能取得的成果,尤其是同竞争受到阻碍时的生产状况进行对比,那么只有那些经某个权力当局授权生产或销售特定物品的人,才会允许这样的做法。我们只需考虑一下,在竞争的系统内找到一种方法,可以向消费者提供比他们已经得到的商品更好更便宜的商品,是多么的困难。在似乎存在着这种未被利用的机会的地方,我们通常都会发现,它们之所以仍然未得到利用,是因为政府权力(包括实行特许权)或某种应受到法律禁止的滥用权力的行为,在阻碍着人们利用这些机会。

千万不要忘记,市场在这方面只能做到接近于一个 n-维度平面上的某个点,纯经济理论就是在这个平面上揭示一切可能性的边界,而从事任何一组相关商品和服务的生产,只能以此边界为限。市场让具体的商品组合及其在个人中间的分配,主要由不可预测的环境来决定,从这个意义上说,也是让偶然因素来决定。正如亚当·斯密理解的那样[1],我们似乎同意参与一场既包含着技巧也包含着运气的游戏。这种竞争游戏,以每个人所得的份额在一定程度上由偶然因素来决定为代价,保证了他无论得到多大份额,其真实价值会同我们用已知的方式取得的结果一样大。用时下的话说,这种游戏不是零和游戏,而是这样一种游戏,只要遵守规则参与这一游戏,供人汲取份额的蓄水池就会增大,至于个人从这个水池中得到的份额,则在很大程度上是由运气决定的。一个无所不知的头脑可以从这个平面上选择他喜欢的任何一点,按照他认为正确的方式分配这种产品。但是,我们知道如何达到可能性边界或相当接近于这一边界的唯一的点,是我们只有把它

---

[1]　Adam Smith, *The Theory of Moral Sentiments*, London, 1759, part VI, chapter 2; part VII, section II, chapter I.

留给市场去决定才能达到的那个点。因此,我们自然而然达到的
所谓"最大化",不应被定义为具体物品的总和,而是仅仅同它为
互不相识的人提供的机会有关,他们利用这些机会,使他们的相
对份额达到了最大可能的真实价值,而这部分地是由偶然因素决
定的。对于它的结果,由于不能像一个经济本身那样,用某个单
一尺度进行评价,因此把交换制度的结果当作一种经济结果进行
评价,是十分错误的。

四

　　把市场秩序说成是一种能够并且应当按一定优先次序满足
不同需要的经济,这种错误看法尤其表现在根据所谓"社会公正"
改变价格和收入的政策努力之中。社会哲学家无论赋予这个概
念什么含义,在实际经济政策中它几乎总是意味着一件事,也是
唯一的一件事,即保护某些团体,使他们一度享有的绝对或相对
物质地位,免于必然的下降。然而,这并不是一条即使普遍实行
起来也不会破坏市场秩序基础的原则。不但现有收入水平的不
断提高,甚至在某些条件下仅仅维持这一水平,都取决于对无法
预见的变化的适应能力。这必然涉及一些人的相对份额甚至绝
对份额会有所减少,尽管他们不应为这种减少承担责任。

　　应当始终记住一点,一切经济调整的必要性,都是由不可预
见的变化造成的;采用价格机制的全部理由,就是使每个人都能
知道,由于某种不应由他们承担责任的原因,对他们正在做或能
够做的事情的需求正在增加或减少。整个行为秩序对变化的环
境的适应力,取决于不同的行为所获得的报酬,它在不考虑有关
人员功过的情况下即会发生变化。

　　在这方面,有人不时使用会引起某种误导的"刺激"一词,仿
佛主要问题就是引导人们尽力工作。但是,价格的主要指导作用

并不在于让人们如何行动,而在于让他们做什么。在不断变化的世界里,即便是仅仅维持既有的财富水平,也需要一些人不停地改变努力的方向,而要想做到这一点,只能通过某些行为的报酬增加而另一些行为的报酬减少。这些调整——在相对稳定的条件下,仅仅需要以此维持收入的连续性——不可能有"剩余"被用来补偿那些因价格变化受到不利影响的人。只有在迅速发展的系统中,我们才有望避免某些人地位的绝对下降。

在这个问题上,现代经济学家好像经常忽略的一点是,甚至在宏观经济学作为数据看待的许多总量中显示出来的相对稳定,其本身也是微观经济过程的结果,而这一过程的基本内容就是相对价格的变化。幸亏有了市场机制,才使得一些人被吸引过来,对另一些人未能满足其同胞的期待而造成的缺口加以弥补。当然,所有这些我们喜欢加以处理的总需求和总供给曲线,并不是些客观的既定事实,而是不断进行着的竞争过程的结果。我们不能指望从统计信息中了解到,为了对不可避免的变化做出调整,需要什么样的价格或收入变化。

不过主要问题是,在一个民主社会里,根本不可能用命令方式去造成那种没有人感到正确、其必要性也绝不可能得到证实的变化。在这种政治体系中,有意的调整必然总是以保护表面上正确的价格为目标。在实践中这意味着维护收入和价格的传统结构。一个人们得到的收入就是别人认为他应得的收入的经济系统,必然也是个极无效率的系统——姑不论它也会是个难以忍受的压制性系统。因此,所有的"收入政策"都更有可能阻碍而不是促进系统适应新的环境所必需的价格和收入变化。

在目前这个世界上,令人不解的事情之一是,东欧集团国家好像比"资本主义"国家更不受"社会公正"这种鬼话的约束,更愿意让那些受发展的不利影响的人背负重担。至少某些西方国家的情况看来是没有希望了,因为支配着政治的意识形态,使它们不可能做出变革，但要想让工人阶级的地位迅速上升以便使这种意识形态消失，这种变革却是必需的。

五

如果说，在高度发达的经济系统中，作为一种发展手段的竞争是重要的，它可以使投资于未来的人找出那些尚未得到利用的机会，并且一旦发现了这种机会，别人也可以利用，那么对于低度开发的社会来说就更是如此。我有意将注意力首先放在这样一些问题上，譬如维持有效的秩序，以此保证一种所有资源和技术可以普遍为人所知的条件，以及不断调整的必要性仅仅在于为维持现有收入水平而做一些不可避免的小变革。这里我将不考虑竞争对技术知识的进步发挥的无可怀疑的作用。不过我要指出，在那些从前竞争一直不活跃，因此主要任务仍然是发现一些过去无人知道的机会的社会里，竞争必然会发挥多么重大的作用。相信我们能够对未来的技术进步会给已经高度发达的国家形成的结构加以预测和控制，这尽管很不正确，却未必全属无稽之谈。但是如果我们以为，对于那些主要问题仍然是发现有哪些可以利用的物质和人力资源的国家，我们可以提前确定它的社会结构，或在这种国家里我们能够对我们可以采取的任何措施的特定后果加以预测，那简直是异想天开。

除了在这些国家存在着许多有待发现的事情这个事实之外，之所以说竞争的最大自由对于这些国家而言比发达国家更为重要，还有着另一个原因。这就是，只有当愿意并且能够尝试新方式的少数人确信，许多人会效仿他们，并且也对他们表现出这种态度时，他们才会造成风俗习惯上必要的变革。如果许多人能够让少数人循规蹈矩，必要的发现过程就会受到妨碍或阻止。当然，这也是人们不喜欢竞争的主要原因之一：它不但表明如何才能更有效地工作,而且使那些收入依靠市场的人面对选择,他们或是去模仿那些更为成功的人,或是收入减少或一无所获。竞争以这种方式产生了一种非人格的强制力,使无数的个人以某种任何专门教育或命令都无法提供的方式,调整自己的生活道路。为了所谓的"社会公正"而实行中央指令,可能是一个富裕国家能够提出的奢侈目标,并且有可能在很长一段时间里不会对它们的收入造成太大的损害。但是它肯定不是能使穷国加快适应迅速变化的环境——它们的发展便取决于这些环境——的方法。

大概应当指出,一个国家的这些尚未得到利用的机会范围越大,增长的可能性也有可能越大。以下说法乍一听或许有些奇怪:高增长率有可能不过是证明了,过去有大量的机会受到了忽视。因此,有时高增长率与其说可以证明目前的政策很好,不如说可以检证过去的政策很糟。因此,期待已经高度发达的国家会出现像过去资源的有效利用长期受法律或制度阻碍的国家在一段时间内所达到的那种高增长率,是没有道理的。

根据我对世界的全部了解,有一些人,一旦面前出现了改善条件的可能性,又不会因其同胞的压力而受到阻止,他们就会去尝试这种可能性,这种人在人口中所占的比例,到处都是一样的。在许多新兴国家,令人可悲地缺少这种创业精神,并不是因为每个居民无法改变的习性,而是现行的习惯和制度对他们施加的限制造成的。这就是为何我们要说,有些社会的致命错误就在于,它为了集体的意志而允许政府支配个人的努力,却不去限制政府的权力,只让它为个人提供保护使其免受社会的压力。要想保护私人的首创性和企业精神,就只能利用私有产权和全部自由主义的法律制度。

关于李嘉图效应的三点说明[①]

本文的直接目的是要澄清一个问题,因为在约翰·希克斯爵士(Sir John Hicks)最近对我以往有关消费需求与投资的关系的论述(1931、1939、1942)所做的评论[②](1967,第12章)中,他对这个问题的看法是错误的。这个问题值得进行细致的分析,因为我相信,他出现这一错误,乃是因为他有个错误的假设,而这也是当代有关这个问题以及类似问题的许多思考的共同特点。我会在文章的第二部分对此做一分析,不过我这里所说的"李嘉图效应"[③]这个一般性题目,读者有可能并非都十分熟悉,因此我首先要对它做点说明,采用的方式或许不是完全无可挑剔的,但是同我过去的明确表述相比,它似乎更易于被人理解。在第三部分,我将针对我的分析所受到的另一种反对意见做出回应。在早期的讨论中,经常有人提出这种反对意见,但我那时没有能力做出满意的答复。现在我则认为,驳倒这种意见已变得比较容易了。

---

① *Journal of Political Economics*, Vol. 77, No. 2, 1969.

② 最近一项有关经济学发展的相当公正的研究声称,我在两本书中(1939、1942)对李嘉图效应的讨论,与《价格和生产》中的立场正好相反。对此我应当说明,它们不过是对同一主张的不同说法而已。约翰先生的批评主要是针对那本早期著作。

③ 我选择这个说法,是因为熊彼特(1939,第345、812、814页)曾将我的理论中较为一般的、并无多少创意的内容,称为"李嘉图效应"。不过我并不希望,一个我认为久已确立的学说,被人们当作一项创新。

一

这种被称为李嘉图效应的公式声称,在充分就业的条件下,消费需求的增长会引起投资下降,反之亦然。造成这种结果的方式,可以令人信服地用一个与人们所熟悉的生产函数相一致的图形表示出来。但是在这个图形中,对总的资本存量(固定的,而且是流通中的)的测算是在坐标上进行的。对总投入——包括为使资本存量维持在最有利的水平上所必需的投入——的流量,是在纵坐标上加以测算。为了当前的目的,我们假定这一生产函数是线性的和同质的。由于在两条坐标线上所表示的量,都是由不同商品和服务的可变组合组成的,因此只能从价值的角度加以表示。严格地说,只有当我们假定涉及的不同商品和服务的价格保持不变时,这样做才是合理的。然而事实上,我们所要考虑的变化,必须包括这些价格之间的关系发生的变化。由此引起了我过去使用过的这种方法所包含的令人略感不满的性质。不过我认为这只是一个相对而言不那么重要的缺陷,以较为简单的方式利用这一方法得出的结论,其有效性不会因此而受到严重的破坏。

希望对更为准确的证明方式有所了解的读者,只能去阅读我在1942年发表的那篇文章。不过就这里的目的来说,我相信这一简单的说明已经足够。很久以前我就发现了它在教学上的有效性,只是因为有这一缺陷,我才没有将它付诸文字。

我要考虑的效应,是产品价格相对于要素价格的变化,首先我要讨论的,是前者发生了变化而后者保持不变的情况。我先假定,生产者的意图是生产一定数量的产出,并且要使资本的平均回报最大化。在这些假设的基础上,我们要问,在生产这一特定数量的产出时,生产者在资本存量和现有投入的各种可能的组合中,他会发现哪一种组合最为有利。为此我们来看一下图

形中下面那条等量曲线,我们假定,在生产价格上升之前,它会
呈现出一种能够为总产出带来一定收益的形状,并且由于它会
按一定的速率增长,因此我们能够沿着我们测定现有投入的坐
标,对这一收益做出测定。我们假定在初始的价格下这些收益
是 OF。

那么,在生产这一既定产出时,资本存量和现有投入最有利
的组合是什么呢?显然,它位于从 F 画一条直线与曲线相接的那
个点上,即 P 点。在这种情况下,连接 F 和曲线一点的直线的斜
率,与该曲线上任何其他一点相比是最小的。这意味着相对利润
EF/OC 高于任何其他一点。

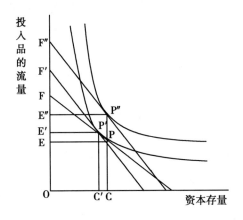

现在假定,生产价格从 F 上升到了 F′。结果必然是,从 F′画
出的直线的接触点会移向 P 点的上方,即 P′点,它将与较小的资
本存量 C′和更大的现有投入 E′的组合相一致。

这就是从目的在于生产固定产出这个例子中得出的主要结
论。我们先来看看这个结论意味着什么,然后再把它扩大到另外
的例子,即生产者打算把他的全部资本用于生产这种商品,并且
力求利用他的全部可用资本,在最有利可图的情况下生产尽可能

多的商品(我们始终假定,他面对着对他的商品的横向需求曲线)。首先得出的结论是,虽然这会增加生产的总费用,但是同收入相比它的增加会相对少一些:总利润会上升。此外,现有费用在现有生产成本和维持资本存量之间的分布状况也会发生改变:进入前者的比重较大,进入后者的比重较小。显然,在我们称为现有成本的这一总费用与我们所说的(总)投资之间加以划分,总有一定程度的任意性。但是无论我们在哪里划出这条界线,总量中投资的份额显然都会下降,如果我们十分狭义地定义投资,则投资的绝对数量肯定也会下降:对某种十分节约劳力或十分耐用的设备的需求将会减少。这是从资本密集型向非资本密集型生产方式转移的必然含义。一个重要的观点,即消费需求的增加会导致(在充分就业条件下)对只适合于资本高度密集型生产方式的投资需求的减少,由此得以成立。

如果我们假定,在消费品价格上升之后,生产者的目标不再是生产与过去相同数量的产出,而是想把产出的数量定在用和过去一样的资本数量为他带来最高的回报,那么也会产生同样的结果。这一点很容易理解,只要我们继续抬高 CP 线,直至让它达到更高曲线上的 P″这一接触点,它与 P′点相平行。这一产出量的价格将是 OF″。为生产 OF″所必需的现有投入将是 OE″,E″F″则表示,在这一价格水平上通过把更大产出与既定资本总量结合起来可以得到的最大利润。但是,这个没有变化的资本总量中仍包含着与过去相比较少节省劳力或不那么耐用的设备,因此,对更节省劳力或更耐用的设备的需求将下降。

没有必要明确说明,在相反的情况下,即产品价格下降而要素价格不变,会出现从资本密集方式向非密集方式的转变。

二

当然,李嘉图效应的这个基本命题,既是基本的资本理论的一部分,对于了解产业结构也有着同样重要的意义。它揭示了消费需求的变化如何通过改变产品和生产要素的相对价格(或说得更简单一些,通过改变"真实工资"),会对投资比率产生什么样的影响,以及在不存在贷款、因而也不存在贷款市场利率的情况下,会使投资比率发生什么样的变化。在这种情况下,"资本的匮乏"只会表现在它与属于不同生产阶段的商品的价格——或我在《价格与生产》(1939,第二版,第72—80页)中所说的不同生产阶段的"价格边缘"——的关系之中。

然而,这个命题的主要意义在于它同货币经济的关系,在这种经济里,只受"真实"要素决定的价格的均衡结构,可以因为货币数量的不断变化而受到长期的歪曲,它造成了节省下来的现有收入与花在投资上的钱之间出现差异。如果有些作为收入而得到的货币既没有花在消费品上,也没有用于投资,而是被囤积起来或退出流通,或者,如果投入的投资——通过为此目的而印制的额外货币或从现金结存中释放出来的货币——超过了节省下来的数量,也会造成价格结构的不断变化,只要货币流量的变化继续存在,前一变化也会持续存在,并决定着投资比率。

约翰·希克斯先生的批评所针对的正是这个问题。他认为,这种价格结构的扭曲只能是一种暂时的现象,并且即使货币流量继续变化,肯定也会出现一个决定性的间歇期或"延缓期",在这个时期之后,相对价格会回到完全受真实要素决定的均衡位置上去。在我看来,这种主张没有任何根据,因而也是错误的。我认为可以证明,不可能存在这种决定性的延缓期——在这个时期之后,价格结构回到均衡状态仅仅取决于真实要素。相反,只要货币流量继续变化，就会持续存在另一种状态，一种稳定的状态（就像生物学家所说的"动态均衡"），而决定着这一状态的，是系统中货币不断地流入或流出。

约翰先生在他的论述（1967，第206页）中，用一段话说出了他的关键意见。为了取信于读者，我将这段话的大部分引用如下，其中希克斯本人的斜体字我改为大写字体，我特别希望读者注意的部分，我改为斜体：

> 当市场利率降至自然利率之下时，投入和产出的数量会出现什么情况？根据这些假设，正确的答案十分简单：它的作用为零。价格会同步上升，仅此而已。当严格地接受维克塞尔模型时（的确是严格地接受），它便处于中性均衡。数量和相对价格的整个真实系统，完全是由具体市场中的供需平衡决定的；在这个真实系统中也包含着利率。当市场处于均衡时只能有一种利率，即与自然利率相等的市场利率。因此，市场利率"降至"自然利率以下，必须被视为一种非均衡现象，一种只有在市场未在均衡状态时才会存在的现象。均衡一旦恢复，市场利率和自然利率的相等肯定也会随之恢复。由此可知，只要随时存在着价格调整（向什么方向调整？只向"真实"数量吗？），在市场利率和自然利率之间就不可能出现差异。货币价格会同步上升，事情只能如此。

在这段话中，均衡这一概念是指由真实要素（即排除了任何连续性货币变动的作用）决定的相对价格结构的均衡，在受到货币变化的第一次影响之后，这一均衡会迅速自动恢复，即使货币的变化（系统中货币的流入或流出）仍在继续。这就是说，即使不断地有着为投资目的而创造出来的货币被注入投资（或情况相反），价格结构仍会恢复到这种情况出现之前的状态。换言之，只要这种状态继续存在，货币的不断流入或流出就是不必予以考虑的情况——价格结构会继续适应这些情况，只有在变化刚刚出现时，它才会对价格结构产生明显的影响，但是即使变化了的条件继续存在，这种影响也会迅速消失。我的看法则是，这种"非均衡"是针对新情况，即新货币的流入而做的调整，只要对货币流量的补充以一定的量和稳定的比率不断地进入系统，这种调整肯定也会一直进行下去。

约翰先生并没有清楚地说明，他所讨论的是短期内出现的对货币量的一次性补充，还是延续数月甚至数年的一个漫长的过程。分析一下这些不同的情况是有益的。首先我们假设，在一个月的时间里，投资方支出了一笔额外的钱，其数量是全部商品和服务支出的 1%，这使花在特定商品和服务上的钱的数量翻了一番。这意味着货币的总流量也会增加 1%。为了使说明更为简单，我们进一步假定，货币周转率是每年 12 次（即现金余额等于每月的支出），在这种情况下，在一个月的时间里支出增加 1%，意味着货币数量增加 1%。

这会给价格带来什么影响？增加支出的目的，是要把更多的要素吸引到生产投资物品上来，而在充分就业的条件下，要想做到这一点，只有提高这些物品的价格。价格会上升多少，取决于供应弹性的大小。我们为了方便说明而假定的具体数字是无关紧要的。为了使数字尽可能简单，我们假定，需求增加一倍，在价格上升 25% 的情况下会使供应增加 60%。

货币流量（根据我们的假设，也就是货币存量）增加 1%，会使某些价格（所有价格中很小的一部分）上升 25%。如果为了投资而增加货币支出只是一种一次性行为，并且仅限于一个月的时间，那么它的作用当然是暂时的。生产投资物品的人所得到的货币，会被他们花在另一些商品上，从而会逐渐扩散到整个系统中去。最后,原有的相对价格结构将在高于原来 1% 的水平上恢复均衡(这里我们可以不考虑由于资金再分配和由此造成的个人收入分配的调整,以及这一过程中因此而出现的需求方向上的变化所造成的价格结构的变化)。这里的要点是,有些价格最初上升25%——这必然使真实投资增加 60%——将完全是一种暂时的现象,最终它会使所有价格只上升 1%。

　　那么,如果通过增加投资而产生的货币数量的增加持续很长一段时间,又会发生什么事情呢?我们现在假定情况就是如此,但不是以稳定不变的速率增加,而是以维持真实的增量投资所必需的速率增加。这意味着货币总流量(和数量)要以稳定的百分比增长。这是因为,如果过去为了吸引更多的资源投资,需要 1%的增量,在货币总流量(和一般价格水平)上升 1%之后,为达到同样的效果,它就需要增加 1.01%,以此类推。

　　这一过程显然可以无限制地进行下去,至少当我们对未来形成价格的方式可能发生的变化予以忽略时,情况就是如此。从新增支出对直接受到影响的少数价格发生作用,到这种作用扩散到其他价格——不管这段延缓期的情况如何,与“真实”状况相一致的“均衡”价格结构肯定会继续受到扭曲。以新创造出来的货币形式不断出现的增量需求,对于针对这种需求做出调整的价格结构,将一直是决定性因素之一。从一种价格的改变到新增收入的支出对其他价格产生影响,无论这段延缓期多么短暂,只要总货币流量的变化过程仍在继续,各种具体价格之间发生了变化的关系也会继续存在下去。

　　换言之,到达不同商品的增量货币支出,会在整个价格结构中形成一个梯形上升曲线,只要总货币流量继续增长,这一曲线也必然继续存在。当然,受影响较晚的价格绝对不会赶上最早受到影响的价格。当引起价格上升的货币流入终止时,最初上升的价格肯定会有实际的下降,当然它不会降至原来的水平,而是会降至在增量货币散布到整个系统之后重新确立的平均水平。但是,如果对某些价格形成的需求不是来自过去销售其他商品或服务的收入,而是来自为此目的而增加的货币(或来自结存现金),那么某些价格的上涨必然继续高于其他价格。只要价格上升(或下降)的普遍过程仍在继续,相对价格结构就不可能与不存在引起一般价格水平变化的力量时的情况一样,理由十分简单,这一原因(货币数量的变化)对不同价格的影响只能渐次产生,而不会是同时发生。在均衡状态下,投资只由真实要素决定,只有当投资物品的价格与其他价格相比,高于它在均衡状态下的价格时,才会有多于均衡状态下的投资出现。"事情只能如此"。

我发现可以用一种比喻来说明这种一般关系,虽然希克斯先生(在通信中)认为,这种比喻没有多大用处,但它似乎值得在这里一说。我们这里所讨论的效应,很类似于我们把胶水倒入一个容器时发生的情形。胶水趋向于扩散至容器的整个平面的底部。但是倒入的胶水只流向一个点,因此这里会形成一个凸起,倒入的胶水由此处缓慢向周围扩散。甚至当我们停止倒入更多的胶水时,完全恢复平面也需要一定的时间。在流入停止时,它当然也不会达到凸起处所曾达到的高度。不过只要我们以不变速度不停地注入胶水,凸起就会保持其相对于周围而言的高度——这为我以前说过的"动态均衡"提供了一个生动的说明。

就这种现象而言,"延缓期"这一概念似乎用处不大。货币数量的变化所引起价格第一次发生变化的时刻,和所有价格发生了相同比例的变化的时刻,在这两者之间,并不存在一个可见的间隔期,这是因为除非货币变化仍在继续(系统中货币的流入或流出),否则,在大多数其他价格受到影响之前,最初的价格变化就会部分地发生逆转。价格结构中的相关变化并不取决于一般价格水平的迅速变化。在我们的例子中,相关投资物品价格上升25%,是由货币数量增长1%引起的。可以说,在繁荣期,这一增长幅度并非不可能发生。这种效应扩散到整个系统很可能需要数月时间，因此，虽然它必然会提高货币流量的增加速率——这是因为在面对消费需求的不断上涨时，要维持一定量的真实投资——但这也需要一定的时间。

但是，当因投资而出现的货币流入停止时，它的效应的扩散仍会继续，并且趋向于恢复与最初状态类似的状态。正是在这一点上，李嘉图效应以一种很少被人理解的方式发挥着作用。在这个阶段，投资物品的价格会下降，而消费品价格在一段时间内仍会继续上升。这会使某些已经发生的投资的收益与过去相比有所下降，与此同时，投资基金的流量也会减少。因此支配性的因素是，在新货币的流入停止，从而使可用于投资的资金减少之后，消费品价格会继续上涨一段时间。由此造成的结果是，对于某些在繁荣期用来生产资本密集型设备的要素，会弃之不用。

透过这种机制，我认识到，除非不断扩张信用，否则，靠通货膨胀支撑的繁荣迟早会因为投资衰退而出现逆转。这一理论绝不想声称，它除了对 19 世纪典型商业周期中盛极而衰的情形做出说明之外，还有更多的含义。不断加剧的紧缩过程有可能立刻在资本产业中引起失业，这是必须用常规手段加以分析的另外一个问题。一个货币和信用供应不受内在限制约束的连续不断的通货膨胀过程，能够在多长时间有效地使投资数量维持在超出储蓄率许可的范围之外，在我看来这一直是个悬而未决的问题。只有当通货膨胀变得如此严重——为维持一定的投资量所必需的不断升高的通货膨胀率，迟早会造成这种局面——使货币不再是一种适当的核算依据时，这种不可缺少的约束才有可能出现。不过，要想进一步讨论这个问题，势必引出这种变化对预期的作用问题，这是一个我不想在这里讨论的问题。

三

　　针对我对李嘉图效应的分析，过去经常有人提出这样的反对意见：如果无论想借多少钱，都可以按现行市场利率借到，那么对投资性质起决定作用的就是这种市场利率，企业内部的收益率会据此做出调整。我现在认为，得出这种结论，是因为对一个假设做了毫无道理的引申，就商品供应而言，这个假设十分合理，然而它不适用于信用或信贷供应。

　　对李嘉图效应在货币市场中的有效性表示反对，是建立在一个未明言的假设上，即竞争的环境使每个企业都面对一条信贷资本的水平供应曲线，因此它能够按现行利率借到自己打算借到的任何数量的钱。我认为，这一假设既不符合完全竞争理论，也不符合任何实际环境。它来自这样一种信念，连续向某个借款人发放的各笔贷款，可以而且应当被视为"同一种"商品，因此可以用不变价格买到。然而实际情况并非如此，因为就任何拥有一定数量的资本或本金的借方而言，贷方的风险会随着放贷的数量而增加。

　　根据我们想要说明的问题，我们可以避繁就简，假设借方的全部债务与其自有资本的比例是决定贷方风险的唯一因素。此外还存在着统一的市场利率，每个借款人都可以按这一利率借款，数量不超过——譬如说——其自有资本的 25%。每增加 10%，他的费用也随之增加，再增加 10%，他的费用会更多，以此类推。导致这种情况的原因是，在放贷者看来，向一个负债额已达到其自有资本 25%的人发放的贷款，和向一个负债很少的人发放的贷款是不一样的。因此才存在着有各种贷款等级的完美市场，在一定范围之内，每个借款人都可以按相同的利率增加其负债，但是他若想借到超出这一限度之外的钱，他就必须支付更高的利息。

换言之，虽然就每一等级的贷款而言，可以存在着既定利率下的弹性充分的供应，但是每个借款者很快就会面对一条迅速上升的贷款供应曲线，因为他所增加的借款，绝对不应被视为与以往的借款相同，而是不同于以往借款的另一种商品。显然，这才是观察问题的现实主义方式，把向一个借款人先后发放的各笔贷款当作同样的商品看待，这种不恰当的习惯，只会导致对这一明显事实的忽视。

但是，即使在完美的信用市场中，如果我们必须承认，每个借款者都面对着这样一条贷款供应曲线，一旦超出某一点，它就会上升得越来越快（在达到某一点时，它很可能会几乎变成一条垂直线），那么我们不能再认为既定的市场利率决定着现有企业内部的收益率。从长远看，会存在一个根据贷款的市场利率调整内部收益率的趋势，然而这只能十分缓慢地发生作用，而且主要是通过企业自有资本的变化，以及有新的企业进入那些内部收益率出现了变化的产业。不过就短期而言——包括我们在分析产业格局时谈到的那种时期——谁也不能断定，资本的内部收益率同贷款的市场利率相适应的情况会普遍出现。当一家企业发现它的产品价格相对于要素价格有所上升（或者像我过去说过的那样，"真实"工资有所下降）时，它会有什么举动呢？如果这家企业能够按不变的市场利率借到它所希望的任何数量的钱，它当然会增加它所有的相应的设备，也就是说，它会用和过去一样的资本密集型方式增加产量。然而它会发现，它不可能按这一市场利率借到足够数量的钱以达到这一目的。此外，它能够按这一市场利率借到的钱，大概只能用来增加它的流动资本，而不能用于增加它的固定资本。这家公司的内部收益率会大大提高，而它能够按同这一内部收益率相一致的利率借到的钱，只会是它能够按原来的利率加以利用以获取利润的金额的很小一部分——这肯定不足以使它的内部收益率降至接近这一市场利率的水平。因此，它利用自己能够支配的有限资本所产生的利益，将取决于它的内部收益率，而后者会与边际利率相等，它能够在这个利率上借到钱，但是这个利率很有可能大大高于公认的市场利率。如果这家公司不能增加任何额外的资金，那么只要它几乎借不到什么钱，它的内部收益率当然也不会达到它应有的高度。不过，决定着企业投资性质的收益率，将仍然是企业自身的内部收益率，它大大高于市场利率，而且会因企业不同而大有差别。

由于企业不能增加额外的资金以加大它的总投资，还由于它在获得长期投资的增量资金上面对着特殊的困难，更由于它从流动资本中所能获得的收益相对而言高于固定资本的收益，这一切都会驱使它——用一句老话说——"把固定资本转为流动资本"，这家公司会尽量不把到手的钱投资于耐用性设备，或仅仅把它投资于不耐用和不节省劳动力的设备，而尽可能把更多的钱用在劳动力和原料上。

这里我不想进入另一个经常引起人们怀疑的话题，即我们在多大程度上能够以现实主义的态度断定，从短期看这种改变从技术上说是可取的。在我看来，仅仅举一个例子，譬如将单班制改为两班制或三班制的可能性——这不过是大量类似的可能性之一——就足以回答这个问题。在"真实"工资相对较高，从而内部收益率较低的情况下，两班制或三班制引起更高的劳动力成本，这有可能使得改变班制无利可图。但是随着"真实工资"下降，以及由此造成短期投资的内部收益高于长期投资，改变班制就会变得有利可图，同时现有设备也会变得过剩。取消这些设备节省下来的钱，可以用来支付更多的劳动力。总费用保持不变（或者，在公司能够借到钱的情况下，会略有增长），但其中有较大一部分是花在了劳动力而不是设备上。

根据一种相当重要的考虑，十分明显的一点是，肯定存在着某种机制,由于它的作用,消费品需求的增长迟早会使对投资物品的需求减少而不是增加。如果说,即使在充分就业的条件下,消费需求的增长也确实总是导致投资的增长,但是它还会带来这样的结果:对消费品的需求越旺盛,这些消费品的供应就越是会下降。会有越来越多的要素被转而用于生产投资物品,直到最终由于消费品需求变得极为旺盛,以至于根本没有消费品被生产出来。在得出这种结论的推理中,显然有某种十分荒谬的因素。阻止这种结论产生的机制就是李嘉图效应。虽然由于较为表面的货币综合效用,它的作用在很长一段时间内可能不那么明显,甚至有可能因为普遍失业的存在而被完全忽略,但是它迟早会发挥作用。约翰·希克斯先生说,由真实状况决定的关系或迟或早总会出现,此言甚是。不过这种关系的发生并不像他设想的那样快。有可能存在着一个延后期,在这个时期,与"真实的均衡"相一致的关系被货币数量的变化严重扭曲。在我看来,这十分符合产业格局中的现象。

哈耶克著作

带星号的著作已在本书中涉及。本文献清单不包括报纸文章和书评,一般来说也不包括译作。

图书

Geldtheorie und Konjunkturtheorie. Wien 1929. (Englische Übersetzung 1933, japanische 1935, spanische 1936.)

 Prices and Production. London 1934. (Deutsche Übersetzung 1931, japanische 1934, chinesische 1966.)

Monetary Nationalism and International Stability. Genf 1937, Neudruck New York 1964.

Profits, Interest and Investment. London 1939.

The Pure Theory of Capital. London 1941; Chicago 1950, Neudruck 1952. (Spanische Übersetzung 1946, japanische 1952.)

The Road to Serfdom. London und Chicago 1944. (Australien 1944; schwedische Übersetzung 1944, deutsche 1945, französische 1945, dänische 1946, portugiesische 1946, spanische 1946, holländische 1948, italienische 1948, norwegische 1949, japanische 1954, chinesische 1965.)

Individualism and Economic Order. London und Chicago 1948. (Deutsche Übersetzung 1952, norwegische, gekürzte Übersetzung 1953.)

*John Stuart Mill and Harriet Taylor.*London und Chicago 1951.

*The Counter Revolution of Science.*Glencoe ILL., 1952, Neudruck New York 1964. (Französische, gekürzte Übersetzung 1953, deutsche Übersetzung 1959, italienische 1967.)

*The Sensory Order.*London und Chicago 1952, Neudruck 1963.

*The Political Ideal of the Rule of Law.*Kairo 1955.

*The Constitution of Liberty.*London und Chicago 1960, Neudruck 1963. (Spanische Übersetzung 1961, deutsche, italienische und japanische Übersetzung in Vorbereitung.)

Studies in Philosophy, Politics and Economics. London, Chicago und Toronto 1967.

小册子

Das Mieterschutzproblem, nationalökonomische Betrachtungen. Wien 1928.

Freedom and the Economic System. Chicago 1939.

*The Case of the Tyrol.*London 1944.

Report on the Changes in the Cost of Living in Gibraltar 1939 – 1944 and on Wages and Salaries. Gibraltar 1945.

Individualism: True and False. Dublin 1946. (Spanische Übersetzung 1968.)

∗ Wirtschaft, Wissenschaft und Politik.*Freiburger Universitätsreden*, N.F., Heft 34, Freiburg 1963.

*Was der Goldwährung geschehen ist.*Ein Bericht aus dem Jahre 1932 mit zwei Ergänzungen. (Walter Eucken Institut, Vorträge und Aufsätze, 12) Tübingen 1965.

∗ *The Confusion of Language in Political Thought, with some Suggestions for Remedying it.* (Institute of Economic Affairs,

Occasional Papers 20) London 1968. (Deutsche Übersetzung: Die Sprachverwirrung im politischen Denken.)

* Der Wettbewerb als Entdeckungsverfahren, *Kieler Vorträge*, Hrsg.Erich Schneider, N.F.56, Kiel 1968.

编辑或引介出版的图书

Gossen, H.H., *Entwicklung der Gesetze des menschlichen Verkehrs*. 3.Aufl., Berlin 1927.Einleitung von F.A.Hayek.

Wieser, Friedrich Freiherr von, *Gesammelte Abhandlungen*. Tübingen 1929.Einleitung von F.A.Hayek.

Cantillon, Richard, *Abhandlung über die Natur des Handels im Allgemeinen* (übersetzt von Hella Hayek).Jena 1931.Einleitung und Anmerkungen von F.A.Hayek.

Beiträge zur Geldtheorie (von Marco Fanno, Marius W.Holtrop, Johan G.Koop — mans, Gunnar Myrdal, Knut Wicksell).Wien 1931. Vorwort von F.A.Hayek.

Collectivist Economic Planning. London. 1935. Einleitung und Schlußbetrachtung von F.A.Hayek. (Französische Übersetzung 1939, italienische 1946.)

Brutzkus, Boris, *Economic Planning in Soviet Russia*. London 1935. (Mit dem obengenannten Buch zusammen herausgegeben und mit einem kurzen Vorwort versehen von F.A.Hayek.)

The Collected Works of Carl Menger. 4 Bände, London 1934 — 1936.Einleitung von F.A.Hayek. — 2.Aufl.: Carl Menger, Gesammelte Werke.Tübingen 1968 et seq.Herausgegeben und eingeleitet von F.A. Hayek.

Thornton, Henry, *An Enquiry into the Nature and Effects of the Paper Credit of Great Britain* (1802).London 1939.Einleitung von F.

A.Hayek.

John Stuart Mill, *The Spirit of the Age*. Chicago 1942. Einleitung von F.A.Hayek.

Capitalism amd the Historians. London und Chicago 1954. Einleitung von F.A.Hayek. (Italienische Übersetzung 1967.)

学术期刊论文或者论文集

Das Stabilisierungsproblem in Goldwährungsländern. *Zeitschrift für Volkswirtschaft und Sozialpolitik*, N.F.4 (1924).

Die Währungspolitik der Vereinigten Staaten seit der Überwindung der Krise von 1920. *Zeitschrift für Volkswirtschaft und Sozialpolitik*, N.F. 5 (1925).

Bemerkungen zum Zurechnungsproblem. Jahrbücher für Nationalökonomie und Statistik, 124 (1926).

Wieser, Friedrich Freiherr von, *Jahrbücher für Nationalökonomie und Statistik*, 125 (1926).

Zur Problemstellung der Zinstheorie. *Archiv für Sozialwissenschaften und Sozialpolitik*, 58 (1927).

Das intertemporale Gleichgewichtssystem der Preise und die Bewegungen des Geldwertes. *Weltwirtschaftliches Archiv*, 28 (1928).

Einige Bemerkungen über das Verhältnis der Geldtheorie zur Konjunkturtheorie. Schriften des Vereins für Socialpolitik, 173/2 (1928). Auch Diskussion ebenda, 175 (1928).

Theorie der Preistaxen (ungarisch, deutscher Abdruck). *Nápgazdasági Enciclopedia*, Budapest 1929.

Gibt eseinen Widersinn des Sparens? *Zeitschrift für Nationalökonomie*, 1 (1929). In. Englisch: The Paradox of Saving. *Economica*, 11 (1931).

Reflections on the Pure Theory of Money of Mr.J.M.Keynes.*Economica*,11(1931)und 12(1932).

The Pure Theory of Money: A Rejoinder to Mr. Keynes. *Economica*,11(1931).

Money and Capital: A Reply to Mr.Sraffa.*Economic Journal*,42(1932).

Kapitalaufzehrung.*Weltwirtschaftliches Archiv*,36(1932/11).

A Note on the Development of the Doctrine of"Forced Saving". *Quarterly Journal of Economics*,47(1932).

Hermann Heinrich Gossen.*Encyclopaedia of the Social Sciences*, Vol.VI,New York 1932.

Henry D.Macleod.*Encyclopaedia of the Social Sciences*, Vol.X, New York 1933.George W.Norman. *Encyclopaedia of the Social Sciences*, Vol.XI,New York 1933.

Eugen von Philippovich. *Encyclopaedia of the Social Sciences*, Vol.XII,New York 1934.

Saving. *Encyclopaedia of the Social Sciences*, Vol. XIII, New York 1934.

The Trend of Economic Thinking.*Economica*,13(1933).

Essay,in:*Der Stand und die nächste Zukunft der Konjunkturforschung.Festschrift für Arthur Spiethoff*,München 1933.

Über "Neutrales Geld". *Zeitschrift für Nationalökonomie*, 4(1933).

Capital and Industrial Fluctuations.*Econometrica*,2(1934).

On the Relationship between Investment and Output. *Economic Journal*,44(1934).Carl Menger.*Economica*,N.F.1(1934).

Preiserwartungen, Monetäre Störungen und Fehlinvestitionen. *Nationalökonomisk Tidskrift*, 73(1935).

The Maintenance of Capital.*Economica*, N.F.2(1935).

Spor miedzy szkola "Currency" i szkola "Banking".*Ekonomista Warsaw*, 55 (1935). Edwin Cannan (Nachruf). *Zeitschrift für Nationalökonomie*,6(1935).

Technischer Fortschritt und Überkapazität, *Österreichische Zeitschrift für Bankwesen*,1(1936).

The Mythology of Capital. *Quarterly Journal of Economics*, 50 (1936).

Utility Analysis and Interest.*Economic Journal*,46(1936).

La situation monétaire internationale. *Bulletin Periodique de la Société Belge d' Études et d' Expansion*,Brüssel,Nr.103(1936).

Economics and Knowledge.*Economica*,N.F.4(1937).

Einleitung zu einer Kapitaltheorie.*Zeitschrift für Nationalökonomie*,8(1937).

Das Goldproblem. *Österreichische Zeitschrift für Bankwesen*, 2 (1937).

Investment that Raises the Demand for Capital.*Review of Economic Statistics*,19(1937).

Economic Conditions of Inter State Federation.*New Commonwealth Quarterly*(London) ,V/2(1909).

Pricing versus Rationing.*The Banker*, (London) ,Sept.1939.

The Economy of Capital.*The Banker*, (London) ,Oktober 1939.

Socialist Calculation:The Competitive, Solution? *Economica*, N. F.8(1941).

The Counter-Revolution of Science.*Economica*,N.F.8(1941).

Maintaining Capital Intact:A Reply to Professor Pigou.*Economica*, N.F.8(1941).

Planning,Science amd Freedom.*Nature*,Nov.15(1941).

The Ricardo Effect.*Economica*,N.F.9(1942).

Scientism and the Study of Society.Teil I:*Economica*,N.F,9(19, 42).Teil Ⅱ:ebenda 10(1943),Teil Ⅲ:ebenda 11(1944).

A Comment on an Article by Mr.Kaldor:,Professor Hayek and the Concertina Effect'.*Economica*,N.F.9(1942).

A Commodity Reserve Currency.*Economic Journal*,53(1943).

The Facts of the Social Sciences.*Ethics*,54(1943).

The Geometrical Representation of Complementarity.*Review of Economic Studies*,10(1943).

Gospodarka planowa a idea planowania prawa.*Economista Polski*, (London),(1943).

Hrsg.:John Rae and John Stuart Mill:A Correspondence.*Economica*,N.F.10(1943).

The Economic Position of South Tyrol.In:*Justice for South Tyrol*, London 1943.

Richard von Strigl(Nachruf).*Economic Journal*,54(1944).

The Use of Knowledge in Society.*American Economic Review*,35 (1945).

Time-Preference and Productivity:A Reconsideration.*Economica*, N.F.12(1945).

Hrsg.:,Notes on N.W.Seniors Political Economy' by John Stuart Mill.*Economica*,N.F.12(1945).

Nationalities and States in Central Europe. *Central European Trade Review*(London),3(1945).

Fuld Beskaeftigelse.*Nationalökonomisk Tidskrift*,84(1946).

The London School of Economics 1895-1945.*Economica*,N.F.13 (1946).

Probleme und Schwierigkeiten der englischen Wirtschaft.

Schweizer Monatshefte, 27 (1947).

Le plein emploi. *Économie Appliquée*, 1 (1948).

Der Mensch in der Planwirtschaft. In: Simon Moser (Hrsg.) , *Weltbild und Menschenbild*, Innsbruck und Wien, 1948.

Wesley Clair Mitchell 1874 – 1948 (Nachruf). *Journal of the Royal Statistical Society*, 111 (1948).

The Intellectuals and Socialism. *The University of Chicago Law Review*, 16 (1949).

Economics. *Chambers' Encyclopaedia*, Vol. IV, Oxford 1950.

David Ricardo. *Chambers' Encyclopaedia*, Vol. XI, Oxford 1950.

Full Employment, Planning and Inflation. *Institute of Public Affairs Review* (Melbourne, Australia) , 4 (1950).

Capitalism and the Proletariat. *Farmand*, Oslo, Febr. 17, 1951.

Comte and Hegel. *Measure*, Chicago, II /3 (1951).

Comments on, The Economics and Politics of the Modern Corporation '. The University of Chicago Law School, *Conference Series* Nr. 8, Dez. 7, 1951.

Die Überlieferung der Ideale der Wirtschaftsfreiheit. *Schweizer Monatshefte*, 32 (1952).

Die Ungerechtigkeit der Steuerprogression. *Schweizer Monatshefte*, 32 (1952).

Entstehung und Verfall des Rechtsstaatsideales. In: Albert Hunold (Hrsg.) , *Wirtschaft ohne Wunder*. Zürich 1953.

Marktwirtschaft und Wirtschaftspolitik. *Ordo*, 6 (1954).

Degrees of Explanation. *The British Journal for the Philosophy of Science*, 6 (1955).

Towards a Theory of Economic Growth, Discussion of Simon Kuznets' Paper. In: *National Policy for Economic Welfare at Home and*

*Abroad.*Columbia University Bicentennial Conference, New York 1955.

Comments. In: Congress for Cultural Freedom (Hrsg.) , *Science and Freedom*, London 1955. (Hamburger Konferenz des, Congress for Cultural Freedom.) Deutsche Übersetzung: Wissenschaft und Freiheit.

Reconsideration of Progressive Taxation. In: Mary Sennholz (Hrsg.) , *On Freedom and Free Enterprise. Essays in Honor of Ludwig von Mises.* Princeton 1956.

The Dilemma of Specialization. In: Leonard D. White(Hrsg.) , *The State of the Social Sciences*, Chicago 1956.

Über den, Sinn' sozialer Institutionen. *Schweizer Monatshefte*, 36 (1956).

Was ist und was heißt, sozial' ? In: Albert Hunold (Hrsg.) , *Masse und Demokratie*, Zürich 1957.

Grundtatsachen des Fortschritts. *Ordo*, 9(1957).

Inflation Resulting from the Downward Inflexibility of Wages, in: Committee for Economic Development (Hrsg.) , *Problems of United States Economic Development*, Vol. I, New York 1958.

La Libertad, la Economia Planificada y el Derecho, *Temas Contemporaneos*, 3(1958).

Tlie Creative Powers of a Free Civilization. In: F. Morley(Hrsg.) , *Essays in Individuality*, Philadelphia 1958.

Freedom, Reason, and Tradition. *Ethics*, 68(1958).

Gleichheit, Wert und Verdienst. *Ordo*, 10(1958).

Liberalismus(1) Politischer Liberalismus. *Handwörterbuch der Sozialwissenschaften*, Vol. VI, Stuttgart-Tübingen-Göttingen 1959.

Bernard Mandeville. *Handwörterbuch der Sozialwissenschaften*, Vol. VII, Stuttgart-Tübingen-Göttingen 1959.

Unions, Inflation and Profits. In: Philip D. Bradley (Hrsg.) , *The*

Public Stake in Union Power, Charlottesville, Va., 1959.

Freiheit und Unabhängigkeit.*Schweizer Monatshefte*, 39(1959).

Verantwortlichkeit und Freiheit.In:Albert Hunold(Hrsg.), *Erziehung zur Freiheit*, Erlenbach-Zürich 1959.

Marktwirtschaft und Strukturpolitik. *Die Aussprache*, 9(1959).

An Röpke.In:Wilhelm Röpke, *Gegen die Brandung*.Zürich 1959.

The Free Market Economy:The Most Efficient Way of Solving Economic Problems.*Human Events*, 16(1959).

The Social Environment.In:B.H.Bagdikian(Hrsg.), *Man's Contracting World in an Expanding Universe*, Providence.

The Corporation in a Democratic Society:In whose Interest ought it and will it be run? In:M.Anshen and G.L.Bach(Hrsg.), *Management and Corporations* 1958, New York 1960.

The Non Sequitur of the, Dependence Effect? *The Southern Economic Journal*, 27(1961).

Die Ursachen der ständigen Gefährdung der Freiheit. *Ordo*, 12 (1961).

The Moral Element in Free Enterprise.In:National Association of Manufacturers(Hrsg.), *The Spiritual and Moral Element in Free Enterprise*, New York 1962.

Rules, Perception and Intelligibility.*Proceedings of the British Academy*, 48(1962).

Wiener Schule. *Handwörterbuch der Sozialwissenschaften*, Vol. XII, Stuttgart-Tübingen-Göttingen 1962.

∗ Alte Wahrheiten und Neue Irrtümer. In: *Das Sparwesen der Welt*, Amsterdam 1963.

∗ Arten der Ordnung.*Ordo*, 14(1963).

∗ Recht, Gesetz und Wirtschaftsfreiheit. In: *Hundert Jahre*

Industrie- und Handelskammer zu Dortmund 1863 – 1963, Dortmund 1963 (abgedruckt in: *Frankfurter Allgemeine Zeitung für Deutschland* v.1./2. Mai 1963 unter dem Titel: Recht schützt die Freiheit, Gesetze töten sie).

Introduction to "The Earlier Letters of John Stuart Mill", *Collected Works of John Stuart Mill*, Vol. XII, Toronto und London 1963.

* The Legal and Political Philosophy of David Hume, II *Politico*, 28 (1963). (Deutsche Übersetzung: Die Rechts – und Staatsphilosophie David Humes.)

The Theory of Complex Phenomena. In: Mario Bunge (Hg,), *The Critical Approach to Science and Philosophy. Festschrift für Karl Popper*, Glencoe, 111. , 1964.

Parts of "Commerce, History of", *Encyclopaedia Britannica*, Vol. VI, Chicago 1964.

* Die Anschauungen der Mehrheit und die zeitgenössische Demokratie. *Ordo*, 15/16(1965).

* Kinds of Rationalism. *The Economic Studies Quarterly* (Tokyo), 15(1965). (Deut- sdie Übersetzung: Arten des Rationalismus.)

* Personal Recollections of Keynes and the, Keynesian Revolution '. *The Oriental Economist* (Tokyo), 34 (1966). (Deutsche Übersetzung: Persönliche Erinnerungen. an Keynes und die "Keynessche Revolution".)

The Misconception of Human Rights as Positive Claims. *Farmand*, Oslo, Anniversary Issue 1966.

* The Principles of a Liberal Social Order. II *Politico*, 31 (1966). [Deutsche Übersetzung: Grundsätze einer liberalen Gesellschaftsordnung, *Ordo*, 18(1967).]

* Dr. Bernard Mandeville. *Proceedings of the British Academy*, 52

(1966). (Deutsche Übersetzung: Dr. Bernard Mandevil'le.)

L' Étalon d' or – son Évolution. *Revue d' É conomie Politique* , 76 (1966).

* The Results of Human: Action but not of Human Design. In: *Studies in Philosophy* , *Politics and Economics*. London, Chicago umd Toronto 1967. (Deutsche Übersetzung: Die Ergebnisse menschlichen Handelns , aber nicht menschlichen Entwurfs.)

Diskussionsbemerkungen über Ernst Mach und das sozialwissenschaftliche Denken in Wien. In: Ernst Madi Institut (Hrsg1.) , *Symposium aus Anlaß des 50. Todestages von Ernst Mach* , Freiburg/Br. , 1967.

* Notes on the Evolution of Systems of Rules of Conduct. In: *Studies in Philosophy* , *Politics and Economics*. London, Chicago und Toronto 1967. (Deutsche Übersetzung: Bemerkungen über die Entwicklung von Systemen von Verhaltensregeln.)

* Rechtsordnung und Handelsordnung. In: Erich Streissler (Hrsg.) , *Zur Einheit der Rechts–und Staatswissenschaften* , Karlsruhe 1967.

* The Constitution of a Liberal State. Il *Politico* , 32 (1967). [Deutsche Übersetzung: Die Verfassung eines freien Staates , *Ordo* , 19 (1968).]

Bruno Leoni the Scholar. Ⅱ *Politico* , 33 (1968).

A Self–Generating Order for Society. In: *Towards World Community* , John Nef (Hrsg.) , Den Haag , 1968.

Speech on 70th Birthday of Leonard Read. What's Past is Prologue. (Foundation of Economic Education.) New York 1968.

Economic Thought VI. Austrian School. Bd. Ⅳ , *International Encyclopaedia of the Social Sciences* , New York 1968.

Carl Menger. Bd. X , *International Encyclopaedia of the Social Sciences* , New York , 1968.

* Drei Erläuterungen zum Ricardo – Effekt. (Der in englisch verfaßte Aufsatz erscheint etwa gleichzeitig mit der hier vorliegenden deutschen Übersetzung im *Journal of Law and Economics*.)